SERMONES ACTUALES SOBRE LAS PARÁBOLAS DE JESÚS

Antonio Cruz

EDITORIAL CLIE
C/ Ferrocarril, 8
08232 VILADECAVALLS
(Barcelona) ESPAÑA
E-mail: libros@clie.es
http://www.clie.es

Sermones actuales sobre las parábolas de Jesús
ISBN: 978-84-8267-968-6
Depósito legal: B-5866-2016
SERMONES
Sermones completos
Referencia: 224942

ANTONIO CRUZ nació en Úbeda, provincia de Jaén (España) el 15 de julio de 1952. Licenciado en Ciencias Biológicas por la Universidad de Barcelona el 17 de Marzo de 1979. Doctor en Biología por la misma Universidad de Barcelona el 10 de julio de 1990. En 2010 logra el Doctorado en Ministerio (Homilética y Antiguo Testamento/Nuevo Testamento) por la Theological University of America de Cedar Rapids (Iowa).

Ha sido Catedrático de Biología y Jefe del Seminario de Ciencias Experimentales. Biólogo investigador del Departamento de Biología Animal de la «Universidad de Barcelona. Ha formado parte de numerosos tribunales académicos constituidos para juzgar tesis doctorales y recibido reconocimientos de la «Universidad Autónoma de Honduras», «Universidad Autónoma de Yucatán» (México) y «Universidad Mariano Gálvez» de Guatemala, por diversas intervenciones. Profesor del «Centro de Estudios Teológicos» en Barcelona. Es colaborador de FLET «Facultad Latinoamericana de Estudios Teológicos» en al área de Maestría.

En la actualidad es pastor colaborador en la Iglesia Unida de Terrassa.

Ha impartido seminarios, conferencias y predicaciones en centenares de iglesias e instituciones religiosas en España, Estados Unidos y toda Latinoamérica.

Ha publicado numerosos artículos en revistas científicas españolas y europeas especializadas en biología y zoología y ha participado en numerosos Congresos Científicos en España y en el extranjero.

Entre sus principales obras se encuentran:

-*Postmodernidad: El Evangelio ante el desafío del bienestar*, CLIE, 1996.
-*Parábolas de Jesús en el mundo postmoderno*, CLIE, 1998.
-*Bioética cristiana: Una propuesta para el tercer milenio*, CLIE, 1999.
-*Sociología: Una desmitificación*, CLIE, 2001.
-*La ciencia, ¿encuentra a Dios?*, CLIE, 2005.
-Sermones actuales, CLIE, 2008.

_Índice

_Introducción

Es evidente que las parábolas pueden agruparse por temas y que si éstos se analizan, como han hecho algunos estudiosos a lo largo de la historia, aparecen los pilares fundamentales de la predicación de Jesús. Sin embargo, no es posible afirmar que exista un mensaje unánime de las parábolas, sino que en cada relato habrá que constatarlo y descubrirlo de manera independiente. En líneas generales puede decirse que tales narraciones están firmemente unidas a la figura de Cristo y al futuro escatológico que él prometió. De manera que este eje sustenta dos grupos de temas principales: el que se relaciona con el reino de Dios, al que pertenecerían todas las parábolas de crecimiento, y el que apunta hacia la conversión del ser humano. Dentro de éste último se señalaría la urgencia de la conversión, el estado de alerta y la relación con el prójimo.

En el presente trabajo no se ha seguido ninguna de las clasificaciones clásicas. El criterio elegido para su análisis no ha sido el temático, sino el orden de aparición en los evangelios sinópticos. En primer lugar se estudian las parábolas recopiladas por los tres evangelistas (llamadas de la triple tradición), después las de la doble tradición (Mateo y Lucas) seguidas de las de Mateo y, finalmente, las de Lucas. Los cuarenta y tres relatos que se abordan, y que a nuestro modo de ver constituyen la totalidad de las parábolas sinópticas ya que los demás serían imágenes, frases hechas o refranes populares, van siempre precedidos por el título que les da la versión Reina-Valera y por otro mucho más heterodoxo e informal que le hemos puesto nosotros. Se ha creído conveniente incluir asimismo el texto de los versículos que han servido de base a las distintas reflexiones.

La estructura de estudio de cada narración es siempre la misma: después de introducir el tema se le sitúa en el contexto en que fue originalmente explicado por Jesús, ya que éste resulta decisivo para llegar a entender cada parábola. En segundo lugar se intenta explicar su verdadero significado, cosa que en determinadas narraciones ha resultado algo complicado debido sobre todo a la diversidad de opiniones entre los numerosos especialistas. Cuando se cita el punto de vista original de algún autor se incluye la correspondiente referencia bibliográfica. Parte fundamental es la aplicación del texto que todavía puede extraerse hoy y que constituye el mensaje principal de los relatos de Jesús para el ser humano contemporáneo. Éste se ofrece procurando respetar el auténtico sentido primitivo de la parábola y evitando, en lo posible, cualquier alegorización que pudiera resultar superflua o que hiciera violencia al texto bíblico. Al resumen le sigue una breve lista de sugerencias, preguntas o cuestiones susceptibles de dar pie al diálogo en grupo o al estudio y la reflexión personal.

Estos 43 sermones presentados aquí fueron predicados por el autor en iglesias evangélicas de España. El propósito principal de su publicación es ayudar al predicador, pastor o líder cristiano en el importante ministerio de llevar el mensaje de Jesucristo al ser humano de hoy; contribuir a la renovación de la Iglesia por medio de esta buena nueva que es capaz de cambiar nuestros errores y servir de referencia a la hora de crear nuevas predicaciones o como base a partir de la cual poder modificarlas, cambiarlas, intercalarlas y adecuarlas a cada comunidad cristiana.

Es mi deseo que este libro pueda ser de utilidad para todos aquellos que quieran escudriñar el verdadero mensaje de los relatos de Jesús, quien fue realmente la auténtica parábola viva.

01 y 02
¡Qué fácil es caer en el tradicionalismo!
o
el paño y el vino nuevo

Marcos 2:21-22 (Mt. 9:16-17; Lc. 5:36-39)

²¹ Nadie pone remiendo de paño nuevo en vestido viejo; de otra manera, el mismo remiendo nuevo tira de lo viejo, y se hace peor la rotura.
²² Y nadie echa vino nuevo en odres viejos; de otra manera, el vino nuevo rompe los odres, y el vino se derrama, y los odres se pierden; pero el vino nuevo en odres nuevos se ha de echar.

Iniciaremos el estudio de los relatos de Jesús con dos pequeñas parábolas similares consideradas como comparaciones, o dichos sencillos, que el Maestro empleó para comunicar una enseñanza espiritual. Ambas fueron el resultado de la pregunta que los discípulos de Juan le formularon acerca del ayuno: «¿Por qué los discípulos de Juan y los de los fariseos ayunan, y tus discípulos no ayunan?». Hacía poco tiempo que Juan el Bautista había sido ejecutado por Herodes; sus discípulos, como era natural, estaban de luto y practicaban el ayuno; en esta situación de tristeza y pesimismo en que se encontraban, no podían entender por qué Jesús y los suyos no respetaban también tal costumbre ritual judía.

La respuesta que reciben del Señor es doble, por un lado les argumenta, refiriéndose al reino de Dios, que no es lógico ayunar cuando se está de bodas, cuando el esposo está presente. De esta manera les estaba declarando que él mismo era el Esposo prometido que hacía imposible tal ayuno, pero a la vez les profetizaba un futuro en el cual sus discípulos sí que ayunarían, pero lo harían cuando su persona les fuera arrebatada. La segunda parte de esta respuesta constituye el mensaje de las dos parábolas: lo nuevo ya se ha iniciado y viene precisamente para sustituir a lo viejo.

Contexto:

Algunos investigadores del texto bíblico han señalado la existencia de un cierto simbolismo cósmico en la imagen del paño y del vestido (Jeremias, 1992: 146). Ciertos pasajes de la Escritura, como Hebreos (1:10-12) en relación con Salmos (102:26-28), se refieren a los cielos y la tierra afirmando que envejecerán como si fueran una vestidura. También en el libro de Hechos (10:11ss), el evangelista Lucas relata la visión que tuvo el apóstol Pedro, mencionando un gran lienzo atado de las cuatro puntas que contenía cuadrúpedos terrestres, reptiles y aves, para indicar el nuevo cosmos purificado por Dios. De manera que, según esta interpretación, los conceptos de paño, manto, mantel, tienda o vestido habría que entenderlos como imágenes habituales del mundo y, por lo tanto, el sentido de la parábola sería que el tiempo del viejo mundo ya habría llegado a su fin como si se tratara de un vestido viejo que no vale la pena remendar con paño nuevo.

Otros autores opinan, sin embargo, que no habría necesidad de tal ilustración ya que la imagen del vestido viejo no empalma con la concepción cósmica del manto del mundo, sino que, en la predicación de Jesús, lo nuevo se refiere de manera especial al reino de Dios cuyas fuerzas se inician y empiezan a actuar con el Maestro, colocando en entredicho toda la religiosidad antigua que hasta entonces había estado vigente (Gnilka, 1996, 1: 135).

A nosotros nos parece que el punto de vista de Jeremias resulta ciertamente un tanto forzado pues el concepto del manto del mundo es, del todo, ajeno al relato. En el contexto de la pregunta acerca del ayuno, la breve parábola-respuesta de Jesús pretende resaltar la nueva libertad que se ofrece a sus discípulos al arrancarlos de las garras del formalismo religioso hebreo para colocarlos en los brazos del amor fraternal que no necesita normas para poder expresarse.

El evangelista Marcos se refiere a una pieza de paño nuevo que todavía no se había estirado; Lucas, en cambio, habla de un trozo de vestido nuevo, lo cual resulta mucho más grave y costoso porque al daño originado en el traje viejo, por la contracción del pedazo nuevo, hay que añadir el que sufre el vestido nuevo al ser recortado. Se está hablando aquí de una incompatibilidad fundamental entre lo nuevo y lo viejo. La nueva existencia inaugurada por Jesús es tan peculiar que no resulta ya posible vivir a la vez como judío y como cristiano. Esto no significa que el judío al hacerse discípulo de Cristo deba renunciar a sus orígenes culturales o a la idiosincrasia de su pueblo, sino que a partir de ese momento se sentirá justificado por la fe en Jesucristo y no por las obras de la ley (Gál. 2:16).

La segunda ilustración de Jesús se refiere al vino afirmando que éste, cuando es nuevo, debe almacenarse también en odres nuevos ya que si no es así, corre el peligro de reventar los recipientes. Tales odres solían construirse con pieles de animales, como ovejas y cabras, que se arrancaban enteras y después de curtidas se cosían minuciosamente adoptando forma de bolsa; en ellas se conservaban líquidos como vino, leche o agua.

La fermentación alcohólica, que se produce cuando el vino es nuevo, consiste en la conversión del azúcar de la uva en un alcohol llamado etanol y en gas carbónico. Sólo los odres de cuero nuevo flexible, con las costuras bien cosidas y reforzadas, pueden resistir la presión generada por este gas de la fermentación y dilatarse convenientemente. Por lo tanto, no es sabio echar vino nuevo en odres viejos que ya se han estirado todo lo que podían, porque la reacción química del mosto los resquebraja y el vino se pierde.

El vino es símbolo de la alegría del tiempo de la salvación que la llegada de Jesús inaugura para cada hombre.

Significado:

El sentido de estas parábolas es resaltar la idea de que resulta necio cualquier intento de acomodar lo viejo a lo nuevo. La predicación genuina de Jesucristo no pretendió jamás reformar el judaísmo, sino acercar a la humanidad algo absolutamente nuevo: el reino de Dios. Como indica el apóstol Pablo a los gálatas: «... pues si por la ley fuese la justicia, entonces por demás murió Cristo» (Gál. 2:21). Existe una incompatibilidad total entre la nueva gracia y la vieja observancia. La economía de salvación que presenta el mensaje de Jesús tiene que ser contenida en recipientes nuevos, no en antiguas formas de religiosidad, sino en corazones responsables que sepan adaptarse a sus nuevas exigencias. El ritual meticuloso y la obediencia ciega y fanática se resquebrajan frente a la presión del amor al prójimo y la responsabilidad del individuo ante Dios. No es posible responder al llamamiento de libertad que hace Cristo viviendo aún sujetos al yugo de esclavitud de la antigua ley. El hombre y la mujer que desean seguir al Señor Jesús deben hacerlo con una sabiduría adecuada. En el reino de Dios los méritos propios y los sacrificios para alcanzar la salvación deben dejarse de lado, ser sustituidos por la fe y la alegría que no se pueden imponer a nadie. Jesús pretendió con tales relatos provocar a sus oyentes para que salieran del error en que se encontraban y comprendieran la incomparable grandeza del nuevo mensaje.

En la redacción que ofrece Lucas se añade un versículo más: «Y ninguno que beba del añejo, quiere luego el nuevo; porque dice: El añejo es mejor» (5:39). Aparentemente este texto contradice lo que se dice en las dos parábolas anteriores, sin embargo, esto no es así. Se trata de un comentario irónico del Maestro acerca de aquellas personas que cierran su mente al mensaje nuevo del Evangelio afirmando que lo viejo es mucho mejor. Si bien es verdad que bastantes judíos se convirtieron a Jesús, lo cierto es que la gran mayoría permanecieron indiferentes a su mensaje porque estaban acostumbrados a lo viejo, a lo tradicional y conocido. Su conformismo espiritual se fundamentaba en el prejuicio de que siempre lo añejo es lo mejor. Esta indiferencia culminó en la ruptura radical entre la sinagoga y las comunidades cristianas acaecida hacia el año 70 en Yamnia, ciudad palestina situada a 16 kilómetros al sur de Joppe (García-Lomas, 1992: 38).

Cuando los evangelistas pusieron por escrito estas parábolas de Jesús el problema no era el peligro que corría lo viejo, las instituciones religiosas de Israel, al ponerse en contacto con lo nuevo, el Evangelio de Jesucristo, sino que se trataba más bien del amago de contaminación que amenazaba a la Iglesia cristiana. El riesgo de adecuarse a lo viejo, de acomodarse a las tradiciones religiosas perdiendo así la frescura y espontaneidad del mensaje de Jesucristo. Las nuevas comunidades cristianas no debían realizar componendas con ciertas costumbres judías ni adoptar una actitud de parcheo o de remiendos. El Antiguo Pacto había cumplido su misión y llegaba a su fin, a partir de ahora se iniciaba un tiempo distinto en la relación entre Dios y el ser humano. Empezaba una nueva creación, un nuevo Génesis en el que la conversión personal era imprescindible para acceder a ese nuevo mundo. No se trataba, pues, de poner remiendos en el pasado, sino de separar radicalmente lo nuevo de lo viejo.

Aplicación:

Resulta curioso pero, en contra de la antigua filosofía hebrea de que «lo añejo es mejor», el hombre contemporáneo parece decantarse casi siempre por todo lo que manifiesta visos de novedad. Algunos filósofos postmodernos, como Lipovetsky y otros, han descrito con gran acierto el afán por todo lo nuevo que caracteriza a los ciudadanos de las actuales tecnópolis occidentales. La moda o el imperio de lo efímero, como se le ha denominado, han penetrado en la vida de millones de criaturas de la sociedad del bienestar. Hoy todo está de moda durante un breve tiempo para desvanecerse pronto en el olvido. Se vive en carrera constante tras la última novedad. La filosofía que subyace en el fondo es la generalización banal de que lo último, lo más nuevo, es siempre lo mejor. Justo lo opuesto a lo que pensaban los judíos palestinenses de la época de Jesús. ¿Significa esto que la sociedad actual está más dispuesta a aceptar la novedad de los contenidos del Evangelio que los antiguos religiosos de Israel? ¿Se piensa hoy en Jesús como en una innovación radical para la existencia humana? El problema radica quizá en que hoy el mensaje de Jesucristo no se contempla como una novedad sino como algo viejo que pertenece al pasado.

No obstante, la actualización y adecuación de estas parábolas al mundo actual, en el fondo, no resulta tan difícil de realizar ya que el ambiente sigue siendo muy parecido, a pesar de las abismales transformaciones sociales ocurridas en estos dos milenios. La primicia del Evangelio de Cristo, a pesar de todas las apariencias, continúa siendo tan real y necesaria hoy como en los días del Maestro. Si entonces las gentes se extrañaban de ver que ni Jesús ni sus discípulos ayunaban, como lo hacían los discípulos de Juan y de los fariseos, y no comprendían aquel raro comportamiento, ¿acaso se entienden hoy las palabras de Jesucristo? ¿Qué conocimiento posee el ciudadano medio acerca de la Biblia o de los evangelios? La mayoría de las personas, en la actualidad, creen saberlo todo porque han visto un determinado programa religioso televisado, han visionado en repetidas ocasiones famosas películas de historia sagrada o leído en la prensa noticias escandalosas de alguna secta manipuladora de las Escrituras. Pero desgraciadamente ahí se detiene toda su cultura bíblica. Mucha gente cree estar bien informada sobre tales temas pero lo cierto es que sólo poseen un auténtico caos mental, una amalgama de detalles parciales que sólo contribuyen a desinformar y a confundir.

Otros piensan que son ya demasiado avanzados y que están muy de vuelta de todo, como para tomarse en serio el mensaje de Jesucristo. Creen que el cristianismo es un fenómeno anacrónico que corresponde a categorías culturales y a idiosincrasias del pasado. Y en ocasiones tales planteamientos hacen reflexionar a los propios creyentes llegando incluso a provocar que éstos duden y se pregunten: ¿Será verdad que estamos viviendo una religiosidad pasada de moda? ¿Es cierto que el Evangelio ha dejado de ser la gran novedad para este mundo?

Muchas personas del siglo XXI tienen cierta tendencia a creerse muy diferentes y superiores a las de otras épocas de la historia. Piensan que lo conocen todo, que ya nada puede sorprenderles porque llevan demasiada historia amarga sobre sus espaldas. Han aprendido a desconfiar de todo lo humano pero, sin embargo, continúan corriendo detrás de lo novedoso. Se consideran excesivamente actualizadas como para aceptar utopías e ilusiones de fe. No obstante, en lo más profundo de su ser saben que, en realidad, son tan viejas como el hombre de Neandertal. El ser humano se ha rodeado, en el presente, de un sinfín de objetos nuevos que le hacen más confortable la vida, sobre todo en los países del primer mundo, pero sigue siendo mezquino, egoísta y tan viejo como siempre. El bienestar no ha conseguido renovar su arrugada alma porque a los hombres, en el fondo, nos cuesta romper con lo antiguo, nos acomodamos a «lo malo conocido» mientras que «lo nuevo por conocer» nos produce inseguridad. Se cae así en una especie de tradicionalismo práctico que nos moldea a un modo de vivir tremendamente acomodaticio. Toda novedad, todo cambio, toda ruptura se rechaza por la inseguridad y el riesgo que representa. Esta actitud genera una infinita capacidad para realizar mezclas; se fusiona lo que no se debe fusionar; se cose lo nuevo a lo pasado; se mezclan vinos nuevos y añejos originando cócteles poco éticos pero que sirven para mantener tranquila la conciencia. La apariencia de lo externo, la estética de lo que queda socialmente bien, viene a sustituir de este modo a la ética y a la conducta moralmente correcta. En tan singular cocina cada cual realiza sus particulares recetas siguiendo como única norma aquello de que lo importante es ser feliz hoy, sea como sea, ya que el mañana es siempre incierto.

De ahí que todavía tengamos necesidad del vino nuevo de la esperanza y del vestido nuevo de la fe. A pesar de todas las apariencias que se le opongan, el Evangelio de Jesucristo sigue siendo todavía hoy, después de dos mil años de gran comisión, tela nueva para nuestra rutina humanista y vino nuevo capaz de romper los odres del orgullo y del individualismo más materialista. El Evangelio no admite componendas ni disoluciones con la arrogancia humana por eso continúa siendo, a pesar del tiempo transcurrido, químicamente puro y radicalmente nuevo. La novedad del mensaje cristiano nunca será anacrónica porque es la novedad del amor, ese amor capaz de cambiar el alma humana y crear una nueva y auténtica justicia.

Resumen:

Las parábolas del paño y del vino nuevo se refieren a la incompatibilidad fundamental que existía entre el mensaje de Jesucristo y la antigua religiosidad de Israel. Jesús no pretendió nunca reformar el judaísmo, sino acercar al ser humano algo absolutamente nuevo como era el reino de Dios. El paño y sobre todo el vestido constituían símbolos del talante y la actitud del hombre. Igual que en nuestros días, antiguamente había un vestido para cada ocasión; una vestimenta podía indicar tiempo de fiesta y alegría, tiempo de luto, tristeza y dolor, tiempo de trabajo, etc. El vino, en cambio, en el Antiguo Testamento representaba siempre la alegría del tiempo de la salvación que acontecería cuando llegara el futuro y definitivo reino de Dios.

Cuando estos relatos fueron puestos por escrito, algunos años más tarde de que los pronunciara Jesús, uno de los principales peligros para la Iglesia era la tentación de volver al tradicionalismo y al «yugo de esclavitud» que representaban ciertas prácticas y costumbres del judaísmo. El apóstol Pablo tuvo que luchar contra tales tendencias, como sabemos por sus epístolas, y recordar constantemente que el Evangelio de Jesucristo no consistía en colocar parches o remiendos a la antigua relación entre el hombre y Dios, sino en concebirla como una radical separación, como una nueva creación en la que cada criatura era responsable de sus propios actos.

Hoy, en cambio, el peligro para la Iglesia cristiana quizá no venga tanto de la tendencia a mirar hacia atrás, hacia las costumbres del pasado, sino a la de mirarse en el presente identificándose demasiado con él y permitiendo que se introduzcan en ella, aunque sea de manera inconsciente, ciertos individualismos y hedonismos propios de la sociedad contemporánea. ¿Hasta qué punto se está permitiendo en la actualidad que la fe se vuelva cómoda, poco exigente, excesivamente emocional, recelosa y un tanto escéptica? ¿No es esto también mezclar vinos de distinta edad? ¿No es añadir remiendos? De ahí que las parábolas de Jesús continúen siendo necesarias y útiles para recordar la voluntad de Dios y para mostrar que el Evangelio del amor al prójimo sigue constituyendo el espejo sólido y fundamental en el que toda persona, sea creyente o no, puede contemplarse y retocar su aspecto moral y espiritual.

Sugerencias:

1. ¿Por qué los discípulos de Jesús no ayunaban?
2. ¿Pretendió Jesús reformar el judaísmo? ¿Por qué?
3. ¿En qué consistía el peligro de tradicionalismo para la primitiva Iglesia?
4. ¿Cuál puede ser uno de los principales peligros para la Iglesia cristiana contemporánea?
5. ¿En qué áreas de mi vida estoy mezclando ciertos valores del mundo actual con los valores cristianos?
6. ¿Cuáles son las diferencias entre mi existencia y la de los no cristianos?
7. ¿Hasta qué punto me creo aquello de que «todo lo nuevo es bueno» o que «todo lo viejo es malo»?
8. ¿Soy de los que creen que «cualquier tiempo pasado fue mejor»?
9. ¿Cuál debe ser la actitud del cristiano frente a los valores del mundo actual? ¿Son malos todos estos valores?
10. ¿Estoy viviendo realmente en el vino nuevo del amor al prójimo?

03
Cómo minar la moral de un campesino
o
el sembrador

Lucas 8:4-15 (Mr. 4:3-9; Mt. 13:3-9)

⁴ Juntándose una gran multitud, y los que de cada ciudad venían a él, les dijo por parábola:
⁵ El sembrador salió a sembrar su semilla; y mientras sembraba, una parte cayó junto al camino, y fue hollada, y las aves del cielo la comieron.
⁶ Otra parte cayó sobre la piedra; y nacida, se secó, porque no tenía humedad.
⁷ Otra parte cayó entre espinos, y los espinos que nacieron juntamente con ella, la ahogaron.
⁸ Y otra parte cayó en buena tierra, y nació y llevó fruto a ciento por uno. Hablando estas cosas, decía a gran voz: El que tiene oídos para oír, oiga.
⁹ Y sus discípulos le preguntaron, diciendo: ¿Qué significa esta parábola?
¹⁰ Y él les dijo: A vosotros os es dado conocer los misterios del reino de Dios; pero a los otros por parábolas, para que viendo no vean, y oyendo no entiendan.
¹¹ Esta es, pues, la parábola: La semilla es la palabra de Dios.

> [12] *Y los de junto al camino son los que oyen, y luego*
> *viene el diablo y quita de su corazón la palabra,*
> *para que no crean y se salven.*
> [13] *Los de sobre la piedra son los que habiendo oído,*
> *reciben la palabra con gozo; pero éstos no tienen*
> *raíces; creen por algún tiempo, y en el tiempo de*
> *la prueba se apartan.*
> [14] *La que cayó entre espinos, éstos son los que oyen,*
> *pero yéndose, son ahogados por los afanes y las*
> *riquezas y los placeres de la vida, y no llevan fruto.*
> [15] *Mas la que cayó en buena tierra, éstos son los*
> *que con corazón bueno y recto retienen la palabra*
> *oída, y dan fruto con perseverancia.*

Los conceptos de semilla y de simiente, como órganos reproductores en la vida vegetal, son utilizados frecuentemente en las comparaciones que hace Jesús. Sin embargo, aquí se nos empieza a hablar del labriego para concentrar después la atención del oyente en lo que será el verdadero núcleo de la parábola: la semilla que representa la palabra de Dios. De manera que la figura del sembrador desaparece para que se incremente el interés en el futuro del grano sembrado.

Contexto:

La primera inquietud que acude a la mente después de leer este texto es: ¡Pero qué sembrador tan torpe! ¡Qué inepto parece! ¿No? ¿Qué clase de labrador es este que desperdicia tan alegremente las semillas? ¿Por qué las tira junto al camino? ¿Es que acaso no conoce su campo? ¿Es la primera vez que siembra? ¿No sabe dónde están las piedras? ¿Es que no se da cuenta del lugar que ocupan los espinos? La respuesta a todas estas preguntas está en la peculiar costumbre de sembrar que tenían los agricultores palestinos. En Israel se sembraba antes de labrar la tierra. El arqueólogo G. Ernest Wright opina así: «Lo más probable es que las semillas se esparcieran habitualmente a voleo, después de lo cual se volvía a arar el campo para enterrarlas» (Wright, 1975: 265). El sembrador de la parábola camina por el rastrojo sin arar. Siembra intencionadamente sobre el camino que la gente del pueblo ha ido haciendo al pisar la tierra porque sabe que este sendero desaparecerá cuando pase el arado para labrarlo. Esparce la simiente adrede entre los espinos que están en terreno baldío porque también van a ser arrancados y arados.

Tampoco hay que sorprenderse de que los granos caigan sobre terreno rocoso. En Palestina el suelo estéril se mezcla frecuentemente con el fértil (Adam Smith, 1985: 41). Numerosas rocas calcáreas enterradas en el suelo están cubiertas sólo por una ligera capa de tierra de labranza y apenas destacan en los rastrojos hasta que la reja del arado choca contra ellas crujiendo. De manera que lo que a nosotros, acostumbrados a los usos del mundo occidental, pudiera parecernos poca maña era lo normal en las condiciones agrícolas de Israel.

Significado:

¿A qué se refiere el texto al afirmar que los de «junto al camino» son las personas que oyen pero después la palabra les es robada del corazón por el maligno? ¿Quiénes serían estas personas-camino?

Quizá sean aquellas a las que les gusta ser transitadas por todas las corrientes de este mundo. Las que les apetece probarlo todo pero no suelen quedarse con nada. Están siempre dispuestas para abrazar todas las modas. Son senderos abiertos por donde transitan las diferentes ideologías. Les fascina lo nuevo pero, en el fondo, nada les satisface. Son como aquellos filósofos griegos epicúreos y estoicos que llevaron a Pablo al Areópago porque parecía que era «predicador de nuevos dioses...» para preguntarle: «¿Podremos saber qué es esta nueva enseñanza de que hablas?». Siempre corriendo detrás de la novedad. Amantes del último grito religioso. Pero cuando Pablo se atrevió a hurgar en sus conciencias y les presentó a Jesucristo resucitado; cuando les puso cara a cara con el Dios humanado pero vencedor de la muerte; al situarles frente a frente con el misterio de Cristo de tal manera que llegaron a comprender que debían tomar una decisión personal que comprometía toda su existencia, unos se burlaban y otros decían: «Ya te oiremos acerca de esto otra vez». Así son las personas-camino. Oyen pero no se comprometen. Aman las primeras impresiones pero casi nunca se llegan a identificar plenamente.

Sin embargo, en lo más profundo de su ser son muy vulnerables. Sus ansias de novedad les lleva muchas veces a caer en manos de demagogias religiosas, políticas o sociales. El teólogo Manuel Guerra ha contado en España hasta 312 nuevos movimientos religiosos (Guerra, 1993: 26) entre los que conviene destacar a los mormones, testigos de Jehová, moonies, Iglesia de la Unificación, las sectas de origen budista e hindú, los grupos esotéricos y gnósticos, la Nueva Era, la Era de Acuario, etc. (Cruz, 1997: 113-169). Todos estos grupos sectarios tienen algo en común. Desplazan a Jesucristo y en su lugar colocan a un ser humano. Son las aves del cielo que se comen la semilla de la palabra de Dios. Los negros pajarracos, los cuervos y las hurracas voraces que roban el mensaje de salvación impidiendo que germine en el corazón de las criaturas. Esgrimen argumentos que parecen novedosos afirmando que el cristianismo está ya pasado de moda y lo peor es que muchos seres humanos se lo creen. ¡Qué triste haber oído la auténtica palabra de Dios y dejársela arrebatar!

¿Quienes son «los de sobre la piedra»? El mismo texto lo explica. Se puede oír, se puede recibir la palabra de Dios incluso con gozo pero se puede también carecer de las suficientes raíces. ¿Es posible creer que Jesucristo es el Hijo de Dios que se humanó, muriendo y resucitando, tal como afirma el Evangelio y después, cuando sobrevienen las dificultades, apartarse de esta creencia? ¿Se puede creer, en algún momento de la existencia humana, que Cristo venció la muerte y luego perder tal convicción? ¿Es posible llamar a eso fe? ¿Se puede perder la fe? ¿Existen personas cuya filosofía religiosa es: ¡cuando todo me va bien creo pero cuando hay dificultades ya no creo!? La Palabra de Dios responde que sí, que las hay... y llama a tales personas: «Los de sobre la piedra».

Realmente hay que tener un corazón frío y duro como las piedras para abandonar al Señor después de haberse gozado espiritualmente con él. A estas personas les pueden ocurrir dos cosas. Es posible que la Palabra sólo haya permanecido en el terreno de la inteligencia pero sin calar jamás en el corazón. Por lo tanto, generarían una fe intelectualizada que no se traduciría nunca en acciones concretas. Una fe que no produciría afecto, ni comprensión, ni solidaridad con los demás. Unas cuantas ideas religiosas metidas en la cabeza, pero una vida descomprometida con Cristo y con el Evangelio. Cabe la posibilidad de llegar a conocer bastante bien la teología; es factible dominar todo el contenido de la Biblia y, a pesar de eso, acabar viviendo en el ateísmo práctico de cada día cuando se presentan las primeras dificultades reales.

También puede ocurrir todo lo contrario, que la Palabra permanezca sólo en el terreno de lo sentimental; de la pura emoción temporal. Se viviría así una religiosidad de lágrima fácil, pero sin sólidas raíces en las que afianzarse. Serían aquellos que aceptan la Palabra, pero que nunca piensan seriamente en ella ni se dan cuenta de sus consecuencias. Por eso fracasan ante las dificultades. En nuestra época contemporánea esta clase de fe emocional y anti-intelectualista parece alcanzar su máximo apogeo. Siempre se estaría buscando el momento efervescente, el frenesí espiritual y las situaciones de éxtasis. Sin embargo, la fe no debe depender de los sentimientos, sino que debe ser, a la vez, intelectual y vivencial. La iglesia tiene aquí una clara responsabilidad de educar correctamente a los conversos.

La Biblia utiliza la palabra «apostasía» (o caída) para definir lo que les ocurre a las personas que se apartan o abandonan la fe. La epístola a los Hebreos dice:

Porque es imposible que los que una vez fueron iluminados... y recayeron, sean otra vez renovados para arrepentimiento, crucificando de nuevo para sí mismos al Hijo de Dios y exponiéndole a vituperio. Porque la tierra que bebe la lluvia que muchas veces cae sobre ella, y produce hierba provechosa a aquellos por los cuales es labrada, recibe bendición de Dios; pero la que produce espinos y abrojos es reprobada, está próxima a ser maldecida, y su fin es el ser quemada (He. 6:4-8).

Apostatar equivale a burlarse del Hijo de Dios. Es como si Jesús permaneciese todavía muerto para el que así actúa; como si no hubiera resucitado. La comparación entre los dos tipos de terrenos constituye una dura advertencia. El que absorbe la lluvia que Dios envía, produce fruto y es bendecido, pero el que desarrolla espinos y abrojos después de recibir la misma lluvia se está exponiendo a ser maldecido y a que se le prenda fuego.

Por desgracia, hay también muchos humanos que se parecen al terreno donde brotan los abrojos. Son las personas-espinos. Seres cargados de prejuicios y de excesivo sentido común que racionalizan todas las parcelas de su compartimentado mundo. Hombres y mujeres cuya forma de ser les obliga a cuestionárselo todo constantemente; a depender más de la razón que de la fe. Y este aguijoneo permanente ahoga la Palabra antes de que pueda alcanzar la luz que le daría la vida. Se protegen del mensaje de Jesús porque les da miedo. Si lo aceptaran podría conducirles a actitudes peligrosas para su estatus social o a gestos incómodos que implicarían un cambio radical de vida. Por eso encierran el contenido del Evangelio en el interior de una recóndita celda de su mente y le dan dos vueltas y media a la cerradura para que nunca se les escape. Si, a pesar de todo, alguna vez el destino les enfrenta con alguna incómoda idea bíblica no se rinden nunca y siempre procuran adecuarla a sus deseos y a su mentalidad, nunca al revés. La semilla del Evangelio necesita humedad para germinar en los corazones, sin embargo, ellos se apresuran a secar el ambiente, de manera adecuada, para que permanezca en vida latente. Le impiden la humedad de la fe y, por lo tanto, no puede producirse la germinación del arrepentimiento. Dice el Nuevo Testamento que la Palabra de Dios es como una espada de doble filo, pero ellos se precipitan para forrarla de algodón y que no les hiera sus placeres lo más mínimo. La Palabra es una radiante luz que debe iluminar a las personas, pero ellos se colocan las gafas opacas de los afanes, de las riquezas y del hedonismo más materialista para que no se les dañe la vista. En fin, la Palabra es fuego que arde sin consumirse, pero las personas-espinos pronto le arrojan ríos de racionalidad que lo apagan por completo. Así es como los abrojos y los espinos traicionan la Palabra y abortan su fruto.

Aplicación:

¡Qué panorama tan desolador para la semilla! ¿Es que acaso Jesús pretendía desanimar a sus discípulos? ¿Deseaba crearles dudas sobre el éxito de la predicación? ¿No les estaba minando la moral con semejante parábola? No, nada de eso. El Maestro había sido expulsado de las sinagogas de los judíos. Los escribas y fariseos estaban en contra de él y en más de una ocasión habían intentado matarlo. ¿No es posible que los discípulos se sintieran algo desilusionados? Sí, es posible. Pero precisamente por eso el Señor Jesús les cuenta esta parábola. ¡Para darles ánimo! Es como si les dijera: ¡Mirad a este humilde labrador! ¡Los muchos obstáculos que va encontrando, y que contribuyen a destruir parte de su cosecha, no son suficientes para desanimarlo! ¡En ningún momento pierde la esperanza sino que, al contrario, mantiene su confianza en que al final obtendrá una rica cosecha! Todos los agricultores saben que una parte de su semilla se perderá, pero eso no les desalienta ni les impide seguir sembrando porque confían en que, a pesar de las adversidades, su cosecha es segura.

Jesucristo les hablaba a sus discípulos hace dos mil años, y aquellas mismas palabras nos hablan también a nosotros hoy. El mensaje sigue siendo el mismo: ¡Sé que sufrís contrariedades y desprecios en vuestra vida cristiana; sé que ser mis discípulos y dar testimonio del Evangelio no es nada fácil; sé que tenéis enemigos y opositores igual que yo los tuve; pero no desmayéis, no os desaniméis, la cosecha está asegurada al final y llevará fruto al ciento por uno! A pesar del aumento de la increencia en la sociedad de hoy, lo cierto es que la idea nitzscheana de la muerte de Dios encuentra considerables dificultades para arraigar completamente en el alma humana. Los senderos para la siembra permanecen todavía abiertos. Los verdaderos evangelizadores prosiguen esparciendo el grano y a su tiempo continúan descubriendo mies preparada para la siega. El Evangelio de Cristo sigue salvando vidas humanas.

Resumen:

La parábola del sembrador puede tener un doble significado homilético. Por un lado está la cuestión evidente de las diferentes actitudes del ser humano frente al mensaje de salvación. ¿De qué manera se puede recibir la Palabra de Dios? Buscando sólo la novedad como las personas-camino; mediante el intelecto o el sentimiento como «los de sobre la piedra»; sólo por medio de raciocinio como las personas-espinos que la ahogan con tanta racionalidad o como aquellos que con corazón bueno y recto retienen la Palabra, dan fruto y perseveran.

En segundo lugar, la parábola pretende ser un estímulo, a pesar de las apariencias, para alejar la desesperación de en medio del pueblo de Dios, afirmando que las contrariedades no pueden arruinar el espléndido resultado de la cosecha final.

Sugerencias:

1. ¿A qué se debe que el sembrador dé, a primera vista, una imagen de inepto o desmañado?
2. Después de leer el versículo 12, ¿cómo crees que puede el diablo quitar la Palabra del corazón?
3. ¿Cuál te parece que sería la característica fundamental para identificar a un nuevo movimiento religioso o a una secta?
4. ¿Se puede perder la fe? ¿Por qué? (Hebreos 6:4-8).
5. ¿Qué opinas de la siguiente frase del poeta alemán del siglo pasado, Franz Grillparzer?: «El sentimiento y el pensamiento son, bien mirado, un ciego que guía a un cojo».
6. ¿Por qué pueden los afanes, las riquezas y los placeres ahogar la Palabra de Dios? ¿Es más fácil ser creyente cuando se es pobre?
7. Charles Lamb, escritor inglés del siglo XIX dijo: «Hablando con claridad, yo no soy otra cosa que una madeja de prejuicios, formada de simpatías y antipatías». ¿Qué tiene esto que ver con las personas-espinos?
8. ¿Pretendía Jesús desanimar a sus discípulos con esta parábola? ¿Por qué?
9. ¿Hay esperanza en la parábola del sembrador?
10. ¿Es fácil la vida cristiana? ¿Qué opino acerca del «evangelio del éxito»? (Cruz, 1997: 199-200).

04
El misterioso palpitar de la vida
o
el crecimiento de la semilla

Marcos 4:26-29

> ²⁶ *Decía además: Así es el reino de Dios, como*
> *cuando un hombre echa semilla en la tierra;*
> ²⁷ *y duerme y se levanta, de noche y de día, y la*
> *semilla brota y crece sin que él sepa cómo.*
> ²⁸ *Porque de suyo lleva fruto la tierra, primero*
> *hierba, luego espiga, después grano lleno*
> *en la espiga;*
> ²⁹ *y cuando el fruto está maduro, enseguida se*
> *mete la hoz, porque la siega ha llegado.*

Detrás de la aparente sencillez de esta breve parábola se esconde una narración difícil de interpretar. No resulta fácil determinar cuál es el tema principal de la misma. Evidentemente el Maestro está hablando acerca del misterio del reino de Dios, pero lo que resulta algo más complejo es determinar con qué se compara éste. ¿Con el proceso de crecimiento de la semilla, con la siega o con la propia semilla?

Contexto:

El relato se sitúa dentro de las llamadas parábolas de crecimiento. Se trata de aquellas que tienen en común el tema de la maduración: como la del grano de mostaza, la de la levadura o la del sembrador. Todas desarrollan su argumento constatando la evidencia agrícola en la que se desenvuelve el hombre corriente de Palestina. El campesino hebreo no es un experto en ciencias de la naturaleza, no la puede contemplar, como es lógico, con ojos de investigador científico. Únicamente da fe del misterio que para él encierran los procesos naturales. Sólo acierta a confesar honestamente lo que sus sentidos le declaran: que «la semilla brota y crece sin que él sepa cómo».

Significado:

Veamos algunas de las diversas interpretaciones que se han propuesto:

1) Algunos comentaristas opinan que el tema de la parábola es la semilla que el Señor Jesús planta en el corazón del ser humano y en la Iglesia. Él sería el sembrador que habría introducido en el mundo un poder creador que actuaría por los siglos hasta su cumplimiento. Esta interpretación puede apelar a la que da Mateo para la parábola del trigo y la cizaña. Si esto es así, surge inmediatamente una importante cuestión: ¿Dónde se hallaría tal semilla? ¿En qué lugar residiría ese principio divino que se iría desarrollando hasta llegar a la cosecha final? A esta pregunta se le han aportado dos posibles respuestas: que tal principio está dentro de nosotros, en el corazón de las personas que pertenecen a la Iglesia universal, es decir, que se trata de un germen divino propio del alma humana que se desarrollaría hasta la transformación total del individuo. O bien, que se halla en la sociedad y que se extendería poco a poco hasta que una gran parte de la misma llegara a hacer la voluntad de Dios.

2) La segunda explicación prefiere comparar el reino de Dios con el proceso de crecimiento de la semilla. Se trataría, en este caso, de la evolución gradual que experimentaría el reino en la sociedad humana. Sería como una especie de energía divina que existiría en el mundo, mediante la cual se iría logrando progresivamente el designio y la voluntad de Dios. ¿Cómo se concibe, en esta concepción, el papel de Jesucristo? Pues prácticamente no haría nada, permanecería inactivo. No sembraría la semilla, no segaría la cosecha, sino que sólo se limitaría a anunciar que el reino de Dios viene por sí mismo. Esta interpretación fue muy aceptada durante el siglo XIX ya que parecía ver las ideas evolucionistas, por entonces muy en boga, en el mensaje de Jesús.

3) Si el reino de Dios es semejante a la siega entonces resulta posible preguntarse: ¿Cuándo será esta siega? ¿En el futuro escatológico o ya en el presente? (Mt. 9:37-38; Lc. 10:2). La escuela escatológica defiende que tal evento acontecerá en un futuro inmediato. El Reino vendrá muy pronto gracias a una

intervención divina de carácter catastrófico. La siembra habría sido el movimiento protagonizado por el Bautista y Jesús segaría la cosecha cuando volviera glorioso a instaurar el reino de Dios. No obstante, la debilidad principal de esta interpretación consiste en que no tiene en cuenta los distintos estadios del crecimiento de la semilla.

4) No obstante, algunos autores como C. H. Dodd, A. T. Cadoux y J. Jeremias, opinan que la parábola apunta al momento concreto del presente en el que hablaba Jesús y se refiere a que el reino de Dios estaba ya vigente entre los humanos. La venida del Reino no sería un proceso evolutivo, ni un acontecimiento catastrófico para el futuro, sea éste inmediato o no, sino que se trataría de una crisis actual, una vicisitud del momento presente. No es que el Reino vaya a venir en breve, sino que constituye ya una realidad actual porque con Cristo ocurrió algo que jamás había acontecido antes. Con él la Muerte fue vencida por la Vida. Esta interpretación queda reforzada por las palabras de Jesús cuando alude a la siega no para el futuro, sino ya en el presente (Mt. 9:37-38; Lc. 10:2).

De manera que si el Reino es semejante a la siega, si es la culminación de un proceso, cabría plantearse: ¿Depende este proceso de la voluntad o de la acción del hombre? ¿Cuáles habrían sido los estadios del crecimiento? ¿Cuál sería la función del Señor Jesús? El crecimiento del reino de Dios es un proceso misterioso independiente de la voluntad o de la acción de los seres humanos. Los estadios del crecimiento habrían sido bien visibles. Jesús consideraba su obra como la culminación del ministerio de los profetas y entendió la obra de Juan el Bautista como un signo del poder de Dios en acción. La crisis del presente constituía el punto culminante de un largo proceso. Jesús, desde esta parábola, no sería el sembrador, ni el que cuida el crecimiento de la semilla o anuncia una siega para el futuro, sino el que «mete la hoz» (v. 29), el que sabe reconocer que la mies está ya madura e inicia la recolección. Para nosotros, esta cuarta es la mejor interpretación.

Aplicación:

La biología nos enseña que el principio fundamental de la organización vegetal consiste en que la semilla, para poder transformarse en planta adulta, tiene que diferenciarse primero en dos partes, en dos vástagos. Uno es el que se orienta verticalmente hacia la luz, hacia el Sol. A éste le crecen hojas con clorofila verde capaces de asimilar la energía proveniente de la iluminación solar. El otro vástago fija la planta al suelo, se prolonga hacia abajo y es capaz de absorber agua y sales minerales.

De la misma manera, el cristiano debe crecer hacia arriba, hacia la luz, buscando siempre la energía que necesita para afrontar las adversidades de la existencia terrena. La vida de oración para el creyente es tan necesaria como la energía lumínica para los vegetales. Pero también tiene que desarrollarse hacia abajo. Afianzarse en el suelo, escudriñar todos los rincones del terreno palpando meticulosamente hasta descubrir el agua y el alimento. La lectura y el estudio sistemático de la Palabra es el tipo de nutrición que puede fundamentar convenientemente la fe y generar sólidas raíces.

Si la realización del reino de Dios dependiera sólo de nosotros, tendríamos motivos para desconfiar del futuro. Pero por encima de nuestras torpezas e infidelidades está el poder de Dios, su Espíritu de amor, el misterio de la vida que late mientras nosotros dormimos. Esta es la gloriosa e inexplicable realidad que nos permite confiar en la obtención final de un fruto maravilloso.

Algunos intelectuales catastrofistas, después de observar el proceso de secularización que se ha venido produciendo en el mundo occidental a finales de la época moderna, se atrevieron a augurar un futuro muy oscuro para el cristianismo. Sin embargo, en estos últimos años los comportamientos que se detectan en las sociedades hipermodernas han provocado un cambio radical de opinión. El resurgir del sentimiento religioso y la necesidad humana de sentido y trascendencia demuestran, una vez más, que el ser humano no puede subsistir sólo con el pan de lo material, sino que requiere también la Palabra de Dios como alimento imprescindible para nutrir su dimensión espiritual. En el seno de esta modernidad tardía se sigue escuchando todavía el misterioso palpitar de la vida.

Resumen:

La parábola habla de un sembrador que ha finalizado su labor de siembra y que es incapaz de explicarse cómo ocurre el crecimiento de la semilla. No acierta a comprender el misterio de la vida, sin embargo, prosigue con su existencia rutinaria. No puede hacer nada por acelerar el proceso ya que el desarrollo de la planta depende sólo de Dios.

De forma similar, la extensión del Reino es obra suya y no del hombre. No obstante, no debiera deducirse de esta verdad que el papel humano sea puramente pasivo. Al fin y al cabo quien siembra es el agricultor. Como dijera el apóstol Pablo: «Yo planté, Apolo regó; pero el crecimiento lo ha dado Dios» (1 Co. 3:6). Es el creador quien da el crecimiento pero nosotros tenemos la responsabilidad de seguir plantando en los corazones humanos.

Sugerencias:

1. ¿Por qué algunos comentaristas opinan que se trata de una parábola difícil?
2. ¿Qué tienen en común todas las parábolas de crecimiento?
3. ¿A qué conclusiones se llega si se acepta que el tema del relato es la semilla que Dios planta en el corazón del ser humano?
4. ¿Por qué tuvo tanto éxito durante el siglo XIX la comparación del reino de Dios con el proceso de crecimiento de la semilla?
5. ¿Cuál es la debilidad principal en la interpretación de la escuela escatológica?
6. ¿Qué opinan autores como Dodd, Cadoux y Jeremias?
7. ¿Cuál crees que es la mejor interpretación de la parábola? ¿Por qué?
8. ¿Qué enseñanza espiritual puede obtenerse de la biología de una semilla?
9. ¿De quién depende la realización del Reino?
10. ¿Cuál sería entonces el papel del ser humano?

05 y 06
Una lección de botánica aplicada
o
la semilla de mostaza y la levadura

Lucas 13:18-21 (Mr. 4:30-32; Mt. 13:31-33)

¹⁸ Y dijo: ¿A qué es semejante el reino de Dios,
y con qué lo compararé?
¹⁹ Es semejante al grano de mostaza, que un hombre
tomó y sembró en su huerto; y creció, y se hizo árbol
grande, y las aves del cielo anidaron en sus ramas.
²⁰ Y volvió a decir: ¿A qué compararé el reino de Dios?
²¹ Es semejante a la levadura, que una mujer tomó
y escondió en tres medidas de harina, hasta que todo
hubo fermentado.

Estas palabras de Jesús nos introducen en el mundo de la botánica; el mundo de las plantas y de los hongos; de las semillas que se desarrollan misteriosamente en la oscuridad del suelo, y de las levaduras que hacen fermentar la materia orgánica. Jesús parte de la botánica y de la ornitología para terminar en la teología. De las ciencias a las letras. De la materia al espíritu. Los vegetales y las aves le servirán para enseñar una verdad teológica. Del pequeño grano de mostaza al árbol grande y a los pájaros que anidan en sus ramas. ¡Qué tema tan tentador para que un naturalista se extienda, profundice y encuentre todavía más paralelismos!

Sin embargo, para comprender este texto más que las ciencias naturales nos va a ayudar el estudio del Antiguo Testamento y de sus imágenes. Jesucristo desea hablar acerca del reino de Dios y se pregunta: ¿Con qué lo compararé?

Contexto:

El grano de mostaza, pequeño como la cabeza de un alfiler, es una de las semillas más pequeñas que el ojo humano puede percibir. La mostaza negra –*Brassica nigra* en nomenclatura botánica– presenta unas minúsculas simientes cuyo diámetro oscila entre el milímetro y el milímetro y medio. No obstante, cuando germina y nace se transforma en un arbusto que, junto al lago de Genesaret, puede alcanzar los tres o cuatro metros de altura. También en la península Ibérica florece esta planta en estado silvestre; es una especie que pertenece al mismo género que la berza y de la cual se fabrica la conocida salsa de mostaza. En España la mostaza negra alcanza poco más de un metro de altura, pero en las condiciones climáticas de Palestina, y según se desprende de la literatura rabínica, este vegetal puede crecer hasta alcanzar el tamaño de una higuera. Por lo tanto, es perfectamente posible que las pequeñas aves puedan anidar sobre ella.

Para los judíos las semillas de la mostaza eran símbolo de pequeñez e insignificancia. En cierta ocasión Jesús les dijo a los apóstoles: «Si tuvierais fe como un grano de mostaza, podríais decir a este sicómoro: Desarráigate, y plántate en el mar; y os obedecería» (Lc. 17:6). Y esto teniendo en cuenta precisamente que el sicómoro es un árbol con la raíz muy fuertemente arraigada. De manera que la mostaza indicaba una cosa minúscula o una cantidad mínima.

Dice el teólogo Joachim Jeremias que: «El hombre moderno va al campo y entiende el crecimiento como un proceso biológico. Pero los hombres de la Biblia van al campo y ven en el mismo proceso un milagro de Dios tras otro, resurrecciones de la muerte» (Jeremias, 1992: 183). Sí, es verdad. Pero ¿acaso el proceso biológico no es también un milagro? ¿No es un misterio que las semillas resistan el frío invernal deshidratándose, es decir, reduciendo el contenido en agua de sus células hasta un diez por ciento? ¿Por qué lo hacen? ¿No hay milagro en que logren sobrevivir disminuyendo la actividad fisiológica celular a niveles casi imperceptibles? ¿Quién les ha enseñado que deben comportarse así? ¿No es prodigioso que existan semillas capaces de resistir más de mil años, en estado de vida latente, y germinar después, como ocurre en la flor de loto asiática (*Nelumbo nucifera*)? Hoy la ciencia nos dice cómo germinan las semillas, pero no por qué lo hacen. La biología nos explica cómo funcionan los seres vivos, sin embargo nadie puede aclarar por qué funcionan. Quien no vea plan inteligente y finalidad en los mecanismos biológicos y en el origen de los mismos es porque desea permanecer ciego.

En cuanto a la levadura nos encontramos, de nuevo, ante la misma idea. El reino de Dios es comparable también a esa sustancia natural que se agrupa entre los hongos. Cuando se esconde una pequeña cantidad de levadura en la masa de harina afecta a toda la amasadura entera. Tres medidas de harina equivalían a unos cuarenta kilos. Se trataba de una considerable cantidad.

El tema de la levadura ha confundido a muchos lectores de la Biblia. Algunos se preguntan: ¿En qué quedamos? ¿La levadura es mala o es buena? El apóstol Pablo les dice a los gálatas (5:9) que «un poco de levadura fermenta toda la masa», refiriéndose, en sentido negativo, a los que defendían todavía el ritual judío de la circuncisión dentro de la iglesia cristiana. En el libro de Levítico se prohíben las ofrendas hechas con levadura porque la fermentación representaba la corrupción y la impureza (Lv. 2:11). Los escritores rabínicos se refieren también a ella, a menudo, como símbolo del mal. Incluso el propio Señor Jesús advierte contra la levadura de los fariseos, saduceos y herodianos.

Sin embargo, ¿qué clase de pan sería el que se hiciera sin levadura? El sentido común nos sugiere que los principios activos de la levadura son imprescindibles para fabricar un buen pan. Y aquí, en el texto que estudiamos, se toma también en sentido positivo y se la compara, ni más ni menos, que con el reino de Dios. ¿Por qué?

Significado:

Analicemos primero el ejemplo de la mostaza para terminar después con el de la levadura. ¿Por qué elige Jesús el símil de la semilla de mostaza? Si hojeamos en el libro de Ezequiel podemos encontrar los siguientes versículos:

Así ha dicho Jehová el Señor: Tomaré yo del cogollo de aquel alto cedro, y lo plantaré; del principal de sus renuevos cortaré un tallo, y lo plantaré sobre el monte alto y sublime. En el monte alto de Israel lo plantaré y alzará ramas, y dará fruto, y se hará magnífico cedro; y habitarán debajo de él todas las aves de toda especie; a la sombra de sus ramas habitarán. Y sabrán todos los árboles del campo que yo Jehová abatí el árbol sublime, levanté al árbol bajo, hice secar el árbol verde, e hice reverdecer el árbol seco. Yo Jehová lo he dicho y lo haré (Ez. 17:2; 22-24).

Esta es la idea. Dios elige las realidades más humildes para hacer su designio de grandeza. El Señor no tiene necesidad de «árboles elevados» ni de grandes semillas. Él desea enaltecer al «árbol humilde» y a la semilla pequeña. Para los oyentes de Jesús, el árbol alto era una imagen corriente del poder terreno, sin embargo, el Maestro les viene a decir que de los principios más simples, de algo que a los ojos de los hombres es casi nada, Dios da origen a su Reino; un Reino que se desarrollará y llegará a abrazar a todos los pueblos de la tierra. Ínfimos inicios, conclusión magnífica. Apariencias modestas e insignificantes, pero realidad final grandiosa.

El reino de Dios se caracteriza porque, a partir de unos comienzos verdaderamente minúsculos, se pone en marcha todo un proceso de crecimiento que lo transforma en uno de los fenómenos más espectaculares de la historia de la humanidad. Y ¡qué diferentes de lo que se esperaba fueron estos comienzos! Un puñado de criaturas menesterosas. Gente vulgar, sin apenas preparación cultural, entre los que había también personas de mala vida, antiguas prostitutas, avaros recaudadores de impuestos y toscos pescadores. ¿Este tipo de personas iban a ser la comunidad salvífica nupcial de Dios, la amada del Esposo? Desde lo más profundo de la parábola se oye la voz de Jesús que responde: ¡Sí, ella es! ¡Esta es mi especial amada! ¡Yo voy a dar mi vida por ella!

Jesucristo tuvo aquí, en esta doble parábola, la audacia de darle una significación completamente opuesta a lo que pensaban sus oyentes. Les viene a decir que sus pensamientos estaban equivocados porque de algo como una semilla de mostaza, que ellos consideraban insignificante, y de un pequeño trozo de levadura, del que creían que era símbolo de malicia y maldad, el poder de Dios iba a hacer su Reino en la tierra. ¡Lo que para vosotros es malo, Dios lo ha considerado bueno!

De igual forma que la semilla de mostaza llega a convertirse en frondoso árbol que da cobijo a las aves, el milagro del amor divino convertirá esta pequeña grey en el pueblo de Dios que transmitirá la salvación a todos los pueblos de la tierra. De manera parecida a cómo unos pocos gramos de levadura impregnan y modifican toda la masa de harina, un puñado de hombres y mujeres insignificantes llegará a cambiar el mundo.

Pero ¿cómo responderá el ser humano? ¿Querrá el hombre instalar su «nido» sobre las seguras ramas del reino de Dios? ¿Aceptará cobijarse bajo la «sombra del Altísimo»? ¿Se dejará contagiar por el fermento de su amor? Los judíos religiosos de la época de Jesús eran los primeros que debían responder tales preguntas. Sin embargo, después de dos mil años, estas mismas cuestiones siguen demandando también nuestra respuesta.

Aplicación:

Las palabras de Jesús contenidas en estas dos pequeñas parábolas enseñan tres cosas. En primer lugar conviene entender que el reino de Dios no se puede grabar en vídeo ni mucho menos fotografiar. Como escribe Alessandro Pronzato: «No es posible fotografiar el desarrollo del Reino, ni mucho menos 'fijarle' un momento determinado» (Pronzato, 1982: 230). Jesús enseña aquí que «reino de Dios» no es lo mismo que «Iglesia visible». Hace mil seiscientos años, San Agustín, el más ilustre de los llamados padres de la Iglesia, cometió un error. Llegó a identificar el reino de Dios con la iglesia católico-romana. No obstante, más de mil años después, la Reforma protestante volvió al concepto de que el reino de Dios era la Iglesia invisible, pero no la visible. La realidad del Reino divino escapa a cualquier catalogación o medición terrena a pesar de que ya esté entre los humanos.

La parábola tampoco pretende proyectarse hacia el futuro, sino hacia el presente. Su objetivo no está en enseñarnos que el reino de Dios vendrá con toda seguridad en el futuro, o que vendrá más pronto de lo que pensamos o que traerá frutos maravillosos, sino todo lo contrario, que el reino de Dios está ya entre nosotros en el momento presente. Podemos gozar ya ahora de su presencia en la tierra. Es lo que afirma el evangelista Lucas: «El reino de Dios no vendrá con advertencia, ni dirán: Helo aquí, o helo allí; porque he aquí que el reino de Dios está entre vosotros» (Lc. 17:21).

En segundo lugar, la parábola explica que el Reino está en las cosas pequeñas. Esto significa que debemos tomar en serio nuestras ocasiones; todas las oportunidades de que disponemos para hacer el bien; los momentos que se nos presentan aquí y ahora. Quizá no sean grandes acontecimientos o espectaculares acciones, pero precisamente porque son humildes, pequeñas y comunes, están escondiendo la presencia del Reino. En el fondo de las situaciones cotidianas de la vida, brilla el reino de Dios. En la sonrisa a tiempo; en el gesto de la solidaridad; en la amistad desinteresada; en ponerse junto al débil; en saber abrir a tiempo una puerta y en acertar a poner un plato más sobre la mesa cuando alguien lo necesita. Cosas, al fin y al cabo, tan pequeñas como una semilla de mostaza.

Finalmente, en tercer lugar, el Reino tampoco consiste en «ser alto», sino en «estar habitado». La literatura hebrea menciona a un rabino que tenía en su jardín un arbolillo de mostaza y, de vez en cuando, se subía a él como el que trepa al extremo de una rama de higuera, para demostrar así a los vecinos su habilidad y, sobretodo, su grandeza. Esto es, precisamente, lo que nunca debe hacer un cristiano. Cristo no actuó jamás así. La verdadera grandeza no consiste en subirse a los árboles altos, sino en saber cobijar «nidos de pájaros» entre las ramas. Son los demás, los que deben testificar de la grandeza e importancia de la planta. Extender las ramas para que sobresalgan por encima de los otros; alargar ostentosamente la propia zona de sombra, no tiene sentido para el creyente. Lo que sí tiene sentido es que nuestro prójimo encuentre lugar en ella. En la perspectiva de Cristo el árbol más grande no es el más alto, sino el más habitado.

Vivimos hoy en una sociedad en la que el prestigio, el contar, el ser influyentes desde el punto de vista humano o el realizar obras grandiosas, se consideran como signos importantes de grandeza. Sin embargo, en el reino de Dios todas estas cosas sólo son signos de sí mismas y nada más. Incluso, en numerosas ocasiones, estas actitudes se convierten en un grave obstáculo para pertenecer al Reino. Por el contrario, algunas veces, se infravalora el significado de la propia vida humana. Muchas amas de casa, por ejemplo, tienden a pensar que valen menos que sus maridos porque ellos trabajan fuera del hogar y son los que aportan el sueldo que permite subsistir a toda la familia. Aunque nunca lo confiesen, en el fondo, esta dependencia económica les lleva a creer que son inferiores. Tales sentimientos negativos pueden conducir incluso a la depresión cuando existe la tendencia a compararse profesionalmente con los demás, creyendo que ellos sí han tenido suerte, y se concluye asumiendo que los otros han triunfado en la vida mientras que uno mismo ha fracasado.

Es el mismo sentimiento que se observa también en la mirada del pobre. ¿Os habéis fijado alguna vez en cómo mira el pobre? Sus ojos siempre esperan algo. Son ojos de inferioridad que aguardan la limosna o la bolsa de alimento. Los oprimidos, los marginados, los que malviven de la caridad ajena generalmente se consideran a sí mismos como seres inferiores, casta de subalternos, «donnadies» de la calle que se desprendieron, hace ya mucho tiempo en lo más profundo del alma, de su valor como personas.

Sin embargo, Jesús dice que esto no es verdad; que no lo ha sido ni lo será nunca. A Dios le gusta estar entre las cosas insignificantes. Cristo declara más bien equivocado a quien es, o se cree, poderoso. Él viene a pronosticarnos, desde el ejemplo de la parábola, que el vencedor, el que obtendrá la victoria final, será precisamente el pobre, el que llora, el manso, el humilde... Viene a asegurarnos que el reino de Dios se está construyendo, a pesar de todos los pronósticos teológicos, con esta clase de materia. Barro de insignificancia y mortero de pequeñez.

Resumen:

Dios viene a la tierra como una pequeña semilla de mostaza, como un fermento, un minúsculo retoño. Jesús es semilla y sembrador al mismo tiempo.

Actúa silenciosamente como levadura en la masa para ofrecer «pan de vida» a los hombres. Hasta que un buen día este sembrador se convierta en grano caído en medio de la tierra roja. Y el surco se llene con la sangre derramada en el Calvario que lo hará morir. Tal como escribe Juan: «Si el grano de trigo no cae en la tierra y muere, queda solo; pero si muere lleva mucho fruto» (Jn. 12:24).

El Señor Jesús murió pero también resucitó y llevó mucho fruto. La pregunta realmente importante es: ¿Somos nosotros parte de ese fruto? ¿Pertenecemos a la cosecha de Jesucristo?

Los que ya hemos respondido afirmativamente a tal cuestión conviene que no olvidemos estas tres ideas:

_ El reino de Dios no es fotografiable porque se trata de la Iglesia invisible. De ahí que no debamos etiquetar ni clasificar o juzgar a las personas.
_ El reino de Dios está en las cosas pequeñas, humildes, familiares y cotidianas.
_ El reino de Dios no necesita árboles demasiado altos, sino bien habitados. El deseo del Señor es que los demás puedan encontrar siempre cobijo y sombra entre nuestras ramas.

Sugerencias:

1. ¿De qué era símbolo para los judíos la semilla de mostaza?
2. ¿Qué significa la siguiente frase de Epicuro: «A quien no contenta lo pequeño, nada le contentará»?
3. ¿Por qué elije Jesús el ejemplo de la semilla de mostaza?
4. La imagen de la levadura entre los judíos contemporáneos de Jesús ¿era positiva o negativa?
5. ¿Por qué recurre Jesús al ejemplo de la levadura?
6. ¿Es lo mismo reino de Dios que iglesia visible? ¿Por qué?
7. ¿Qué quiere decir que el reino de Dios está en las cosas familiares?
8. ¿Cuál es el sentido de la frase: «El Reino no consiste en ser alto, sino en estar habitado»?
9. ¿Me he infravalorado a mí mismo alguna vez? ¿Por qué?
10. ¿Me considero parte de la cosecha de Jesucristo?

07
El fin que no justifica los medios
o
los labradores malvados

Marcos 12:1-12 (Mt. 21:33-44; Lc. 20:9-18)

¹ Entonces comenzó Jesús a decirles por parábolas: Un hombre plantó una viña, la cercó de vallado, cavó un lagar, edificó una torre, y la arrendó a unos labradores, y se fue lejos.
² Y a su tiempo envió un siervo a los labradores, para que recibiese de éstos del fruto de la viña.
³ Mas ellos, tomándole, le golpearon, y le enviaron con las manos vacías.
⁴ Volvió a enviarles otro siervo; pero apedreándole, le hirieron en la cabeza, y también le enviaron afrentado.
⁵ Volvió a enviar a otro, y a éste mataron; y a otros muchos, golpeando a unos y matando a otros.
⁶ Por último, teniendo aún un hijo suyo, amado, lo envió también a ellos, diciendo: Tendrán respeto a mi hijo.
⁷ Mas aquellos labradores dijeron entre sí: Este es el heredero; venid, matémosle, y la heredad será nuestra.
⁸ Y tomándole, le mataron, y le echaron fuera de la viña.
⁹ ¿Qué, pues, hará el señor de la viña? Vendrá, y destruirá a los labradores, y dará su viña a otros

> [10] *¿Ni aún esta escritura habéis leído: La piedra*
> *que desecharon los edificadores ha venido a ser*
> *cabeza del ángulo;*
> [11] *El Señor ha hecho esto, y es cosa maravillosa a*
> *nuestros ojos?*
> [12] *Y procuraban prenderle, porque entendían que*
> *decía contra ellos aquella parábola; pero temían a*
> *la multitud, y dejándole, se fueron.*

Esta narración ha sido calificada como la más dura de todas las parábolas de juicio que aparecen en los evangelios sinópticos y en ella se ha pretendido ver la expresión mediante la cual la primitiva comunidad cristiana acusaba al judaísmo de la época y justificaba su separación del mismo (Gnilka, 1993, 2:174). Tales ideas han llevado a ciertos exegetas a afirmar que la parábola de los labradores malvados no pudo salir así de los labios de Jesús, sino que debió ser manipulada y alegorizada por la iglesia primitiva con el fin de mostrar toda la historia de la salvación. De manera que, según esta opinión, el texto de los evangelios sinópticos que ha llegado hasta nuestros días no sería el auténtico que pronunció Cristo hace dos mil años.

La cuestión es: ¿Se pueden demostrar tales afirmaciones o pertenecen al terreno de la pura especulación? ¿Por qué no pudo Jesús pronunciar parábolas alegorizantes como ésta? ¿Había algo que se lo impidiera? A nosotros nos parece que tales ideas resultan sumamente arriesgadas, sobre todo cuando provocan en algunos el deseo de reconstruir lo que sería la hipotética parábola primitiva que habría salido de los labios de Jesús. Con tal fin se aceptan unos versículos, como originales del Maestro, mientras que se rechazan otros por considerar que son añadidos de la iglesia primitiva. La narración de los malvados labriegos no es, a nuestro modo de entender, una construcción artificial o una serie de añadidos del cristianismo naciente, sino un relato auténtico del Maestro que refleja de manera magistral el ambiente que se vivía en la Galilea de la época y las tensiones sociales anteriores a la gran revolución del año 66 d.C. Esto es lo que intentaremos evidenciar seguidamente.

Contexto:

El relato se refiere al acondicionamiento de una viña inspirándose en la experiencia agrícola de Israel y, seguramente, en la parábola de Isaías 5:1-7 que dice así:

Tenía mi amado una viña en una ladera fértil. La había cercado y despedrega-
do y plantado de vides escogidas; había edificado en medio de ella una torre, y
hecho también en ella un lagar; y esperaba que diese uvas, y dio uvas silvestres.
Ahora, pues, vecinos de Jerusalén y varones de Judá, juzgad ahora entre mí y mi
viña. ¿Qué más se podría hacer a mi viña que yo no haya hecho en ella? ¿Cómo,
esperando yo que diese uvas, ha dado uvas silvestres? Os mostraré, pues, ahora
lo que haré yo a mi viña: Le quitaré su vallado, y será consumida; aportillaré
su cerca, y será hollada. Haré que quede desierta; no será podada ni cavada, y
crecerán el cardo y los espinos; y aun a las nubes mandaré que no derramen llu-
via sobre ella. Ciertamente la viña de Jehová de los ejércitos es la casa de Israel,
y los hombres de Judá planta deliciosa suya. Esperaba juicio, y he aquí vileza;
justicia, y he aquí clamor.

Las viñas en Israel no eran como las actuales que sólo poseen un tipo de
cultivo, la vid; se trataba más bien de huertos en los que además de uvas se
plantaban otros frutales e incluso cereales. Acondicionar una viña consistía en
rodear tales huertos con una cerca que podía ser una simple tapia o un seto
espinoso capaz de impedir el paso. Con el fin de ahorrar trabajo y eliminar el
transporte de la uva se procuraba construir un lagar en el centro de la misma
viña; era una estructura excavada en la roca y formada por dos depósitos situa-
dos a distinto nivel y unidos mediante un estrecho canal. También solía construirse una especie de cabaña, llamada «torre» en el texto, que tenía la función
de refugio y puesto de vigilancia ya que, sobre todo durante las noches en que
la uva empezaba a madurar, los animales silvestres y los posibles ladrones tenían
que ser convenientemente alejados.

Arrendar una plantación a un colectivo de viñadores y marcharse al extranjero era algo muy normal en aquella época. Los agricultores se beneficiaban así
directamente del producto de su trabajo y sus obligaciones para con el dueño
consistían en darle una parte de la cosecha, una cantidad fija de vino, cereales y
aceite o unos intereses de arrendamiento en metálico, prefijados de antemano.
La existencia de ricos latifundistas extranjeros, que eran propietarios de numerosos terrenos agrícolas a lo largo del valle superior del río Jordán y la llanura
de Megguidó, está bien documentada en la literatura. Así por ejemplo, existe
un papiro egipcio que se refiere al ministro de economía del reino tolemaico,
Apolonio, quien en el siglo III a.C. era propietario de un terreno en la región de
Baitianata, en Galilea, de donde obtenía vino para su consumo; también en la
región de Gishala, al norte de Galilea, se cultivaba trigo para el César durante
la época de la revolución judía ya que algunas aldeas de esta zona pertenecían a
los dominios imperiales (Jeremias, 1992: 92).

En Palestina las viñas empiezan a dar fruto después del tercer año de haber sido plantadas. Como la ley establecía que la cosecha correspondiente al cuarto año estaba reservada para Dios, resulta que el dueño de la plantación debía ser paciente ya que sólo podía exigir su parte el quinto año.

¿Cuál podía ser la causa del estado de ánimo tan negativo de aquellos labradores de la parábola hacia los siervos y el propio hijo del dueño? Las condiciones políticas en la Palestina del momento eran sumamente delicadas ya que desde la rebelión de Judas el Gaulonita, el año 6 d.C., Galilea no había sido pacificada por completo. Los agricultores fueron forzados contra su voluntad a convertirse en aparceros de tercera categoría; explotaban unas tierras que no les pertenecían a cambio de dar a sus propietarios extranjeros lo mejor de las cosechas. Estos ricos terratenientes foráneos pertenecían a su vez al imperio que dominaba y sometía al pueblo de Israel. De manera que al descontento agrario motivado por la explotación económica se sumaba el sentimiento nacionalista y revolucionario de liberación fomentado por el zelotismo propio de Galilea. La unión de todas estas condiciones permite comprender mejor el argumento de la parábola ya que explica por qué ciertos labradores se negaban a pagar su renta y estaban dispuestos incluso al empleo de la violencia contra los propietarios y sus representantes.

Sin embargo, llegado este momento surgen otras cuestiones: ¿Tenían razón estos agricultores nacionalistas para actuar como lo hicieron? ¿Puede la explotación, a que estaban sometidos, justificar los delitos de sangre que cometieron? ¿Qué culpa tenían aquellos inocentes siervos y el propio hijo del amo para que se ensañaran con ellos? ¿Justifica el fin los medios utilizados? El ambiente revolucionario que se daba entonces en Galilea puede explicar el origen del descontento de aquellos trabajadores, pero nada más. Los viñadores no tenían razón al negarse a pagar la renta del contrato con el que se habían comprometido y mucho menos en maltratar a los representantes del dueño. El fin no justificaba aquí los desproporcionados medios empleados.

La parábola acaba con una pregunta dirigida a los oyentes: «¿Qué, pues, hará el señor de la viña?». La respuesta estaba en la mente de todos. Nadie ignoraba lo que se hacía en tales casos. En contra de lo habitual es el propio Maestro quien responde su pregunta: «Vendrá, y destruirá a los labradores, y dará su viña a otros». Esto era lo que merecían tales hombres, según la costumbre de la época, por los crímenes que habían cometido. El auditorio de Jesús sabía por experiencia lo que se les hacía a los arrendatarios que se rebelaban. Existe el ejemplo de Marco Bruto quien consiguió cobrar del consejo de Salamina una importante deuda mediante el apoyo de la caballería que le prestó el gobernador de Cilicia. De esta manera, asedió al consejo de esta ciudad hasta que cinco miembros murieron de inanición (Dodd, 1974: 123). El gobierno solía ayudar a los propietarios para solucionar tales problemas por la fuerza.

De todo esto puede deducirse que el Señor Jesús, con tal narración, no pretendió construir una alegoría artificiosa sino recordar, por medio de ejemplos reales y cotidianos, las repetidas misiones de los profetas de Israel, así como el trato injusto que recibieron casi siempre por parte de las autoridades religiosas.

Significado:

La parábola de los labradores malvados va dirigida preferentemente a los miembros del sanedrín que son los que finalmente condenarán a muerte a Jesús; ellos son sus arrendatarios. Desde el profeta Isaías, como se ha señalado, el pueblo de Israel es comparado frecuentemente con la imagen de la viña, sin embargo, en esta narración el principal protagonista no es la viña, sino los viñadores. Hay que deducir, por lo tanto, que va dirigida en primer lugar a los líderes religiosos que tenían la obligación de cuidar del pueblo. El propietario de la viña es el mismo Dios, mientras que los mensajeros representan a los profetas y el hijo es imagen de Jesucristo.

El relato pretende censurar a los arrendatarios de la viña, a los jefes del pueblo de Israel, porque se apartaron de Dios y fueron cometiendo rebelión tras rebelión. Los delitos perpetrados contra los mensajeros divinos conformaban una larga lista de torpezas y atrocidades que habían caracterizado toda la historia hebrea. El profeta Amós fue muerto a mazazos por el hijo del sacerdote Amasiah; Miqueas fue arrojado desde un acantilado por el hijo del rey Jorán; Isaías partido en dos; Jeremías había perecido en Egipto a manos del populacho enfurecido; Ezequiel asesinado en Babilonia por el jefe del pueblo y, en fin, Zacarías despedazado por el propio rey de Judá, Joás, frente al altar del templo. Por eso el Señor Jesús no tuvo más remedio que pronunciar aquel trágico lamento: «Jerusalén, Jerusalén, que matas a los profetas, y apedreas a los que te son enviados» (Mt. 23:37). De ahí que la Buena Nueva de salvación cambie de destinatarios y sea ahora anunciada a los pobres, a los repudiados y maltratados por la institución religiosa gobernante.

El templo de Jerusalén se había convertido en una especie de «cueva de ladrones» donde prosperaba un comercio ilegítimo y un tipo de religiosidad que sólo era útil y beneficiaba a los dirigentes, pero no al pueblo. Los sacerdotes y maestros, en vez de preocuparse por los intereses de Dios lo hacían por los suyos propios. Gestionaban el templo como si fuera de ellos y no tuvieran que responder ante nadie. De ahí que Jesús desee dejar claro con su actitud, al echar fuera a vendedores y cambistas, así como con sus relatos, que él es el hijo mandado por el Padre para recibir los frutos y velar para que el templo continuara siendo una auténtica casa de oración. La parábola abarca de esta manera toda la historia de la salvación, desde la elección de Israel como pueblo querido por el Señor hasta su rechazo final y la siguiente formación de un nuevo pueblo de Dios.

Dodd señaló que la frase: «Vendrá, y destruirá a los labradores» constituye una alusión a los horrores acaecidos en la captura de Jerusalén, durante el año 70 d.C., por los romanos. Esta es una de esas opiniones que no pueden demostrarse, ni tampoco rechazarse, ya que ¿cómo estar seguros de los pensamientos que el Maestro nunca reveló? No podemos saberlo.

Lo que sí resulta más evidente en esta parábola es que Jesús, al declarar que toda la sangre derramada desde Abel hasta Zacarías caería sobre aquella generación, estaba considerando su ministerio en la tierra como la culminación de la obra de Dios en favor de su pueblo. Él era plenamente consciente de su misión redentora y sabía que su destino no iba a ser muy distinto al del resto de los profetas que le habían precedido. Jesús está aquí prediciendo su propia muerte y el juicio que caería sobre sus asesinos. Les está anunciando que al planear su sacrificio, estaban corriendo hacia su propia perdición y la de Israel porque el Dios de la historia iba a confiar también sus vidas al criterio de otros pueblos. La parábola de los labradores malvados constituye, pues, una dramatización histórica de la realidad moral de aquel momento; una proclamación del Evangelio como acontecimiento expresado en palabras.

Probablemente cuando Jesús afirma que, al final, el señor de la viña vendrá y la dará «a otros», se está refiriendo a los creyentes provenientes del mundo gentil, aunque esto no excluye por supuesto a los judíos que se conviertan. La idea que puede sacarse de aquí es que la viña no es patrimonio exclusivo y seguro de nadie. De la misma forma en que las autoridades hebreas desobedecieron la voluntad de Dios y no supieron ser guías fieles de su pueblo, también los cristianos, y muy especialmente los pastores y los que tienen puestos de responsabilidad en el seno de la Iglesia, son susceptibles de caer en descrédito y ser rechazados por el Señor, si no permanecen leales a sus mandamientos. Es verdad que los principales encausados fueron los responsables espirituales del pueblo de Israel, pero lo cierto es que éste también tuvo su parte de culpa. Su comportamiento no fue siempre del agrado de Dios. Esto debe enseñarnos hoy, a los cristianos actuales, que en el banquillo de los acusados puede sentarse también alguna vez el pueblo del nuevo pacto. La actitud de desobediencia a Dios puede repetirse en cualquier momento. El deseo malvado de apropiarse de los dones del Señor con fines egoístas y monopolizadores debe ser alejado de nuestro pueblo. Porque de no ser así corremos el riesgo de ser sustituidos por «otros».

Aplicación:

¿Cómo es posible que algunas personas hoy se parezcan tanto a aquellos labradores arrendatarios de los días de Jesús? ¿Cuántas veces en nuestro tiempo se desoye, se desprecia y se hiere a los mensajeros divinos? Los siervos de Dios que procuran transmitir fielmente la voluntad del creador al hombre contemporáneo son frecuentemente ridiculizados. En esta época pocos se acuerdan ya del dueño de la viña, pocos son conscientes de que la viña no es de ellos. Jesús de Nazaret es en la actualidad para muchos sólo un personaje histórico desaparecido, un revolucionario un tanto excéntrico, un místico algo original, pero nada más. Ni Señor, ni Mesías, ni Hijo de Dios. Hoy no sólo se afrenta, o se les hace sentir inferiores, a los que dicen seguir creyendo en la existencia de aquel Señor que plantó la viña, sino que se ha procurado también matar por segunda vez a su único hijo y se le ha expulsado de la plantación. Muchas criaturas viven con el convencimiento de que Dios ha muerto y de que no le queda ningún heredero. Para numerosos individuos de nuestro tiempo el cadáver de Jesucristo sigue colgando de la cruz sobre el siniestro lugar de la Calavera. El orgullo intelectual del hombre actual pretende sustituir al legítimo heredero; en lugar del Hijo de Dios se coloca el propio hombre como usurpador y centro de todas las cosas. Se asiste así al funeral de Dios sin traumas ni remordimientos. Lo importante es el «yo», el individuo, lo «mío», el presente, el aquí y el ahora. No hay que pensar para nada en propietarios que viven lejos, ni en el «otro», ni en el hermano, ni en el futuro.

Sin embargo, lo cierto es que la actitud de los agricultores se juzga durante la ausencia del dueño. Se engañan los que creen que Dios ha muerto. Él no puede morir, sólo guarda silencio. Y es, precisamente, este silencio de Dios el que evalúa la conducta humana. Conviene pues entender este mutismo divino no como abandono, despreocupación o deserción, sino como respeto y consideración hacia la humanidad. Dios permanece en silencio porque nos ama, nos toma en serio y nos deja libertad para que actuemos. Pero observa sin hablar, escudriña nuestro corazón y sus motivaciones, evalúa nuestra conducta, lo que somos y lo que aparentamos ser. El sabe desaparecer, entiende y calla, sabe cedernos el protagonismo. Por eso cuando algún arrendatario, aprendiz de filósofo, afirma la muerte de Dios, lo que en realidad quiere decir es que el Dios que desaparece es el de los intelectuales y filósofos. El de la racionalidad especulativa. Pero el del amor, el de la revelación, el personal, el que se manifiesta en Jesús, el débil, el sufriente... ese se queda con nosotros para siempre. Es el Dios que consuela, fortalece y da vigor para la existencia cotidiana.

La realidad del ser humano es afortunadamente mucho más compleja de lo que normalmente se supone. En todas las épocas han existido también pobres de espíritu; gentes humildes que han sabido reconocer sus limitaciones; criaturas que han vivido pacificando su entorno; personas que a pesar de las lágrimas nunca perdieron la esperanza; hambrientos de justicia que supieron aguantarse sus necesidades particulares; misericordiosos de limpio corazón que pudieron distinguir a Dios a través de la espesa niebla de ciertos arrendatarios y, en fin, individuos mansos que al final recibirán la viña por heredad. Éstos constituyen el singular pueblo de los «otros» a quienes se ofrecerá la propiedad divina cuando los descreídos sean oscurecidos para siempre del pensamiento de Dios.

Pero también, conviene que volvamos a reflexionar acerca del último peligro. ¿Hasta qué punto podemos, nosotros los creyentes de la época actual, caer en el mismo error de aquellos labradores? ¿No es posible que el pecado de Israel se convierta alguna vez en el de la Iglesia contemporánea? ¿Estamos tratando la viña del Señor como algo propio que nos sirve para obtener poder o prestigio social? ¿Intentamos alianzas mezquinas con el poder? ¿Monopolizamos la cosecha? No debemos olvidar jamás que nadie puede escapar a la obligación de entregar a Dios los frutos de su viña.

Resumen:

La parábola de los labradores malvados no es un relato alegorizado por la Iglesia primitiva, sino una narración de Jesús inspirada en la parábola de la viña del profeta Isaías y en las particulares condiciones sociales de la Galilea de la época del Maestro. Era frecuente en aquel contexto que ciertos latifundistas extranjeros arrendaran sus tierras a labradores palestinos y que enviaran emisarios periódicamente para recoger parte de la cosecha. El Señor utiliza esta práctica habitual para hacer reflexionar a su auditorio acerca de la paciencia de Dios en su trato con el pueblo de Israel. La parábola se dirige principalmente a los dirigentes religiosos, al sanedrín, y les recuerda la triste historia de crímenes cometidos contra los siervos que hablaban en nombre de Dios, los profetas. Esta conducta justifica el hecho de que la Buena Nueva sea anunciada por el Maestro a los pobres y discriminados. Jesús se declara, mediante esta parábola, como el Hijo de Dios que sufrirá la misma suerte de los profetas que le precedieron, proclamando así el Evangelio de salvación para todos aquellos que deseen reconocerlo, sean o no judíos de nacimiento.

El terrible error en que cayó el sanedrín puede repetirse también en la Iglesia de nuestro tiempo si los líderes no son conscientes de que sólo Dios es el Señor de la viña y que no podemos huir de la responsabilidad de velar por ella y entregarle a él el mérito y los frutos de la misma.

Sugerencias:

1. ¿Por qué algunos exegetas creen que esta parábola no pudo salir, tal como ha llegado a nuestros días, de los labios de Jesús? ¿Pueden demostrarse estas afirmaciones?
2. ¿Era algo extraño en aquellos días que un extranjero fuera propietario de una viña y la arrendara a unos labradores nativos?
3. ¿Cuál era la causa del odio y la animadversión de los viñadores? ¿Podía justificar esta causa las acciones que cometieron?
4. ¿A quiénes ve dirigida preferentemente la parábola? ¿Por qué?
5. Cuando Jesús afirma que, al final, el señor de la viña vendrá y la dará a «otros». ¿A quiénes se está refiriendo?
6. ¿Puede caer la Iglesia en el mismo error en que cayó el sanedrín? ¿Existen también hoy arrendatarios malvados?
7. El trabajo que realizo en la iglesia a la que pertenezco ¿lo hago para servir a los demás o por vanagloria personal, protagonismo o afán de poder?
8. ¿Qué significa monopolizar la cosecha del Señor?
9. ¿Es correcto que la Iglesia se alíe con el poder civil?
10. ¿Qué prefiero ser viña o viñador? ¿Por qué?

08
La clorofila enamorada de la luz
o
la higuera que anuncia el verano

Marcos 13:28-29 (Mt. 24:32-33; Lc. 21:29-31)

²⁸ De la higuera aprended la parábola: Cuando ya su rama está tierna, y brotan las hojas, sabéis que el verano está cerca. ²⁹ Así también vosotros, cuando veáis que suceden estas cosas, conoced que está cerca, a las puertas.

A pesar de la brevedad y sencillez de esta parábola no conviene dejarse llevar por las apariencias ya que su interpretación ha hecho correr mucha tinta. Las principales cuestiones que suscita son: ¿Qué es lo que está «cerca, a las puertas»? ¿La llegada del reino de Dios? ¿La destrucción de Jerusalén? ¿El juicio final o la segunda venida del Señor, es decir, la parusía? ¿Cómo debe entenderse la afirmación de que tales sucesos acontecerían durante aquella generación? ¿Por qué se dice, dos versículos después, que el día y la hora de estos eventos nadie lo sabe, ni el propio Hijo de Dios?

Como puede imaginarse, las respuestas de los estudiosos a lo largo de la historia de la investigación exegética han sido variadas y, en ocasiones, opuestas. Procuraremos sintetizar las más significativas con el fin de juzgar cuáles de ellas se aproximan más, a nuestro modo de entender, a la verdad revelada y percibir lo que realmente significa esta narración.

Conviene recordar, en primer lugar, que Jesús estaba muy acostumbrado a ver cómo reverdecían las higueras de Palestina durante la primavera. En esta ocasión tal fenómeno natural le sirvió, como tantas veces, para dar una lección de discernimiento espiritual a sus discípulos.

Contexto:

La higuera es un árbol caducifolio que pierde las hojas con la llegada del invierno. La caída de éstas origina unas pequeñas cicatrices sobre los tallos, cosa que contribuye a darle al árbol un aspecto escuálido o esquelético. Tal característica le distingue de entre otros muchos árboles de Palestina que suelen conservar la hoja durante dos o más años, como el olivo, el algarrobo, el cedro o el sicómoro. En la breve estación fría las higueras parecen estar muertas ya que sus ramas permanecen desnudas. Esto hace que con la llegada del buen tiempo y el inicio de la circulación de la savia, el resurgir de la vida a partir de pequeños brotes sea más patente en estos vegetales. Las grandes hojas verdes crecen rápidamente cubriendo por completo, en poco tiempo, todo el armazón de ramas grises y anunciado la próxima irrupción del verano.

Las yemas de las higueras son órganos muy tiernos, delicados y muy sensibles a las condiciones climáticas externas. Están formadas por células especiales que poseen las paredes sumamente finas. No tienen más remedio que ser así, ya que se trata de las zonas por donde crece la planta. Si tales células tuvieran las membranas más gruesas y duras, la higuera no podría detectar tan pronto las variaciones de temperatura, ni desarrollarse adecuadamente y moriría. Cuando empieza el frío invernal los árboles protegen estas frágiles yemas mediante unas hojas oscuras que actúan como pequeños hibernáculos aislantes. A la llegada de la primavera, el calor y la luz harán brotar cada yema que crecerá hasta transformarse en rama y en hojas. Es entonces cuando se forma en éstas la principal responsable de tal milagro, una misteriosa molécula enamorada de la luz, la clorofila, que provocará la proliferación de la vida.

Significado:

La parábola de la higuera constituye un consejo de Jesús a sus discípulos para que éstos aprendan a tener calma en todas aquellas cuestiones relacionadas con su venida gloriosa. De la misma manera en que el agricultor palestino no se impacientaba por la llegada del verano antes de observar cómo empezaban a verdear las higueras, tampoco los seguidores de Jesús tenían que angustiarse, ni ponerse nerviosos o soñar con la venida del Hijo del Hombre antes de percibir todas aquellas señales de que les hablaba el Maestro. Entre los judíos había entonces una cierta psicosis escatológica, una excesiva y perniciosa preocupación por el futuro. Esto les hacía vivir más pendientes del porvenir que del momento presente. Tal ambiente general de expectación les hacía imaginar fantasías que sólo servían para evadirles de la realidad cotidiana. En este contexto Jesús les dice: ¡Dejaos de huidas futuristas! ¡No viváis elucubrando siempre acerca de lo que acontecerá el día de mañana! ¡Vivid responsablemente el presente y no desesperéis por lo que vendrá, sobre todo cuando aún no es posible apreciar las señales del fin!

Algunos acusan a este pasaje de contradictorio y de colocar en labios de Jesús una predicción que no se cumplió. El razonamiento es como sigue: el versículo 30, que viene inmediatamente después de la parábola, afirma que todos aquellos acontecimientos catastróficos mencionados en los versículos 24-27, es decir, el oscurecimiento del sol y de la luna, la caída de las estrellas y la venida en las nubes del Hijo del Hombre, ocurrirían durante aquella misma generación. Este texto parece estar fijando una fecha más o menos aproximada que evidentemente no se cumplió. ¿Se equivocó el Maestro? Por otro lado, el texto del versículo 32 al decir que «de aquel día y de la hora nadie sabe, ni aún los ángeles que están en el cielo, ni el Hijo, sino el Padre», ¿no parece excluir cualquier tentativa de precisar una fecha? ¿No hay una contradicción entre los versículos 30 y 32?

La intención de Jesús no fue, ni mucho menos, revelar la fecha del fin del mundo como algunos religiosos sectarios vienen haciendo, por fortuna con muy poco acierto, desde hace miles de años. De ahí que la profecía del Maestro conserve, adrede, una clara imprecisión cronológica. El Señor no quiso hablar de fechas, ni datar la parusía, porque esto era algo que no convenía saber a sus discípulos precisamente en aquellos momentos. Él no se equivocó en cuestiones de calendario, sino que procuró señalarles tres ideas fundamentales.

En primer lugar, Jesús estaba pensando en la caída de la ciudad de Jerusalén y en la destrucción del templo, cosa que efectivamente ocurrió durante aquella generación. El principio de este capítulo 13 ofrece un comentario del Maestro que da pie para pensar así. Ante la sugerencia de uno de sus discípulos, a la salida del templo, Jesús responde: «¿Ves estos grandes edificios? No quedará piedra sobre piedra, que no sea derribada» (13:2). No estaba hablando pues del fin del mundo, sino de la destrucción histórica de Jerusalén.

La segunda idea que pretendió transmitir se refiere a la venida del reino de Dios a la tierra. Desde la llegada de Cristo a este mundo estamos viviendo ya en una nueva era y, por lo tanto, el fin se ha acercado a la humanidad. Lo que verdaderamente importa en la predicación de Jesús es la proximidad de este reino divino que su presencia –palabras, gestos y actitudes– nos ha traído. Es posible que los primeros cristianos no comprendieran del todo bien sus palabras y calcularan erróneamente este acercamiento. Pero Jesús no se equivocó.

En tercer lugar, hay una asociación entre la venida del Hijo del Hombre y un anuncio de esperanza: «Entonces verán al Hijo del Hombre, que vendrá en las nubes con gran poder y gloria» (13:26); «así también vosotros, cuando veáis que suceden estas cosas, conoced que está cerca, a las puertas» (13:29). ¿Qué es lo que está cerca? Lucas lo aclara más, «vuestra liberación» (Lc. 21:28). La intención de Jesús al afirmar estas cosas es clara. Él pretendió decir que de la misma forma en que la destrucción del templo y la ciudad de Jerusalén iba a constituir un acontecimiento histórico durante aquella misma generación, también se podía tener la seguridad de que la salvación de Dios, la liberación del ser humano, sería una realidad auténticamente histórica. Este mundo tuvo un principio y tendrá también un final. La historia no es una cadena de ciclos que siempre retornan al punto de partida, sino una línea recta que terminará en las manos del creador. Él fue su origen y será su meta final. No nos toca a nosotros predecir el futuro, ni intentar calcular las coordenadas espacio-temporales de tal punto. De lo que sí podemos estar seguros es que la historia se dirige hacia algún lugar y que en ese lugar está el Salvador. Nuestra actitud en este mundo ha de ser, por tanto, de vigilancia; vivir responsablemente ante el Señor sin permitir que nada nos distraiga de él.

Aplicación:

Las hojas de las higueras son grandes, recias y frondosas pero se caen frente a los primeros fríos del invierno. Actualmente vivimos tiempos en los que es más fácil ver hojas caídas que renuevos verdes. Hojas arrastradas por ciertos vientos contemporáneos –de bienestar, comodidad o hedonismo–, hojas que se arrugan, pierden el color de la lozanía espiritual, mueren y caen en el abandono. Esto hace que las ramas de nuestras higueras se endurezcan como si fueran de hierro colado. En ocasiones, el paisaje de determinadas congregaciones se torna ocre como los tonos del otoño y algunos se preguntan todavía: ¿Qué podemos ofrecer a esta sociedad descreída? ¿Estamos en condiciones de poder aportar algo? Los que todavía son capaces de profetizar afirman que si el pueblo evangélico no tiene nada que ofrecer a la sociedad contemporánea perecerá irremisiblemente. Lo triste es que tienen razón porque la realidad de muchas iglesias es la apatía espiritual, la desmotivación y el desencanto. A veces el frío invernal se cuela por debajo de la puerta en las congregaciones y congela todo el ambiente. El pastor predica, domingo tras domingo, un mensaje frío, teórico, calculado, poco sincero, sin vida ni calor, mientras los oyentes bostezan un gélido aliento de rutina y monotonía. No les parece que en la Biblia haya algo interesante por descubrir. Cada reunión es igual que la anterior y que la siguiente. Lo único que les atrae son las conversaciones informales que tienen lugar después del culto, la relación social que se genera en esos breves momentos y que, a veces, sirve para destapar la caja de Pandora de la crítica. Pero el Maestro no anunció hojarasca seca, sino renuevos tiernos llenos de savia fresca. No habló de ramaje duro, sino de brotes blandos repletos de vida y cargados de verdes hojas.

Muchas de nuestras comunidades viven en una estación equivocada. Subsisten en medio de un otoño espiritual mientras el Señor Jesús nos recuerda continuamente que la mejor época para el desarrollo de su Reino es la primavera y el verano. El cristiano debe concentrarse en la siembra, en el riego y en la recogida del fruto y no sólo en la quema de ramas y hojarasca. Como discípulos de Jesucristo tenemos la obligación de aprender a discernir los signos de los tiempos y las épocas. Todo lo que nos rodea y acontece en nuestro tiempo tiene un sentido y un significado previsto por Dios que debemos interpretar a la luz de su Palabra. La realidad actual de la época presente es como una parábola por descifrar. En cada acontecimiento de la existencia humana puede haber un mensaje de Dios para nosotros. De ahí que debamos estar atentos para ver qué se nos dice.

La parábola de la higuera que anuncia el verano es un llamamiento divino a la Iglesia del siglo XXI, es una convocatoria para que el pueblo de Dios permanezca vigilante y a la espera. Corren tiempos en los que hay que abandonar el sueño, la relajación y el temor. Lo importante no es el «cuándo» se volverá a manifestar Jesucristo, sino el «cómo» debemos comportarnos nosotros mientras permanecemos a la espera. Igual que en los tiempos del Maestro todavía seguimos siendo alumnos, poco aventajados, de las higueras ya que aún necesitamos aprender de ellas. Hoy se quiere vivir el momento presente. Antaño se pensaba más en el pasado, y sobre todo en el futuro, que en el presente. El hombre contemporáneo desea, sin embargo, vivir, disfrutar y darle importancia sólo a los aspectos relacionados con el día a día, sin preocuparse por lo que aconteció antes o lo que ocurrirá después de él. La historia le trae malos recuerdos. Las atrocidades cometidas por los humanos le hacen volver la vista a otro lado. El futuro se muestra también demasiado oscuro como para confiar en él. De ahí que no debamos presentar el Evangelio como un mensaje extemporáneo, sino como una noticia actual. Jesús vive y salva hoy. Su poder puede solucionar la crisis existencial del hombre contemporáneo.

Resumen:

Frente a las señales apocalípticas de destrucción, aniquilación y muerte, la parábola de la higuera es como un signo de vida, desarrollo y plenitud. Su mensaje para hoy es que por encima de las asechanzas y los oscuros augurios de los futurólogos de turno, siempre brillará para el discípulo de Cristo la esperanza de la victoria final, la llegada de la parusía o del reino pleno de Dios.

El consejo de Jesús es que imitemos la sabiduría de los agricultores palestinos. De igual forma que ellos sabían tener paciencia en su deseo de ver llegar el verano, los seguidores de Cristo deben ser prudentes y no perder el tiempo en vanas indagaciones acerca de lo que acontecerá en el futuro. Según el Maestro podemos confiar en que un día él volverá para recoger a los redimidos y que, de la misma manera que aconteció la destrucción de Jerusalén y de su templo, también la justicia definitiva será una realidad para toda la humanidad. Mientras tanto, la actitud del creyente ha de ser la de estar atento a los signos de los tiempos y vivir de forma coherente con su fe ante Dios y ante la sociedad.

Sugerencias:

1. ¿Qué es lo que está «cerca, a las puertas»?
2. ¿Se equivocó Jesús al afirmar que tales sucesos ocurrirían durante aquella misma generación? ¿Por qué?
3. ¿Qué clase de consejo les dio el Maestro a sus discípulos por medio de esta parábola?
4. ¿Qué significa aprender a discernir los signos de los tiempos?
5. ¿Qué cambios importantes han ocurrido en nuestro mundo durante los últimos años?
6. ¿Cómo ha reaccionado la Iglesia de Jesucristo ante esos cambios? ¿Han influido en ella?
7. ¿Cuál es mi actitud personal frente a los valores de la sociedad actual? ¿Tiendo a ignorarlos o a negarlos? ¿Afirmo que toda novedad es mala o que todo lo nuevo es mejor?
8. ¿Es verdad que todo lo que le ocurre al hombre en este mundo, en el fondo, es un signo que invariablemente conduce a Dios?
9. ¿Debe el cristiano comprometerse con la sociedad contemporánea? ¿Hasta dónde?
10. ¿En qué debe consistir nuestro trabajo en este mundo?

09
El récord de la supuesta parábola puzle o el portero

Marcos 13:34-37

[34] Es como el hombre que yéndose lejos,
dejó su casa, y dio autoridad a sus siervos,
y a cada uno su obra, y al portero mandó
que velase.
[35] Velad, pues, porque no sabéis cuándo
vendrá el señor de la casa; si al anochecer,
o a la medianoche, o al canto del gallo,
o a la mañana;
[36] para que cuando venga de repente, no
os halle durmiendo.
[37] Y lo que a vosotros digo, a todos lo digo:
Velad.

La parábola del portero ha sido clasificada entre las de crisis escatológica ya que se refiere a la parusía, es decir, a la segunda venida de Cristo. Se trata de una de las narraciones más cortas del Maestro que, a pesar de su brevedad, ha provocado las dudas de bastantes comentaristas bíblicos. Muchos creen que es una especie de parábola puzle formada con diversos retazos de otras. Algunos pretenden descubrir en ella restos de hasta cuatro relatos diferentes y aseguran que tal manipulación habría sido obra de la Iglesia primitiva para adecuarla a sus nuevas concepciones. ¡Toda una plusmarca del mundo de los empalmes conseguida con tan sólo cuatro versículos! Lástima que tal récord no sea demostrable ya que, como siempre, los jueces de meta no estaban allí para poder certificar su opinión. Por tanto, mientras duran las deliberaciones nosotros preferimos seguir pensando que esta parábola salió de una pieza, tal como nos ha llegado, de los labios del Señor Jesús. Así lo creemos y así vamos a estudiarla.

Contexto:

La profesión de portero gozaba de cierto prestigio en Israel ya que desde los días del rey David tanto los cantores como los porteros del templo habían sido incorporados a los levitas y auxiliaban a los sacerdotes (de Vaux, 1985: 491). Su misión religiosa era considerada importante y consistía fundamentalmente en repartirse las guardias durante las 24 horas del día. Después del sumo sacerdote y de los sacerdotes de segundo orden, en 2 Reyes 23:4, se menciona a los guardianes de la puerta, es decir, a los porteros, como funcionarios superiores del templo. Este aprecio religioso y elevado rango profesional de que disfrutaban tales guardianes había repercutido también en el reconocimiento social que se les otorgaba a los porteros domésticos de los señores particulares. Su buena reputación y autoridad se detecta en este relato mediante la orden específica de vigilancia que se le da exclusivamente al portero. Los demás siervos tenían que llevar a cabo cada uno su obra, pero al portero se le mandó que velase.

Para los judíos del Antiguo Testamento la noche se dividía en tres vigilias que se contaban desde la puesta del sol hasta su salida. Esto hacía que fueran de duración desigual según la estación del año. Sin embargo, en el Nuevo Testamento y por tanto también en la parábola del portero, la noche se dividía en cuatro vigilias, según la costumbre de los romanos y los egipcios. El evangelista Marcos las menciona aquí por su nombre popular: al anochecer, entre las 18 y 21 horas; a la media noche, desde las 21 hasta las 24 horas; al canto del gallo, de las 0 a las 3 horas y, la última por la mañana, de las 3 a las 6 horas. El hecho de que se mencione cada una de las cuatro vigilias sirve para recalcar la impresión de desconocimiento completo que se tiene acerca de cuándo vendrá el Señor. La idea es señalar que nadie sabe en el tiempo que acontecerá la parusía. Nadie puede pretender mediante elucubraciones basadas o no en textos bíblicos conocer en qué momento ocurrirá tal evento. Puesto que él se presentará de repente, cabe la posibilidad de que encuentre a sus siervos durmiendo o completamente despreocupados, de ahí la necesidad de estar siempre preparados.

Significado:

Es muy probable que esta breve parábola fuera dirigida originalmente a los dirigentes del pueblo hebreo, a los escribas que reivindicaban poseer el control del reino de los cielos. Estos hombres habían sido designados por Dios, como líderes del pueblo elegido, para dirigir espiritualmente a Israel. Era como si se les hubiera otorgado las llaves del reino divino para que manifestaran fielmente la voluntad de Jehová. La duda tensa que el relato de Jesús dejaba pendiente en el aire era si al regreso del señor de la casa, el día del juicio de Dios, tales porteros espirituales e intérpretes de la Ley habrían sabido responder con fidelidad a la confianza que el creador había depositado en ellos o, por el contrario, habrían abusado descaradamente de ella cerrando la puerta del reino de Dios a multitud de criaturas inocentes, mediante la imposición de exageradas y absurdas cargas rituales.

Seguramente esta narración del Maestro debió impresionar también de manera notable, algunos años después, a la primitiva Iglesia cristiana. Muchos creyentes de aquella época estaban convencidos de que el Señor regresaría durante su propia generación. Al ver que la parusía se demoraba más de lo que ellos creían, es posible que algunos empezaran a dudar. De ahí que el relato de Marcos resalte y haga especial hincapié en que el amo de la casa se fue «lejos»; la hora de su regreso es incierta, nadie sabe cuándo vendrá; pero como su venida será repentina, conviene que ningún siervo se encuentre durmiendo. «De repente» puede significar antes de lo que se espera, pero también, ¿por qué no?, más tarde de lo que se piensa. «Velad» debe entenderse como una espera vigilante que consiste en estar en el preciso lugar que a cada cual le toca estar, es decir, en el propio puesto. Pero no en sentido pasivo, sino trabajando. Permanecer «durmiendo» es lo peor que le puede pasar a un siervo. Por desgracia, algunos están siempre durmiendo, no sólo por la noche, sino incluso a plena luz del día. Sin embargo, el Señor Jesús exhorta aquí a no dejarse engañar por la aparición de falsos cristos y falsos profetas, porque éstos no son el verdadero señor de la casa; insta a no desanimarse durante las persecuciones y a no dejarse coger de improviso, permaneciendo constantemente en vela.

Las palabras de Cristo no pretenden dar información sobre el final de los tiempos, sino enseñar a sus discípulos una actitud de responsabilidad vigilante. El fanatismo apocalíptico, tan de moda en nuestra época, que pretende producir un fantástico calendario del cosmos, no tiene cabida en el mensaje del Maestro. Tampoco puede hallarse en sus parábolas, ni en el resto del Evangelio, amparo para los argumentos humanos que pretenden narcotizar o alienar la tarea cristiana de construir una sociedad y un proyecto histórico a la medida del ser humano. La actitud de permanecer velando que el Señor recomendó a la Iglesia no consiste en una fuga hacia la utopía, ni en una evasión de las realidades de este mundo, sino en una espera laboriosa, comprometida, realista y solidaria. Vigilar es vivir en actitud de servicio, de entrega, de esfuerzo y de renuncia, pero nunca de indiferencia o deserción. Dejarse guiar por la fe en el regreso del Señor no significa anhelar febrilmente su venida ni estar siempre realizando cálculos malabares, sino seguir atentamente los acontecimientos de los tiempos, e interpretarlos con arreglo a la voluntad del Señor y a la sabiduría que él nos otorga.

Hay un claro paralelismo entre la parábola del portero y la actitud negativa de los discípulos dormidos en el huerto de Getsemaní (Mr. 14:37-42). En esta ocasión Jesús estimula a Pedro, Santiago y Juan a la vigilancia y les aconseja que recurran a la oración para no caer en tentación. Este será siempre el reto principal para los cristianos, ahuyentar el sueño de las seducciones cotidianas perniciosas que se nos brindan constantemente en esta vida. Alejar el espectro de los ídolos que prometen paraísos terrenales pero que, bajo sus vestiduras de apariencia, esconden unos pies de barro, mentira y destrucción.

Aplicación:

Los escribas pretendían poseer las llaves del reino de los cielos. Creían ser los principales porteros de Dios. Se veían a sí mismos como los dirigentes espirituales del pueblo y esto les debía haber obligado a estar pendientes de la venida del Mesías, a ser sensibles a las palabras de Jesús para interpretarlas adecuadamente. Sin embargo, lo tuvieron frente a sus propias narices y no supieron reconocerlo. No estuvieron despiertos cuando el Señor vino.

Su situación frente al pueblo de Israel constituye un espejo en el que los creyentes podemos mirarnos hoy. Los que hemos comprendido y aceptado en nuestra vida la Buena Nueva, el mensaje de salvación, tenemos una evidente responsabilidad delante de nuestra generación. Somos también depositarios, en cierto sentido, de las llaves del reino de Dios. La profesión espiritual que asumimos el día que aceptamos al Señor Jesús como Salvador personal es la de porteros vigilantes. Lo queramos reconocer o no, somos porteros vocacionales. Nuestra conducta, hábitos, palabras, gestos, testimonio y nuestro compromiso cristiano pueden abrir o cerrar la puerta de la eternidad para siempre a muchas criaturas que viven alrededor de nosotros. Personas para quienes somos, aunque no nos demos perfecta cuenta de ello, puntos claves de referencia. Tenemos la obligación de presentar el Evangelio de Cristo a nuestros amigos, conocidos, colegas y vecinos. Somos porteros a quienes se les ha mandado específicamente que permanezcan en vela y, por tanto, no debemos dormitar.

El rasgo fundamental del que espera es la esperanza y ésta se concreta en la responsabilidad y el compromiso. Cuando aquel hombre de la parábola se fue lejos y dejó su casa, dio autoridad a sus siervos «a cada uno su obra». Esto significa que cada creyente tiene su propia misión, su propio trabajo en el que debe permanecer atento. Todos no tenemos la misma tarea porque tampoco poseemos iguales capacidades. Cada cual debe concentrarse en su área específica que él conoce y domina. No podemos delegar siempre el encargo de la vigilancia en los «porteros» oficiales, en los pastores y líderes responsables de la Iglesia, porque Jesús dijo que «lo que a vosotros digo, a todos lo digo: Velad». La responsabilidad es de todos y de cada cual. Nadie puede asumir el compromiso de otro.

¿Qué significa aquí la palabra «velar»? Velar es no dejar dormir a nadie. El auténtico portero es aquel que mantiene siempre despiertas a las personas que tiene a su alrededor y no permite que se aletarguen. El que sabe apelar eficazmente a sus conciencias, a su capacidad de reflexión, a su sentido de la justicia, de la moralidad, de la dignidad y la libertad humana. Esta clase de porteros son aquellos que han aprendido a vivir sin relojes, sin alarmas, sin despertadores que les marquen la hora precisa del regreso de su señor. El Maestro no se molestó en declararnos la hora de su venida y a nosotros eso no debe preocuparnos. Nuestra misión no es colocar señales de alarma en las esquinas de las calles, sino concentrarnos en el trabajo serio y responsable del amor al prójimo, la proclamación salvadora y la unidad de su pueblo.

¿Cómo debemos velar hoy en esta llamada con poco rigor época postcristiana? El tiempo de los creyentes puramente nominales ha quedado ya muy atrás en las preferencias de la humanidad. Hoy no se admite un cristianismo descafeinado, rebajado, sometido a la costumbre, poco original y repetitivamente quejumbroso del mal en el mundo. En la actualidad se anhela la praxis, la vivencia, la experiencia propia que permite sentirse vivos. Los cambios que están experimentando las sociedades desengañadas de tanta tecnología e industrialización requieren una nueva raza de cristianos. Seres extraños, inquietantes pero, a la vez, admirables, que sean portadores de una esperanza inaudita capaz de incidir y cambiar la realidad actual. Creyentes sorprendentemente responsables que por medio de su vida puedan obligar a muchos a levantarse del sopor que les embarga y descubrir que, en Jesucristo, todavía existe algo distinto por lo que seguir viviendo. En esto consiste vigilar y estar despiertos, en la capacidad de despertar a los que duermen. En hacer que ocurra algo en la tierra. En salir fuera, en medio de la noche, y gritar a los hombres: «Velad y orad, porque no sabéis cuándo será el tiempo».

Resumen:

La pequeña parábola del portero parece dirigida por Jesús a los escribas de Israel que eran los responsables de la dirección espiritual del pueblo. Sus enseñanzas se refieren a la actitud de responsabilidad vigilante que debe caracterizar al discípulo de Jesucristo. Velar significa permanecer en una espera laboriosa y comprometida, dando buen testimonio personal y proclamando el Evangelio de salvación. El relato no pretende ofrecer ningún tipo de información escatológica, sino únicamente manifestar la necesidad de que los creyentes vivan de manera inteligente, interpretando correctamente los signos de los tiempos, con disposición para el servicio, la entrega a los demás y la predicación. El mandamiento a velar pudiera entenderse también como la obligación del pueblo de Dios a mantener siempre despierta la conciencia de las personas de cada generación. Velar sería algo así como no dejar dormir el sueño de la apatía espiritual a nadie. En la actualidad, sobre todo en el seno del mundo occidental, parece que sólo es posible despertar la conciencia de las gentes mediante el ejemplo de vidas auténticamente renovadas por Cristo. Hoy cuentan más las vivencias y los sentimientos que las palabras o los discursos teológicos. Tenemos, pues, que aprender a predicar traduciendo nuestra fe en este tipo de realidades concretas.

Sugerencias:

1. ¿Por qué ciertos autores consideran que se trata de una parábola puzle?
2. ¿Era considerada importante en el antiguo Israel la profesión de portero? ¿Por qué?
3. ¿Qué pretendía el Señor al detallar en su relato cada una de las cuatro vigilias de la noche?
4. ¿A quiénes iba originalmente dirigida la parábola? ¿Por qué?
5. ¿Cómo la debió entender, algunos años después, la Iglesia primitiva?
6. ¿Pretendió Jesús dar algún tipo de información sobre el final de los tiempos?
7. ¿Es correcto entender la actitud de velar como una fuga hacia la utopía o como una evasión de la realidad? ¿Por qué?
8. ¿Se da este tipo de actitudes en la Iglesia contemporánea?
9. ¿Cómo debe interpretarse el mandamiento divino de velar?
10. ¿Estoy despertando a aquellos amigos o conocidos que permanecen todavía espiritualmente dormidos?

10
El verbo «hacer» es el favorito de Jesús
o
los dos cimientos

Mateo 7:24-29 (Lc. 6:47-49)

24 Cualquiera, pues, que me oye estas palabras, y las hace, le compararé a un hombre prudente, que edificó su casa sobre la roca.
25 Descendió lluvia, y vinieron ríos, y soplaron vientos, y golpearon contra aquella casa; y no cayó, porque estaba fundada sobre la roca.
26 Pero cualquiera que me oye estas palabras y no las hace, le compararé a un hombre insensato, que edificó su casa sobre la arena;
27 y descendió lluvia, y vinieron ríos, y soplaron vientos, y dieron con ímpetu contra aquella casa; y cayó, y fue grande su ruina.
28 Y cuando terminó Jesús estas palabras, la gente se admiraba de su doctrina;
29 porque les enseñaba como quien tiene autoridad, y no como los escribas.

Recuerdo que una mañana lluviosa, cuando yo tenía diez años, gritos de dolor y sirenas de ambulancias despertaron a los habitantes de Terrassa (población cercana a Barcelona). Había estado lloviendo durante toda la noche de aquel 25 de septiembre de 1962. En pocas horas cayeron 225 litros por metro cuadrado. Las montañas de los alrededores actuaron como embudos que recogieron el agua y la canalizaron hacia los torrentes y las ramblas naturales, barriendo literalmente amplias zonas de la ciudad de norte a sur. Nadie recordaba que esto hubiera ocurrido antes en el pasado. Algunas familias de inmigrantes con pocos recursos habían tenido tiempo de conseguir terrenos baratos y construir sus hogares sobre las arenas y los guijarros de los mismos márgenes de tales ramblas. El agua alcanzó varios metros de altura, azotó con fuerza las débiles paredes de ladrillo, socavó los poco profundos fundamentos y las casas fueron arrastradas como si fueran de papel. Aquella noche para muchos de ellos fue el fin del mundo, ya que 317 personas perdieron la vida y otras 150 fueron hospitalizadas. Más de mil tarrasenses se quedaron sin sus casas y tuvieron que ser alojados en refugios provisionales. La ciudad no estaba preparada para hacer frente a una catástrofe de tales dimensiones.

Contexto:

El relato de Jesús acerca de los dos cimientos se inscribe precisamente en un ambiente y en un clima típicamente mediterráneo como el de la España oriental. Las tormentas del otoño provocan lluvias torrenciales que ponen a prueba las medidas de seguridad de las ciudades y la resistencia de los cimientos en las construcciones del Levante. El evangelista Mateo sitúa la imagen en el contexto de Palestina donde siempre se encontraban rocas sólidas sobre las que construir. El hombre prudente del que se nos habla no es que sea especialmente astuto o inteligente, simplemente actúa como había que actuar, construye como la mayoría de sus paisanos sobre la roca que aflora a la superficie. Está dispuesto a realizar la trabajosa labor de cavar en la dura peña como hacía casi todo el mundo. Tal tarea era tan habitual que el propio Jesús se refiere a ella en la confesión de Pedro: «Y yo también te digo que tú eres Pedro, y sobre esta roca edificaré mi iglesia» (Mt. 16:18). El subsuelo rocoso de Palestina, y especialmente de Jerusalén, se pone asimismo de manifiesto en la narración de la ruptura del velo del templo: «Y he aquí, el velo del templo se rasgó en dos, de arriba abajo; y la tierra tembló, y las rocas se partieron» (Mt. 27:51). Los hebreos no solían preocuparse de manera especial por la sólida cimentación de las casas ya que la roca afloraba por doquier.

Lucas escribe el mismo relato del Maestro pero lo adapta un poco al contexto y a la realidad de sus oyentes. Las condiciones geológicas que describe son algo diferentes a las de Palestina. El suelo es aquí más blando por lo que hay que cavar y ahondar profundamente hasta encontrar la piedra más dura.

Probablemente no se trata ya de la roca sólida, la llamada «roca madre» por los geólogos, sino la grava sobre la que será menester echar un adecuado fundamento, un cimiento que resista bien el ímpetu del agua. Si Mateo se refiere a lluvias torrenciales y a ríos, en plural, lo que puede sugerir la idea de múltiples torrentes formados por el agua de lluvia así como a los vientos invernales capaces de originar torbellinos locales, Lucas, en cambio, habla de un único río, en singular, que produce una inundación sin ningún tipo de vientos o torbellinos. Es muy posible que al escribir para personas que vivían lejos de Palestina estuviera pensando en inundaciones provocadas por ríos grandes como el Orontes, que pasaba junto a Antioquía de Siria. Ambos adaptan esta narración a las particulares condiciones meteorológicas y geológicas de sus lectores.

Significado:

El relato de los dos cimientos se dirige fundamentalmente a aquellas personas que escuchaban con sinceridad y alegría el mensaje de Jesús pero no estaban dispuestas a ponerlo en práctica. Gentes que disfrutaban al oír las palabras del Maestro e incluso las repetían con frecuencia pero no se decidían nunca a pasar a la acción, ni el mensaje de Jesús se traducía en su vida personal. Seguramente se está refiriendo a los profetas y sanadores carismáticos que aparecen en los tres versículos anteriores:

No todo el que me dice: Señor, Señor, entrará en el reino de los cielos, sino el que hace la voluntad de mi Padre que está en los cielos. Muchos me dirán en aquel día: Señor, Señor, ¿no profetizamos en tu nombre, y en tu nombre echamos fuera demonios, y en tu nombre hicimos muchos milagros? Y entonces les declararé: Nunca os conocí; apartaos de mí, hacedores de maldad (Mt. 7:21-23).

Se trataba de creyentes provenientes del judaísmo helenizado de los confines de Palestina y Siria que se consideraban muy espirituales pero que, en realidad, eran negligentes en su comportamiento. Jesús les dice que el hombre prudente y sabio es aquel que sabe hacer lo que hay que hacer en el momento preciso, y lo hace. Ser sabio, desde la perspectiva de Cristo, es creer y responsabilizarse con lo que se cree. La sabiduría del creyente se manifiesta mediante la acción y no por medio del «quietismo», la quietud espiritual, o la desobediencia. Lo que el Maestro pretende enseñarles con este relato es que lo que hace del ser humano una persona sólida es el hecho de poner en práctica las palabras de Jesús. La criatura que «edifica su casa sobre la roca» es aquella que reconoce a Jesucristo como Señor de su vida y se compromete con él. Y este compromiso implica acción porque la fe si no tiene obras, como dice Santiago, es muerta en sí misma (Stg. 2:17). Son las obras las que dan solidez al hombre. El rabino Eleazar ben Azaria escribe la siguiente sentencia en el tratado *Pirqué Abot* (Bonnard, 1983: 169):

> *Aquel en quien la ciencia es más abundante que las obras, ¿a quién lo comparamos? A un árbol de ramas abundantes y de raíces raquíticas: viene el viento, lo arranca y lo tira. Y ¿a quién comparar a aquel cuyas obras son más abundantes que la ciencia? A un árbol cuyas ramas poco numerosas tiene, sin embargo, raíces abundantes: aunque se levanten contra él todos los vientos no lo arrancarán de su lugar.*

Es la misma idea que transmite el relato de Jesús acerca de los dos cimientos. Las obras y el comportamiento personal son el sostén de la casa y las raíces del árbol que dan estabilidad al ser humano. Cuando las lluvias torrenciales del otoño y los vientos huracanados de las tormentas ponen a prueba los fundamentos de nuestra vida, es entonces cuando se ve si sólo tenemos el vistoso ramaje de una fe cómoda y pasiva o estamos sostenidos por las profundas raíces de la responsabilidad cristiana y de las obras de fe. A veces se dan situaciones tan complejas en la vida de los creyentes que sólo las pueden resistir y superar aquellos que escuchan atentamente las palabras de Jesús y las ponen en práctica. En cambio, si la fe es pasiva entonces pierde todo su valor. El Maestro dice aquí que la mayor locura, la insensatez suprema del ser humano, consiste en oír su Palabra y deleitarse con ella pero no querer nunca llevarla a la práctica. La persona que hace de su cristianismo un puro verbalismo religioso pero no está dispuesta a la obediencia concreta es como si hubiera construido su casa en medio de la rambla. Como si viviera en un hogar con el fundamento de arena. A la menor tempestad su vida puede quedar arrasada por completo ya que el destino del hombre y el de su casa no son más que una misma cosa, pues el hombre está en lo que construye.

Aplicación:

Uno de los verbos preferidos del Señor Jesús es el verbo «hacer». Hemos visto cómo cuando se refiere a los profetas milagreros dice: «No todo el que me dice: Señor, Señor, entrará en el reino de los cielos, sino el que hace la voluntad de mi Padre...», y, tres versículos después: «Cualquiera, pues, que me oye estas palabras, y las hace,...», y, algo más abajo insiste otra vez: «Pero cualquiera que me oye estas palabras y no las hace...». Es como si tuviera predilección por el tiempo presente del verbo «hacer». El dilema parece estar, pues, entre «hacer» y «no hacer». ¿Por qué será que a nosotros nos gusta tan poco este tiempo verbal? ¿Por qué los creyentes actuales preferimos casi siempre otros verbos más suaves, más «lights», como «escuchar», «gustar», «aplaudir», «alabar», «emocionarse» o «deleitarse»? ¿Cómo es que en el vocabulario de Jesucristo faltan esas palabras que a nosotros tanto nos gustan: «facilidad», «comodidad», «sentimentalismo»? Cuando Jesús pronuncia el dilema «hacer o no hacer» no fija sus ojos en nuestra lengua, ni en la voz o la garganta, para ver si estamos afónicos de tanto hablar, sino que se concentra en nuestras manos con el fin de comprobar si tenemos callos en ellas. Son los callos del «hacer» los que mejor saben alabarle. Él reconoce entre los suyos a los que ponen en práctica la Palabra y no a todos los que «dicen» o creen saber hablar muy bien en su nombre.

Dios no desea constructores especializados en terrenos arenosos. Esos que edifican toda su vida alrededor del «oír», del «hablar» o del «saber». Aquellos que emplean vigas baratas contaminadas por el intimismo, la sensiblería, la polémica doctrinal estéril o la verborrea pseudorreligiosa. Arquitectos que utilizan ingredientes decorativos pero frágiles porque no tienen nada que ver con el mensaje de Jesucristo. Dios no se fía de las grandes catedrales construidas con tales materiales ya que no son capaces de resistir, a pesar de su aparente grandeza, la más mínima ventolera. Por el contrario, Jesús desea edificadores de la roca. Cristianos capaces de construir viviendas que, aunque sean pequeñas y modestas, estén fundamentadas sobre el «escuchar» y el «poner en práctica». Hogares sólidos que cuando lleguen las pruebas, las tentaciones y las críticas de esta sociedad seguidora de las modas y de las ideologías contemporáneas, sean capaces de resistirlas. El secreto de tales casas sólidas reside en que son construcciones interiores. Han sido remodeladas y reconstruidas desde dentro por la Palabra de Dios, de ahí que actúen por convicción y no por compromiso u obligación.

El puro saber acerca de las palabras de Jesús, el mero intelectualismo teológico, el conocimiento completo de todo el Evangelio puede conducir paradójicamente a la perdición de la persona porque delante del Señor lo que cuenta es, ante todo, la responsabilidad y la obediencia. Las mansiones construidas en medio de las ramblas están perdidas de antemano como lo está la vida del hombre que no pone en práctica las palabras de Jesús. Esto debe llevar a la Iglesia cristiana y al creyente sincero a huir del peligro del «quietismo» espiritual y a elegir la mejor opción para su vida. El Señor desea que cada hijo suyo convertido manifieste, en la práctica, su bondad, su generosidad y su benevolencia. Cuanto más regenere la fe nuestro corazón, más evidente será nuestra conducta cristiana.

Resumen:

La parábola de los dos cimientos constituye la respuesta de Jesús a aquellos individuos que gustan de escuchar e, incluso, meditar en las palabras del Evangelio pero nunca se deciden a ponerlas en práctica. En un principio parece que fue dirigida a ciertos predicadores itinerantes provenientes del judaísmo griego que pretendían ser muy espirituales cuando, en realidad, su comportamiento desmentía claramente tal pretensión. El Maestro les dice que la auténtica sabiduría y espiritualidad se demuestra mediante la acción y no sólo por medio de las palabras.

El mundo protestante se ha caracterizado siempre por el énfasis dado a la Escritura, la gracia y la fe. Es cierto, tal como afirma el relato bíblico, que sin fe es imposible agradar a Dios. La fe es primordial en la vida espiritual de los creyentes. Sin embargo, el pueblo evangélico no ha prescindido jamás de las reflexiones inspiradas de la epístola de Santiago que recuerdan también que la fe sin obras es muerta en sí misma. La enseñanza de Jesucristo es clara al respecto. Uno de sus verbos preferidos es, sin duda, el verbo «hacer». Las criaturas que entran a formar parte del reino de los cielos no son las que claman mucho o tienen siempre el nombre del Señor en los labios, sino aquellas que hacen la voluntad del Padre.

Sugerencias:

1. ¿Hay algunas diferencias en los relatos de esta parábola que hacen Mateo y Lucas? Si es así ¿cómo pueden explicarse?
2. ¿A quiénes se dirigió originalmente el relato de los dos cimientos?
3. Desde la perspectiva de Cristo ¿en qué consiste ser prudente y ser insensato?
4. ¿Cuáles son las características de una fe cómoda y pasiva?
5. ¿Crees que el deseo de oír la Palabra de Dios y de deleitarse con ella sin querer nunca llevarla a la práctica es algo que se da hoy en el seno de la Iglesia?
6. ¿Cómo demostrarías que el verbo «hacer» es uno de los favoritos de Jesús?
7. La vida cristiana debe caracterizarse a la vez por presentar dos dimensiones fundamentales, la oración y la acción. Cuando sólo se da una de ellas se originan disfunciones anómalas. ¿Cuáles podrían ser los peligros de un cristianismo exclusivo de la oración? ¿Y de la acción?
8. ¿Dónde reside el secreto de las casas sólidas fundadas sobre la roca?
9. ¿Es posible conocer perfectamente todo el Evangelio y perderse? ¿Por qué?
10. ¿Dónde estoy construyendo mi casa? ¿Sobre arena o sobre roca?

11
La incredulidad es un juego infantil
o
los muchachos en la plaza

Lucas 7:31-35 (Mt. 11:16-19)

> *31 Y dijo el Señor: ¿A qué, pues, compararé los*
> *hombres de esta generación, y a qué son semejantes?*
> *32 Semejantes son a los muchachos sentados*
> *en la plaza, que dan voces unos a otros y dicen:*
> *Os tocamos flauta, y no bailasteis; os endechamos,*
> *y no llorasteis.*
> *33 Porque vino Juan el Bautista, que ni comía pan*
> *ni bebía vino, y decís: Demonio tiene.*
> *34 Vino el Hijo del Hombre, que come y bebe, y decís:*
> *Este es un hombre comilón y bebedor de vino,*
> *amigo de publicanos y de pecadores.*
> *35 Mas la sabiduría es justificada por todos sus hijos.*

Dicen los psicólogos que el juego es una actividad importante durante la infancia porque contribuye al desarrollo físico y mental del niño. Existe hoy abundante literatura especializada que se refiere al juego como herramienta educativa. Pero se habla también de los peligros de la adición al juego electrónico. Algunos psicólogos opinan que toda esa gama de ordenadores con sus correspondientes videojuegos no desarrollan el aspecto físico ni las relaciones personales del pequeño, porque éste se pasa horas inmóvil, sentado frente a la pantalla del monitor.

A pesar de que los juegos han cambiado mucho a lo largo de la historia, lo cierto es que los niños siempre han jugado. Hace dos mil años, los pequeños israelitas pasaban lo mejor de su tiempo jugando en las calles o en las plazas con niños y niñas de su misma edad. En el Antiguo Testamento podemos leer: «Y las calles de la ciudad estarán llenas de muchachos y muchachas que jugarán en ellas» (Zac. 8:5). Los juegos infantiles en la calle eran símbolo de paz y bienestar. Cantaban, danzaban y se divertían de múltiples maneras. Las figuras de barro cocido, de las que se han hallado muestras en las excavaciones arqueológicas, constituyen un ejemplo de los entretenimientos que se practicaban. Estos cinco versículos tratan sobre un juego infantil que llama la atención de Jesús hasta el extremo de hacer de él una parábola.

Contexto:

Estamos ante un juicio del Maestro sobre su propia generación. El Señor se entristece al contemplar la perversidad y la contradicción de la naturaleza humana. Les dice que son como dos grupos de niños que juegan en la plaza del pueblo. Un grupo le grita al otro: «Vamos a jugar a que celebramos una boda, nosotros tocamos con la flauta un epitalamio, es decir, un canto de bodas, y vosotros bailáis al ritmo de la música». El otro grupo de niños contesta: «No, hoy no queremos jugar a estar contentos; no nos apetece jugar a las bodas». Entonces el primer grupo volvía a decirles: «Bueno, está bien, juguemos entonces a que celebramos los funerales de alguien. Juguemos a estar tristes. Nosotros os cantamos una endecha, o sea un canto triste en el que se lamenta la muerte de una persona, y vosotros simuláis tristeza y hacéis ver que lloráis». Y los otros les respondían: «No, tampoco queremos jugar a estar tristes». Eran un grupo de niños caprichosos e intransigentes. Tenían lo que se llama espíritu de contradicción; esa forma de ser, ese carácter inclinado siempre a contradecir la opinión de los demás. ¡Si vosotros decís blanco, nosotros decimos negro!

Significado:

Jesús les está diciendo a los fariseos, a los intérpretes de la Ley, y en general, a los judíos de su tiempo: «Sois como niños caprichosos y aguafiestas, porque vino Juan el Bautista, que no comía pan ni bebía vino, y decís: 'Demonio tiene'. Vino el Hijo del Hombre que come y bebe, y decís: 'Este es un hombre comilón y bebedor de vino, amigo de publicanos y de pecadores'. Nada os satisface».

Juan el Bautista había vivido despreciando todo tipo de comodidad; como un ermitaño, aislado y separado de la compañía de los hombres; como un «nazireo», consagrado a Dios, que se alimentaba con una estricta dieta y no tomaba nunca bebidas alcohólicas, ni se cortaba el pelo igual que Sansón ; dedicado exclusivamente a la predicación penitencial del arrepentimiento y decían de él que estaba loco o endemoniado; que era un inconformista desequilibrado.

En cambio el Hijo del Hombre, Jesús de Nazaret, que no practicaba ningún rigorismo ascético en su alimentación, que no se privaba de asistir a los banquetes y bodas, que se mezclaba con toda clase de personas y compartía sus penas y alegrías, decían de él que era un glotón y un borracho. Le acusaban de frívolo porque acudía a las fiestas que le invitaban y se hacía amigo de personas extrañas con quienes los «decentes religiosos» no querían tener nada que ver. Al ascetismo de Juan lo llamaban locura y a la sociabilidad de Jesús, amoralidad. De una u otra forma, siempre tenían algo que criticar.

El juego infantil le sirve al Señor para describir cómo era la vida de sus compatriotas. Una mezcla de alegrías y tristezas; una combinación de comedia y tragedia. Pero el principal mensaje es que no habían aprendido a vivir. Su comportamiento caprichoso e infantil los había convertido en aguafiestas intransigentes que no supieron reconocer el plan salvífico de Dios en los mensajes de Juan y Jesús. Con su reacción arbitraria e intolerante no supieron aprovechar la hora decisiva. Y es que cuando no se quiere oír siempre se encuentran pretextos y excusas. Se acusa a los mensajeros, a los métodos o a Dios mismo antes que reconocer la propia culpabilidad.

No sé si alguno de los lectores de estos párrafos se encuentra en la misma situación que aquellos fariseos. Quizá todavía esté dándose, a sí mismo y al Maestro, este tipo de excusas. Es posible que en la hora crucial de su decisión personal se ponga a pensar en cómo viven los demás, en su mal ejemplo, en sus fallos y deficiencias. Me gustaría decir que esta clase de actitud es un grave error. Si tuviéramos que convertirnos a Jesucristo por medio de la conducta que manifiestan todos los creyentes, seguramente ya se habría extinguido el cristianismo. Mi consejo es: ¡fíjate en Cristo, enfócalo a él y desenfoca todo lo demás!

«Mas la sabiduría es justificada por todos sus hijos». Ha quedado de manifiesto que ambas conductas, la de Juan y la de Jesús, eran justas y sabias. La sabiduría innata del plan de la salvación se ha manifestado como una madre cuyos hijos no son únicamente Juan y Jesús, sino también todos los que, en aquella época y a través de los siglos, han prestado oídos a la predicación de Juan y a las palabras de Jesús. La inmensa muchedumbre de criaturas que a través de las edades descubrieron una nueva vida en Cristo Jesús, justifica sobradamente la gran sabiduría que encierra el mensaje de salvación.

Aplicación:

Los judíos no hicieron caso de la invitación de Juan al arrepentimiento porque lo consideraban como si estuviera endemoniado, como un loco que ni comía ni bebía y hacía penitencia frecuentemente. Sin embargo, el Bautista ayunaba porque estaba convencido de la inmediata venida del Mesías. En Israel se ayunaba como preparación para el trato con Dios. De manera que el ayuno de Juan y de sus discípulos manifestaba su actitud de espera del novio. De ahí que cuando los discípulos de Juan preguntaron a Jesús por qué sus discípulos no ayunaban como lo hacían ellos, Jesús les declaró: «¿Acaso pueden los que están de bodas tener luto entre tanto que el esposo está con ellos?». Jesús no ayunaba, ni sus discípulos tampoco, porque él era el Mesías, el esposo esperado que había inaugurado la alegría del reino de Dios. Con Jesucristo, el ayuno en el sentido judío de penitencia queda superado, porque no se debe poner remiendo nuevo en traje viejo.

Evidentemente esta parábola iba dirigida a los fariseos y a los doctores de la Ley, sin embargo, ¿tiene algo que decirnos hoy? Es posible que también nosotros, a veces, nos neguemos a entrar en el juego de Dios. Quizá en ocasiones nos mostramos recelosos y esquivos ante el mensaje de Cristo y no queremos aceptar todas las reglas del juego. Es verdad que en la actualidad Dios no nos exige que vivamos constantemente en el desierto como Juan el Bautista, ni que sigamos una dieta de ayuno estricto, ni que mortifiquemos de alguna manera nuestro cuerpo. Dios no desea que practiquemos ninguna clase de masoquismo cristiano. Y estamos de acuerdo en que el cristianismo no consiste en dormir en camas de madera, ayunar dos veces por semana o en hacer sangrar la piel mediante azotes de cilicio. La Biblia dice que todas estas cosas son como trapos de inmundicia. Pero, no obstante, una cierta sobriedad en el vivir, una adecuada moderación en las costumbres, unas dosis de austeridad, ¿no deberían caracterizar la vida del discípulo de Jesucristo? Es posible que hoy nuestra ascesis, no tenga que ser como la del Bautista, pero quizá pudiera consistir en saber concederse el debido descanso, en aprender a pararse a tiempo para encontrar de nuevo, en la calma y el silencio, la oración y la meditación en medio del bullicio del mundo. Tenemos que recuperar nuestro desierto íntimo para después salir de él y poder compartirlo con los demás.

El ayuno hoy, en el sentido judío de penitencia, quizá no tenga lugar, pero la renuncia a lo superfluo, la capacidad de dividir el pan con los pobres y saber sonreír con sinceridad, sí que siguen siendo absolutamente necesarios. El texto afirma que Jesús les dijo: «Vino el hijo del Hombre, que come y bebe, y decís: Este es un hombre comilón y bebedor de vino, amigo de publicanos y de pecadores». El comer y el beber no hay que considerarlos únicamente en el aspecto químico y fisiológico. En realidad, se trata de un acto que implica a todo el ser humano. Las palabras de Cristo van más allá del comer y del beber. Se trata también de la alegría de vivir. El que accede a participar de la amistad, del banquete y del placer de compartir la vida con los demás está, de alguna manera, colaborando en el juego eterno de Dios. La risa, la simpatía y el regocijo con los demás deben ser características del que pretende vivir como vivió Cristo. Sin embargo, muchos creyentes se caracterizan por presentar un cierto aire de severidad. Es como si les costase soltar una simple sonrisa, como si el Evangelio les impusiera el hábito de la seriedad permanente. Cuando son invitados a cualquier fiesta social se encuentran tan a disgusto que no paran de mirar el reloj con el rabillo del ojo para huir a la más mínima oportunidad. Es como si el cristiano no estuviera hecho para la fiesta y la alegría. Pero Jesús demostró con su comportamiento que este tipo de actitud es completamente errónea.

También hay hermanos que desprenden sus forzadas y sofisticadas sonrisas en pequeñas e intermitentes dosis. Incluso, en ocasiones, hasta forma parte de un cierto ritual evangelizador. Hay quien se acerca al primer prójimo que encuentra por la calle y con una sonrisa de oreja a oreja le suelta de sopetón aquello de: ¡Hola, Jesús te ama! La sonrisa forzada del saludo con prisas no puede ser nunca la sonrisa cristiana. La risa hipócrita es algo que se detecta muy pronto y que no debe formar parte de la idiosincrasia del creyente. Sin embargo, la risa auténtica, la que brota de un corazón sincero no se puede improvisar. Quizá debamos replantearnos seriamente el tema de la sonrisa. Por supuesto que existe una clase de risa burlona y estúpida que la Biblia condena. Está claro que no nos referimos a esa. La que debemos aprender y asimilar es la otra, la risa auténtica que nos libera de nuestro dolor, de nuestras penas, de estar siempre pensando sólo en nosotros mismos y en nuestros problemas personales. Sólo esa clase de sonrisa es capaz de rescatarnos y de hacer que dejemos de creernos el centro del mundo. Esta risa sana es la que nos proyecta hacia los demás y hace que sus preocupaciones lleguen a ser más importantes que las nuestras. Esa fue la sonrisa de Cristo y debe seguir siendo también la sonrisa cristiana. Sin embargo, la imagen estereotipada que en ciertos ambientes se ha formado del Señor Jesús como la de un hombre serio, taciturno y solemne que jamás reía, no es correcta. Esa concepción que le ve siempre como una persona que sólo expresaba rigidez, formalidad y gravedad no corresponde a la realidad. ¿Cómo es posible que los niños de todos los pueblos y aldeas de Palestina, por donde pasaba Jesús, corrieran siempre detrás de él buscando su cercanía? Los niños tienen un olfato especial para las personas serias y antipáticas. El maestro fue invitado a numerosas fiestas y banquetes judíos, ¿con qué fin lo hacían? ¿Acaso para que les amenizara la velada con su sequedad y aspereza?

Me gusta pensar que Jesús fue una persona alegre y que su sonrisa iluminaba las miserias de los que le miraban la cara. Por eso le seguían las multitudes; por eso los apóstoles tenían que apartar a los niños para que no le molestaran cuando, en realidad, lo que le molestaba era que los alejaran de él. Al Señor la risa cariñosa le brotaba del corazón y así debe surgir también la nuestra.

Resumen:

El problema son los que no ríen nunca. El Señor no sabía qué hacer con aquellos niños caprichosos y enfadados que contradecían sistemáticamente el deseo de diversión de sus compañeros. Sin embargo, el juego divino debe continuar a pesar de las negativas humanas. El progreso del mensaje de salvación a lo largo de la historia no se va a detener porque haya personas que lo rechacen. Y aquí es donde nos toca a nosotros decidirnos. ¿Jugamos o permanecemos enfurruñados? ¿Estamos decididos a colaborar en el juego de Dios? ¿Aceptamos su dificultad?

El juego al que el Señor nos convida no es fácil. Es un entretenimiento ambivalente de por vida que nos va a proporcionar muchos sinsabores y tristezas, aunque también alegrías y satisfacciones; las lágrimas irán de la mano con las sonrisas; es verdad que existirá sufrimiento y dolor pero también alegría de vivir y gozo interior; deberemos tomar cada día nuestra cruz de separación con el mundo pero, al mismo tiempo, tendremos que amar a nuestros coetáneos y transmitirles los motivos auténticamente alegres del Evangelio. Se trata de vivir en el mundo pero también fuera de él. A veces reiremos, pero otras muchas nuestros ojos se inundarán de tristeza. No podemos tomar sólo una parte del juego. Esa opción no existe. Lo aceptamos todo o nos quedamos fuera del mismo. Sea como fuere, tanto si decidimos participar como si no, el programa de Dios continuará inexorablemente hasta la consumación de los tiempos. El Señor no nos necesita. Somos nosotros quienes estamos necesitados de él. Su juego no depende de nuestro trabajo porque, si le decimos que no, él encontrará otra clase de «niños» más dispuestos y menos sabiondos. El plan de Dios se cumplirá, tal y como fue diseñado y al final la sabiduría será justificada por sus hijos. Siempre habrá criaturas que estén dispuestas a justificarla.

Durante la época moderna algunas iglesias cristianas se convirtieron en centros tristes, lóbregos y sombríos. Ciertos creyentes se volvieron taciturnos y apesadumbrados por culpa de la férrea visión productivista que la sociedad industrializada les transmitía. El ocio y la fiesta no eran vistos entonces con muy buenos ojos porque representaban un freno a la sacrosanta producción.

Esta perniciosa contaminación sentimental que se padeció originó numerosos desequilibrios emocionales y espirituales. Hoy las cosas han cambiado mucho. La sociedad contemporánea ha revalorizado la fiesta, la alegría y todo lo lúdico. El hombre actual no aguanta ya lo que resulta pesado, monótono y triste. De ahí que debamos replantearnos cómo estamos evangelizando hoy. Jesús fue una persona alegre. Su Evangelio es una Buena Nueva que debe ser comunicada con alegría, felicidad y gozo. ¡Ojalá sepamos ser esa clase de niños que justifiquen la sabiduría divina!

Sugerencias:

1. ¿Qué significaba el juego infantil para los hebreos?
2. ¿Cuál era el parecido que existía entre los niños que jugaban y los fariseos contemporáneos de Jesús?
3. ¿En qué se parecían y en qué se diferenciaban Juan el Bautista y Jesús de Nazaret? ¿De qué eran acusados respectivamente por los fariseos?
4. ¿Qué significa la frase: «Más la sabiduría es justificada por todos sus hijos»?
5. ¿Qué es entrar en el juego de Dios?
6. ¿Qué opino del ayuno en la Biblia? ¿Por qué ayunaban los judíos? ¿En qué puede consistir hoy el ayuno del cristiano?
7. ¿Tiene alguna relación la risa con el comer y beber?
8. ¿Era Jesús una persona seria que nunca se reía? ¿Cómo se puede saber?
9. ¿Somos imprescindibles para Dios?
10. ¿Me excuso en la actitud de los demás cuando Dios me invita a su juego?

12
Nunca hay que bajar la guardia
o
el espíritu inmundo que vuelve

Mateo 12:43-45 (Lc. 11:24-26)

*43 Cuando el espíritu inmundo sale del hombre,
anda por lugares secos, buscando reposo, y no lo
halla.
44 Entonces dice: Volveré a mi casa de donde salí;
y cuando llega, la halla desocupada, barrida y
adornada.
45 Entonces va y toma consigo otros sietes espíritus
peores que él, y entrados, moran allí; y el postrer
estado de aquel hombre viene a ser peor que el
primero. Así también acontecerá a esta mala
generación.*

Decía Erasmo de Rotterdam que «más fácil es evocar un mal espíritu que librarse de él». Esta parábola de Jesús va precisamente de eso, de cómo evitar que las influencias del Maligno se posesionen de nuestra existencia y nos hagan esclavos del mal. No puede negarse que el relato rezuma un genuino sabor palestinense y que está perfectamente ambientado en la cultura y en las concepciones teológicas hebreas de la época del Maestro.

Contexto:

Tanto Mateo como Lucas presentan esta breve narración como un conflicto entre Jesús y los fariseos. Sin embargo, es el primer evangelista quien señala mejor la relación existente entre la parábola y aquella generación perversa que demandaba una señal. El Señor pretendió avisar a sus compatriotas judíos para que fueran conscientes del peligro futuro que se cernía sobre ellos. La venida del reino de Dios a la tierra, materializada en el ministerio y en el mensaje de Jesucristo, constituía una especie de purificación para la generación presente. La Buena Nueva de salvación arribaba para expulsar y alejar del pueblo escogido los poderes maléficos que utilizando a ciertos hombres esclavizaban y hacían sufrir a seres inocentes. Tales personas habían hecho de la Ley de Dios un ritualismo idolátrico insoportable. Jesús predice al pueblo judío y especialmente a todos los dirigentes religiosos de aquella generación, que estaban siendo amenazados por el espíritu maligno del escepticismo y la incredulidad hacia su persona; que tal actitud hacia peligrar seriamente el futuro ya que su «postrer estado podría llegar a ser peor que el primero». La suerte que les esperaba sería pésima comparada con la de sus antecesores ya que ellos no habían tenido oportunidad de ver y oír al Mesías; sin embargo, la generación última después de escuchar su mensaje lo repudiaban y encima le exigía una señal sobrenatural que satisficiera su escéptico orgullo intelectual. El Maestro, al comprobar la actitud diabólica de sus adversarios, se da cuenta de que ese trágico futuro había comenzado ya, por eso les advierte y les llama «generación adúltera» (Mt. 12:38-42). Era, en este sentido, una generación amenazada por Satanás.

La enseñanza del relato se fundamenta en las concepciones religiosas que estaban vigentes en la primitiva Palestina. El «espíritu inmundo», es decir, el diablo, que sólo se encontraba a gusto cuando podía sembrar el mal y la desgracia, no parece que hubiera salido de muy buena gana del personaje humano de la parábola, sino expulsado por la fuerza. El desierto era concebido con frecuencia como la morada habitual de los malos espíritus y al demonio se le consideraba una especie de espíritu nómada. A pesar de esto, la demonología popular hebrea entendía que los espíritus maléficos debían tener una morada estable y no les gustaba vagar errantes por los «lugares secos» de los inhóspitos desiertos. En Oriente era corriente comparar a los posesos con la casa del demonio, mientras que la idea de una casa vacía y limpia significaba que estaba preparada para ser habitada por cualquier huésped. La cifra siete, de los espíritus que resultan peores que el primero, se refiere al número de la totalidad que implicaba todo lo peor que se pudiera imaginar sobre tentaciones y maldades perversas. Evidentemente ocho espíritus, uno más siete, podrían resistir mucho mejor cualquier intento de exorcismo.

Significado:

La finalidad principal de la parábola es poner de manifiesto la delicada y trágica situación en que se encontraban todos aquellos judíos que rechazaban el mensaje de Jesucristo. De igual manera que aquel hombre había permitido al espíritu inmundo regresar con siete espíritus más para que se instalasen y tomasen posesión de su persona, los hebreos religiosos rehusando aceptar la salvación gratuita que se les ofrecía, empeoraron aún más su situación. Jesús había venido a la tierra para destruir el poder del mal, simbolizado en Satán, pero sus propios compatriotas no quisieron reconocerle. La salud que repudiaron se convertiría para ellos en su propia perdición.

Una lectura rápida de este relato pudiera hacer creer que tales espíritus inmundos tenían potestad para entrar y salir de las personas con total libertad o que un regreso así resultaba fácil y formaba parte de la experiencia cotidiana. Durante su ministerio el Señor Jesús expulsó muchos demonios, según narran los evangelios. ¿Quiere esto decir que los espíritus expulsados por el Maestro pudieron volver a posesionarse otra vez de aquellas pobres criaturas? Nada más lejos de la verdad. La idea que se resalta aquí es que si el Maligno encuentra la casa preparada y dispuesta, puede establecerse de nuevo allí. La reincidencia no es inevitable, sino que depende de la actitud de la persona. De manera que la recaída tendría más de culpa que de irremediable destino. Lo que no se debe hacer jamás es bajar la guardia. La casa no debe quedar nunca completamente vacía después de la expulsión del mal, sino que la influencia del reino de Dios tiene que llenarla por completo para que Jesucristo sea el único Señor de la misma. Como escribe el apóstol Pablo a los Efesios (2:19-22), el que se convierte deja inmediatamente de ser un «extranjero» o un «advenedizo» y pasa a ser un miembro de la familia de Dios, un «templo santo» construido sobre el fundamento de Cristo para morada de Dios en el Espíritu.

Aplicación:

Los judíos contemporáneos del Maestro creían en la posesión diabólica. Habían llegado a ver espíritus malignos por todas partes. Incluso hasta numerosas dolencias físicas y enfermedades eran interpretadas como la evidencia de que en el interior de la persona afectada moraba uno o más demonios. Jesús no negó esta creencia general, sino que la utilizó para construir su parábola. Lo que les dice es: «Vosotros sois como una de esas personas de las que se expulsa un espíritu inmundo y su mal se aleja de ella. Pero al cabo de un cierto tiempo vuelve a recaer aquejada de los mismos problemas y de otros peores porque, en realidad, la expulsión y la sanidad no fueron totales ni radicales. El individuo no cambió de vida, sino que siguió viviendo como siempre; su transformación fue sólo superficial pues, en lo más profundo de su ser, continuaba siendo igual que antes, dando cobijo al pecado y al mal. De ahí que nuevos espíritus inmundos invadieran otra vez su desalojada vivienda. Yo os he predicado el Evangelio y os he abierto la puerta de mi corazón; os he acercado el reino de Dios; os he liberado literalmente de los numerosos espíritus inmundos que os esclavizaban, pero mis palabras no han encontrado eco en vuestros corazones. No habéis preparado vuestros hogares para recibir al Rey de reyes y Señor de señores, sino que los habéis vaciado y adecuado para alojar en ellos al poder de las tinieblas. Ese es el peor error de esta generación».

¿Cómo es posible dejar hoy la casa desocupada, limpia, adornada y con las puertas abiertas de par en par para que la invadan a su antojo las ideologías malignas de este mundo? Barriendo a Jesucristo de la propia vida; despojando la existencia de convicciones personales; arrojando los valores evangélicos por la ventana y dejándose influir por los contravalores actuales, hoy en boga; permitiendo impasibles el alojamiento en nuestra alma de tantos «ismos» ilegítimos: individualismo, narcisismo, egoísmo, hedonismo, personalismo, emocionalismo, consumismo, etc. Cuando el ser humano ha sido liberado de sus perversiones mediante la sangre que Jesucristo derramó en el Calvario, debe permanecer al lado de él y estar atento a la palabra de Dios poniéndola en práctica. No debemos fiarnos y pensar que porque hemos ganado una pelea ya hemos vencido al mal para siempre. No conviene relajarse porque se trata de una batalla que suele durar toda la vida.

Cuando los malos hábitos y las actividades perniciosas son desterrados de la vida del creyente es menester llenar ese vacío que han dejado con acciones positivas que sean útiles para desarrollar el reino de Dios en la tierra. La inactividad y el exceso de ocio pueden facilitar el camino hacia la recaída y la rehabilitación puede ser entonces mucho más difícil si no imposible. Ocuparse en tareas de la iglesia, en hacer el bien, ayudar a otros, adquirir compromisos concretos durante el tiempo libre, dedicarse a la lectura de la Biblia y de la buena literatura cristiana, así como buscar a Dios en oración, son funciones que nos pueden ayudar poderosamente a vencer las tentaciones del mal y a olvidar los malos hábitos propios de nuestra pasada manera de vivir.

Resumen:

El significado de este relato es señalar la crítica situación de los judíos que no aceptaron el mensaje de Jesucristo. El rechazo del Mesías al que les llevó su orgullo religioso y cerrazón mental fue la gota que colmó el vaso de la paciencia divina. Esto les condujo a una situación mucho peor a la que tenían antes de la llegada del reino divino. Su postrer estado resultó peor que el primero.

La aplicación del relato a la Iglesia actual nos lleva a reflexionar acerca de aquellas personas que tuvieron un primer encuentro personal con Jesucristo. Creyentes que se convirtieron y manifestaron en su día haber sido redimidos por la sangre de Cristo y tener el firme propósito de cambiar su antigua manera de vivir. Sin embargo, después de algún tiempo resulta que todavía prosiguen comportándose según los cánones y valores del mundo que no conoce a Dios. Viven como si nunca hubieran descubierto los principios del Evangelio y su testimonio es mucho peor que antes de tomar la decisión de seguir a Jesús. La equivocación principal fue permitir que su casa espiritual quedara vacía de contenido evangélico. No se llenó con la Palabra de Dios ni con la praxis cristiana. En su lugar, se colaron los contravalores de la sociedad hipermoderna: el consumismo, el hedonismo y el individualismo insolidario.

Cuando el recién convertido consigue desterrar los malos hábitos y las ocupaciones negativas, gracias a la ayuda del Espíritu Santo, debe preocuparse por llenar el vacío que éstas dejan en su vida mediante unas actividades sustitutorias que sean conforme a la voluntad de Dios.

Sugerencias:

1. ¿En qué consistían los poderes maléficos que esclavizaban y sembraban el dolor en la época de Jesús?
2. ¿Qué significado teológico tenía el desierto para los judíos? ¿Existe algún otro pasaje bíblico en que esto se haga evidente?
3. ¿Qué simbología tenía la cifra siete para los hebreos?
4. ¿Es la reincidencia inevitable? ¿De qué depende?
5. ¿Qué significa que el cristiano es «templo del Espíritu»?
6. ¿Se dan actualmente las conversiones «light», blandas, parciales o «a la carta»? ¿En qué pueden consistir?
7. ¿Qué significa en esta parábola dejar la casa «desocupada, barrida y adornada»?
8. ¿En qué condiciones se encuentra mi propia casa?
9. ¿Mediante qué actividades estoy llenando mi vida?
10. ¿Me resultan útiles, en realidad, tales actividades para erradicar viejos hábitos o para evitar posibles tentaciones?

13
Cómo escandalizar a los bienpensantes
o
la oveja perdida

Lucas 15:1-7 (Mt. 18:12-14)

> [1] *Se acercaban a Jesús todos los publicanos y pecadores*
> *para oírle,*
> [2] *y los fariseos y los escribas murmuraban, diciendo: Este*
> *a los pecadores recibe, y con ellos come.*
> [3] *Entonces él les refirió esta parábola, diciendo:*
> [4] *¿Qué hombre de vosotros, teniendo cien ovejas, si pierde*
> *una de ellas, no deja las noventa y nueve en el desierto, y*
> *va tras la que se perdió, hasta encontrarla?*
> [5] *Y cuando la encuentra, la pone sobre sus*
> *hombros gozoso;*
> [6] *y al llegar a casa, reúne a sus amigos y vecinos,*
> *diciéndoles: Gozaos conmigo, porque he encontrado mi*
> *oveja que se había perdido.*
> [7] *Os digo que así habrá más gozo en el cielo por un*
> *pecador que se arrepienta, que por noventa y nueve justos*
> *que no necesitan arrepentimiento.*

Ningún otro capítulo del Nuevo Testamento es tan conocido y apreciado como el capítulo quince de Lucas. Ha sido llamado: «el evangelio del Evangelio» y «el corazón del tercer evangelio». La parábola de la oveja perdida forma parte de él a pesar de encontrarse también en el texto de Mateo. El primer evangelista la incluye entre las instrucciones a los apóstoles sobre sus obligaciones como pastores de la Iglesia; subraya, sobre todo, la idea de buscar; les exhorta para que no se cansen de explorar el mundo en busca de ovejas descarriadas.

Sin embargo, Lucas la emplea para responder a la pregunta de por qué Jesús recibe a los pecadores y se centra sobre todo en la alegría de encontrar. De manera que una parábola que al principio sería probablemente apologética, es decir, dirigida a defender la actitud de Jesús frente a sus enemigos, se habría convertido en una parábola perenética, de exhortación y amonestación a los discípulos.

El tema fundamental es el mismo pero se ha acomodado a dos públicos diferentes. En esto consiste la gracia y la plasticidad de la parábola. El relato de Lucas afirma que Jesús iba camino de Jerusalén, acompañado por una gran cantidad de personas –discípulos, simpatizantes y curiosos– cuando se volvió hacia los fariseos y los doctores de la ley para responder mediante parábolas a las acusaciones que éstos le formulaban.

Contexto:

Los publicanos eran quienes cobraban los impuestos del pueblo para dárselos a los romanos, pero, ¿quiénes eran los llamados «pecadores»? Los fariseos llamaban gente de la tierra a los que no guardaban la Ley. Eran los marginados, los escépticos, los desaprensivos, los parias de aquella tierra. Aquellos para quienes los fariseos y los esenios no tenían más que odio y desprecio por considerarlos como el desecho de la sociedad palestina contemporánea. No les prestaban dinero; no escuchaban su testimonio; no les confiaban ningún secreto; no les permitían ser tutores de un niño huérfano; no se podía viajar con ellos, ni hospedarlos, ni morar en sus casas. Eran considerados gente que llevaba una vida inmoral –como los adúlteros, ladrones o tramposos–, y en muchos casos así era.

Sin embargo, también se consideraba pecador al que ejercía una profesión deshonesta como los publicanos, recaudadores de impuestos, pastores, borriqueros, vendedores ambulantes, curtidores, etc. Los pastores eran sospechosos de apacentar sus rebaños en campos ajenos y de robar el producto de los mismos. No obstante, el Señor Jesús utilizó precisamente la figura de un pastor como el protagonista de su parábola, ni más ni menos, que para ilustrar la conducta de Dios. ¡Aquí reside el choque doctrinal, intelectual y paradójico de la parábola! Aquellas personas proscritas, aquellos con quienes estaba prohibido hablar y relacionarse, los pastores, Jesús los equipara con Dios y consigo mismo.

Es Lucas también quien relata la anunciación del nacimiento de Jesús a los pastores, a los marginados y discriminados de aquel mundo:

Había pastores en la misma región, que velaban y guardaban las vigilias de la noche sobre su rebaño... Pero el ángel les dijo: No temáis, porque he aquí que os doy nuevas de gran gozo, que será para todo el pueblo: que os ha nacido hoy, en la ciudad de David, un Salvador, que es Cristo el Señor (Lc. 2:8-10).

Los humildes pastores son elegidos por el dedo de Dios. Mientras los judíos ortodoxos decían: «Hay gozo en el cielo cuando un pecador es destruido delante de Dios», el Señor Jesús acaba su relato afirmando que: «Habrá más gozo en el cielo por un pecador que se arrepiente, que por noventa y nueve justos que no necesitan arrepentimiento».

Las murmuraciones acerca de que el Señor recibía a los pecadores e incluso comía con ellos no eran una cuestión de asombro, sino una acusación directa contra Jesús. Lo que decían aquellos escribas y fariseos era algo así como: ¡Él es un hombre impío! ¡No le hagáis caso, no le escuchéis, separaos de él! Y el Maestro responde mediante esta parábola.

El pastor era personalmente responsable de su rebaño, si se perdía una oveja debía encontrarla y traer al menos su lana como prueba de que había muerto. De ahí que fueran expertos en el rastreo. Cuando los pastores de Palestina perdían una oveja, dejaban las otras en el redil, o en una cueva para que no se dispersaran. Hace 50 años, en 1947, un cabrero palestino llamado Muhammed edh-Dhib, que andaba buscando una de sus cabras por los riscos de los alrededores del Mar Muerto, descubrió casualmente la gruta 1 de Qumrán, con los famosos rollos del Mar Muerto que contienen el texto hebreo del libro de Isaías. Al parecer, antes de emprender la búsqueda de la cabra perdida, contó su rebaño eran 55 animales en total y pidió a dos compañeros pastores que se lo cuidaran mientras él proseguía la búsqueda.

La experiencia confirma que una oveja perdida se deja caer desesperada y se niega a andar. Al no estar en contacto con las otras se asusta, se paraliza y se pone a balar. Si el pastor la encuentra no tiene más remedio que cargarla sobre su cuello como afirma el texto bíblico. En Judea los pastos eran escasos por lo que se recorrían grandes extensiones de territorio accidentado con el fin de encontrar suficiente alimento. Había muchos peligros para un animal solitario e indefenso. Riscos y acantilados por donde podía precipitarse, hienas feroces que aullaban por la noche, chacales que cazaban en manada y enormes buitres que vigilaban desde el aire. El pastor palestino tenía la costumbre de contar su rebaño cada día antes de introducirlo en el redil, para estar seguro de que estaban todas las ovejas. El número 99 indica precisamente que se había realizado este recuento. A veces los rebaños pertenecían a la comunidad y todo el pueblo estaba pendiente de ver llegar al pastor con la oveja perdida para celebrarlo de inmediato.

Significado:

La categoría de un pastor se medía por su decisión, por el valor y el coraje que mostraba al ir a buscar a esa única oveja descarriada, arriesgándose a dejar las otras noventa y nueve. Al protagonista de esta singular parábola la pérdida de una sola oveja le provoca ansiedad, disgusto y preocupación hasta el punto de sacrificar el cuidado del rebaño entero. Las ovejas que se quedan en el desierto representaban a los fariseos y doctores de la ley, que «presumían de justos». Sin embargo, la paradoja que pretende resaltar este relato es que a pesar de la satisfacción que indudablemente proporcionan los noventa y nueve justos, que creían que no tenían necesidad de convertirse, ésta no tiene ni punto de comparación con el júbilo desbordante que embarga al propio Dios, cuando un pecador, un descreído, aunque sólo sea uno, se arrepiente de su maldad. ¿Estaba enseñando aquí Jesús que realmente hay justos que no necesitan arrepentirse? Desde luego que no. Como dice Eclesiastés 7:20: «No hay hombre justo en la tierra, que haga el bien y nunca peque». Más bien, el v. 7, ironiza sobre los que se autojustifican y no creen necesitar la redención. Es verdad que Dios ama a los que nunca se descarrían, o procuran ser justos, pero siente un gozo tremendo por el pecador arrepentido. Dios se alegra de poder perdonar porque su mayor alegría es el perdón. Y Jesús les viene a decir: ¡Como Dios es así, por eso yo, que vengo de él, recibo también a los pecadores!

No obstante, alguien pudiera pensar: ¿Qué importa una oveja perdida en comparación con las noventa y nueve que están seguras en el redil? ¿No es más importante el rebaño entero que una sola oveja? Estas objeciones ignoran el valor que Jesús da al individuo, a la persona. Todo el Antiguo Testamento se caracteriza por la relación especial que Dios mantiene con su pueblo. En el pasado la comunicación entre Dios y el hombre se realizaba preferentemente con el clan y el pueblo entero, más que con la persona o el individuo. Israel poseía, en este sentido, una personalidad corporativa. Sin embargo, en el Nuevo Testamento tales relaciones se perfeccionan porque el hombre había evolucionado social y moralmente. El Señor Jesús afirma que los hijos ya no serían responsables del pecado de los padres. Cada cual responderá de sus propios actos ante Dios. El Evangelio se dirige fundamentalmente a las personas y no a los pueblos. La personalidad corporativa de antaño se convierte en la personalidad individual. Estos versículos son una fuente de este sano individualismo cristiano. Como decía René Guisán: «El único individualismo que puede apoyarse en el Evangelio es el de la oveja perdida». Jesús resalta la importancia del ser humano, del individuo, en su relación personal con Dios. La salvación de cada criatura es un asunto puramente personal e individual, que no depende del resto del rebaño. Sin embargo, esto no significa que cada creyente se baste a sí mismo, que no necesite para nada a los demás o que no deba existir una buena relación de fraternidad y solidaridad; tampoco que el cristiano pueda vivir fuera de la comunidad, de forma aséptica, es decir, sin contagiarse de los errores del mundo que le rodea. Lo que el Señor quiere decir es que lo importante es la relación personal entre la oveja y el pastor. Dios se regocija más por la vuelta consciente del perdido que por la seguridad de aquellos que están ya en el redil.

La parábola nos dice que el reino de Dios ha llegado, en el ministerio y en el comportamiento de Jesús y que una de las características de esta llegada es el inédito interés por lo «perdido». De manera que nos trae la buena noticia del amor de Dios hacia los pecadores.

Aplicación:

Es evidente que la iniciativa parte del pastor, es él quien busca paciente pero ansiosamente. Frecuenta incluso hasta los lugares de perdición (a costa de escandalizar, como hizo Cristo, a los bienpensantes, que luego resultan ser aquellos, ironía de las palabras, que siempre piensan mal), patea todos los caminos, no se resigna a la lejanía de nadie. Pues, de la misma forma, los cristianos tenemos la obligación de cuidar con perseverancia a todos los miembros de la comunidad, sobre todo a los más pequeños y débiles. Tenemos la obligación del ir tras el hermano frágil, caído, desorientado.

Sin embargo, a veces, lo que ocurre es todo lo contrario. Aparece la crítica destructiva y se le aleja todavía más. Cuando no acude a la iglesia, tampoco se le va a visitar, iniciando así un proceso torpe y negativo, en el que se empieza a pensar mal del hermano que no acude. En ocasiones hay que admitir que sí, es cierto, quizá ha cometido errores que lo han ido alejando del redil; es posible que se encuentre fatigado, cansado y no sepa cómo reencontrar el camino de regreso, pero ¡es tan cómodo y agradable quedarse entre las noventa y nueve! ¿Por qué molestarse en acortar distancias? ¡Si no quiere volver, pues que no vuelva, es su problema! ¡Nadie lo echó!

Las palabras de Jesús van por otro camino: «Mirad que no menospreciéis a uno de estos pequeños; porque el Hijo del Hombre ha venido para salvar lo que se había perdido» (Mt. 18:10-11). Si esa fue la misión de Jesucristo, la comunidad cristiana no debe menospreciar a nadie, o creer que su perdición carece de importancia.

¿Qué es estar desorientado o fuera del redil? Puede que haber sido engañado. Algunas criaturas han sido víctimas de errores graves y perniciosos. La Palabra de Dios dice: «Mirad que nadie os engañe», «... y muchos falsos profetas se levantarán y engañarán a muchos», «porque se levantarán falsos cristos y falsos profetas y harán grandes señales y prodigios, de tal manera que engañarán, si fuere posible, aún a los escogidos» (Mt. 24:4.11.24). Hoy, durante la época hipermoderna en la que vive el mundo occidental, se está desarrollando un poderoso movimiento, una «nueva religiosidad» en la que se promueve una visión distinta de la realidad que seduce a muchas personas. En las celebraciones de grupos que pertenecen a la Nueva Era, por ejemplo, es habitual el recurso a la astrología, teosofía, magia, nigromancia, espiritismo, satanismo, adivinación, brujería, tarot, alquimia, etc. Son bastantes los que se dejan seducir por tales religiosidades que desorientan y confunden al ser humano.

No obstante, quizá la peor desorientación sea la de aquellas ovejas descarriadas que ni siquiera son conscientes de que se hallan fuera del redil; ovejas que vagan solitarias por los campos de la obligación creada. Es esa necesidad imperiosa de creer que ¡si no lo hago yo, no me lo hace nadie!, o de argumentar que ¡sólo dispongo precisamente del día del Señor, del tiempo del culto! Ovejas que vagan por los campos de la diversión, del ocio, de la afición deportiva. Son creyentes que sostienen razonamientos peculiares como: ¡Es que cuando me divierto me realizo y esa es otra forma de alabar al Señor!

Lo cierto es que cuando la oveja abandona frecuente e imprudentemente el redil, cuando tiende a alejarse, estamos ante el primer síntoma de alarma. ¿Qué puede hacerse? ¿Cómo ganar al hermano que se ha extraviado? Con amor, con decisión, sintiendo el vacío de su ausencia. Tomando la iniciativa como el buen pastor y saliendo en su búsqueda. Soportando el peso de su carga sobre el cuello, el peso de sus errores, desatinos, apatía y desinterés; siendo pacientes y benévolos. Mostrándole el afecto sincero y la ventaja de morar en el redil junto a los hermanos. En la parábola la fiesta es la conclusión de la aventura. La conversión y el perdón, el regreso del descarriado, desembocan, no en un juicio severo, no en un castigo cruel, no en una sala oscura donde hay una fila de rostros serios y sombríos dispuestos a amonestar, sino en un clima festivo. ¡Si no sabemos gozarnos con la oveja que regresa es porque no pertenecemos al cielo! Es importante que todos nos sintamos implicados en esta fiesta. La búsqueda la puede emprender uno sólo, pero la alegría del encuentro ha de ser compartida, sin reservas, por todos.

Cada uno de nosotros hemos sido, en algún momento de nuestra vida, como una oveja perdida. Extraviados en medio de un mundo vasto y desconocido, sin rumbo fijo ni orientación, hasta que conocimos al Señor y él nos vino a rescatar. La iniciativa es siempre suya y él puede utilizar múltiples medios para localizarnos. No sé si algún posible lector de estas palabras se encuentra así. Desorientado, perdido en medio de la multitud, parado ante millones de rumbos distintos y sin brújula entre las manos. Con ganas de que el Buen Pastor lo encuentre y lo conduzca por el sendero correcto. Incluso puede que desesperado se haya dejado caer, se haya desplomado y esté siendo arrastrado involuntariamente por la inercia del placer y del bienestar propio de esta sociedad contemporánea. Si es así, me gustaría decirte que hay alguien que te está buscando desesperadamente, que grita tu nombre por los caminos y desiertos de esta vida. Su nombre es Jesucristo. Si respondes, hoy puede haber gozo en el cielo y también en la tierra.

Resumen:

Las noventa y nueve ovejas que se quedaron solas en medio del desierto representaban a los escribas y fariseos que se creían justos. Jesús sale a buscar a la oveja que se pierde, al pecador arrepentido, arriesgando así la seguridad de todo el rebaño. La paradójica lección es que para Dios resulta mucho más gratificante el arrepentimiento sincero de un solo descreído que la corrección y la observancia de noventa y nueve justos que pensaban que no tenían necesidad de conversión. Los que creen no estar perdidos se autoconvencen de que tampoco necesitan a Dios. No requieren que Jesús los encuentre. Son precisamente aquellos que se saben extraviados los que pueden llegar a desear, con todas sus fuerzas, que el Buen Pastor dé con ellos y los conduzca al redil.

El creyente contemporáneo tiene la obligación de imitar a Jesucristo en su rastreo continuo de desiertos y lugares de perdición. Conducir criaturas a los pies del Maestro es el mayor reto y la más noble profesión a que puede aspirar el discípulo cristiano.

Sugerencias:

1. ¿Quiénes eran los «pecadores» según el concepto judío? ¿Era siempre justo ese calificativo?
2. ¿Qué aspectos de la parábola debieron resultar más chocantes y provocativos para los hebreos que la escucharon por primera vez?
3. ¿Cómo actúan las ovejas perdidas? ¿Existe algún paralelismo con la conducta de algunas personas?
4. ¿Afirma esta parábola que hay justos que no necesitan el arrepentimiento?

5. ¿Qué significado tenía en el Antiguo Testamento el concepto de «personalidad corporativa»? ¿Cómo evoluciona en el Nuevo?

6. ¿Qué significa la frase: «frecuentar los lugares de perdición a costa de escandalizar a los bienpensantes»? ¿Hizo eso Jesús? ¿Debemos hacerlo nosotros?

7. ¿Qué actitud tiene hoy la Iglesia hacia el creyente que se aleja de ella?

8. ¿Qué causas pueden desorientar en la actualidad a los cristianos?

9. ¿Cómo se debería actuar con el hermano que regresa de nuevo a la congregación, después de una crisis espiritual?

10. ¿Me identifico con algún aspecto de la parábola de la oveja perdida? ¿Con cuál?

14
El banquete de los desprecios
o
la fiesta de bodas

Lucas 14:15-24 (Mt. 22:1-14)

*15 Oyendo esto uno de los que estaban sentados
con él a la mesa, le dijo: Bienaventurado el que
coma pan en el reino de Dios.
16 Entonces Jesús le dijo: Un hombre hizo una
gran cena, y convidó a muchos.
17 Y a la hora de la cena envió a su siervo a decir
a los convidados: Venid que ya todo está preparado.
18 Y todos a una comenzaron a excusarse.
El primero dijo: He comprado una hacienda, y
necesito ir a verla; te ruego que me excuses.
19 Otro dijo: He comprado cinco yuntas de bueyes,
y voy a probarlos; te ruego que me excuses.
20 Y otro dijo: Acabo de casarme, y por tanto
no puedo ir.
21 Vuelto el siervo, hizo saber estas cosas a su
señor. Entonces, enojado, el padre de familia dijo
a su siervo: Ve pronto por las plazas y las calles de
la ciudad, y trae acá a los pobres, los mancos, los
cojos y los ciegos.
22 Y dijo el siervo: Señor, se ha hecho como
mandaste, y aún hay lugar.
23 Dijo el señor al siervo: Ve por los caminos y por
los vallados, y fuérzalos a entrar, para que se
llene mi casa.
24 Porque os digo que ninguno de aquellos hombres
que fueron convidados, gustará mi cena.*

La parábola del gran banquete podría llamarse también «del banquete de las excusas». A las disculpas que se dan con la intención de huir de una obligación se las conoce con el nombre de excusas. Son pretextos, justificaciones, evasivas o coartadas que se usan, en muchas ocasiones, para quedar bien. El gran poeta griego Eurípides escribió, en su obra Andrómaca, la siguiente frase: «Tú encontrarás muchas excusas porque eres mujer». No sé si Eurípides tenía razón y será verdad que las mujeres se excusan más que los hombres, pero lo que sí es cierto es que desde que se inventaron las excusas nadie, sea del sexo que sea, queda mal. Hay expresiones que forman parte del vocabulario habitual y la fuerza de la costumbre las hace aparecer como normales: «discúlpeme Ud.», «siento llegar tarde», «lamento mi ausencia», «no he tenido tiempo», «excúseme, no puedo asistir», etc. Las excusas pueden degenerar y transformarse, poco a poco, en formas refinadas de mentir.

Contexto:

Cierto sábado estaba Jesús sentado a la mesa, en casa de uno de los jefes fariseos, y les advertía sobre el peligro de la ambición por conseguir puestos importantes en la vida y sobre la acepción de personas, cuando uno de los comensales, dirigiéndose al Maestro, le sugirió el tema del banquete mesiánico. Los judíos tenían una serie de imágenes acerca de lo que sucedería cuando Dios irrumpiera en la historia inaugurando la nueva era. El banquete mesiánico era precisamente una de esas imágenes. El profeta Isaías había escrito:

Y Jehová de los ejércitos hará en este monte a todos los pueblos banquete de manjares suculentos, banquete de vinos refinados, de gruesos tuétanos y de vinos purificados... Y destruirá a la muerte para siempre; y enjugará Jehová el Señor toda lágrima de todos los rostros... (Is. 25:6-8).

El hombre que se dirige a Jesús estaba pensando en esta clase de banquete y al decir: «Bienaventurado el que coma pan en el reino de Dios» quiere expresar la exclamación: ¡Qué suerte poder participar en el banquete escatológico del reino de Dios porque eso significará estar presente en la resurrección de los justos! (Lc. 14:4). Esta observación le da pie a Jesús para contestar a su interlocutor y a todos los judíos presentes, mediante la parábola del gran banquete. De manera que el Señor viene a decirles: «Sí, así es, pero ¿y si te invitan a ese formidable y deseado banquete y tú rechazas deliberadamente la invitación?...».

Significado:

En la Palestina de los tiempos de Jesús, cuando se invitaba a alguien a una fiesta, se anunciaba el día de la celebración de la misma con mucha anticipación. Se enviaban las invitaciones y éstas eran aceptadas, pero no se anunciaba la hora. Cuando llegaba el día fijado y todo estaba ya listo se enviaba a los siervos para que citaran a los invitados. De manera que aceptar la invitación por anticipado y luego rechazarla, el mismo día del festejo, constituía un insulto grave y serio.

Según Joachim Jeremias es posible que Jesús hubiese tomado, para construir esta parábola, el caso de un famoso recaudador de impuestos judío llamado Bar Ma'yan que aparece en el Talmud palestinense (Jeremias, 1992: 218). Al parecer este hombre preparó, un buen día, un gran banquete para las autoridades de la ciudad pero éstas declinaron la invitación. Entonces, con el fin de no desperdiciar tanta comida, convocó a los pobres y a los desheredados y les dio a ellos el banquete. Sin embargo, no todo el mundo está de acuerdo con esta hipótesis de Jeremias. Otro gran exegeta, el profesor Joseph A. Fitzmyer dice que «la mayoría de estas historias son, como mucho, del siglo IV d.C.; parece, pues, muy improbable que Jesús hubiera tenido conocimiento de casos similares» (Fitzmyer, 1987: 616). Si esta segunda hipótesis fuese la verdadera habría que admitir que la parábola del gran banquete fue, en efecto, original del Señor Jesús. Esta es desde luego nuestra opinión.

A primera vista lo que podría desprenderse del texto es la superficialidad de las excusas presentadas. El primero de los invitados había comprado una hacienda, es decir, un terreno y ¿no se había detenido a verlo antes de la adquisición? ¿No podía ir a examinarlo otro día, en cualquier otro momento? ¿Cómo es posible hacer una revisión de un terreno por la noche, en plena oscuridad? El segundo en excusarse había comprado cinco yuntas de bueyes. ¿Se pueden probar cinco yuntas de bueyes a la hora de la cena? ¿No habría otro momento mejor? Sin duda, la mejor de las excusas es la tercera. Una de las buenas leyes del Antiguo Testamento establecía que «cuando alguno fuere recién casado, no saldrá a la guerra, ni en ninguna cosa se le ocupará; libre estará en su casa por un año para alegrar a la mujer que tomó» (Dt. 24:5). Evidentemente este hombre tenía presente la Ley pero, ¿no la podría haber dejado sola una noche? Hay comentaristas que intentando explicar estas excusas llegan a decir: «¡Llevándola al banquete sí la habrían alegrado! Y si antes de hacerlo, le hubiera informado de su matrimonio al que lo invitaba, esa persona cordial habría dicho: Por supuesto, tráela contigo» (Hendriksen, 1990: 694). Lo malo de este razonamiento es que olvida completamente que en Israel, a este tipo de banquetes, sólo eran invitados los varones.

Es verdad que las excusas parecen superficiales, sin embargo, no hay que intentar comprenderlas o racionalizarlas. Hacerse todo este tipo de preguntas significa no haber entendido, en realidad, lo que pretende la parábola. Sólo con que uno hubiera aceptado, la parábola perdería todo su significado. La culpa de los invitados no consiste en haber comprado algo y tener que ir a verlo en seguida o en haber contraído matrimonio, sino en haber puesto sus intereses personales por encima del deseo del anfitrión de verlos a todos sentados a su mesa. ¡Da igual la excusa que pusieran, el verdadero problema es que ninguno tenía interés por participar de aquel banquete!

Ante la negativa de sus ingratos amigos el anfitrión invita a los sectores más humildes de aquella sociedad. Pobres, mancos, cojos y ciegos. Pero los convida con insistencia: «Fuérzalos a entrar, para que se llene mi casa». Es perfectamente comprensible que esa clase de personas se resistiera, de buenas a primeras, a aceptar una invitación semejante. Seguramente habría que irles convenciendo poco a poco hasta que finalmente aceptaran entrar a la sala y participar del banquete. Desde los tiempos de S. Agustín se han venido interpretando mal estos versículos en el sentido de ejercer fuerza física, si fuera necesario, para convertir a las personas. De ahí que algunos hayan considerado a S. Agustín como inspirador espiritual de la Inquisición. Sin embargo, como decimos, esa es una mala interpretación ya que a su lado se debería colocar también otro texto, el de 2 Cor. 5:14: «Porque el amor de Cristo nos constriñe...». En el reino de Dios lo único que obliga, que constriñe y presiona es el amor. Si no se experimenta personalmente el amor de Cristo, de nada sirve la fuerza.

Jesús no está recalcando en estos textos que el reino de Dios esté cercano o que vaya a venir pronto, sino que existe la posibilidad, ya hoy en el momento presente, de tener acceso al banquete futuro. Este es el auténtico sentido de la mesa del Señor. La Santa Cena constituye también la invitación que la Iglesia de Cristo hace al mundo. Estos versículos son, así mismo, la transición entre el concepto de reino de Dios al de reino de Cristo. En la introducción de la parábola se habla de un banquete en el reino de Dios, mientras que al final (v. 24) el Señor coloca el pronombre posesivo «mi» delante de la cena. El banquete de la resurrección de Jesucristo se inicia ya aquí en la participación de la Santa Cena.

Esta parábola no plantea ninguna dificultad. No resulta complicado descifrar su verdadero significado. Se dirige directamente a los compatriotas de Jesús y pretende provocarles una actitud de aceptación y no de rechazo. El quedar excluidos del banquete se debe sólo a la propia voluntad de los invitados. Dios no obliga a nadie a participar de su mesa contra su propio deseo. Sin embargo, todo aquel que se niegue hoy a aceptar la Palabra de Dios quedará definitivamente excluido del banquete escatológico. Los primeros en ser invitados fueron las autoridades religiosas judías, los fariseos, los juristas de la Ley contemporáneos de Jesús, algunos de los cuales eran los comensales que estaban sentados con él en aquella mesa. Pero, en segundo lugar, hay una doble invitación. Aparecen otros dos grupos más. Por un lado los que frecuentan «las plazas y las calles de la ciudad», los judíos marginados de todas las ciudades hebreas, los desheredados del judaísmo. Pero también «los que transitan por los caminos y por los vallados», los que rebasan los límites de la ciudad, es decir, del judaísmo; los de fuera, los gentiles paganos. Esta es precisamente la idea que tenía el evangelista Lucas acerca de la salvación, como puede verse en el libro de Hechos al recoger de boca de Pablo y Bernabé las siguientes palabras:

A vosotros a la verdad era necesario que se os hablase primero la palabra de Dios (se refiere a los judíos congregados en la sinagoga de Antioquía de Pisidia); mas puesto que la desecháis, y no os juzgáis dignos de la vida eterna, he aquí, nos volvemos a los gentiles (Hch. 13:46).

Jesús intentó, de forma desesperada y mediante todos los medios posibles a su alcance, atraer a sus compatriotas a una verdadera comprensión de su identidad como predicador del reino y Mesías, pero el plan divino no podía, de ninguna manera, fracasar porque los judíos no quisieran aceptarlo.

El Señor no se refiere, en esta parábola, a la doctrina de la predestinación. No enseña que los seres humanos estén predestinados de forma automática y desde la eternidad para pertenecer al reino de Dios o para quedar excluidos. Tampoco dice que el acceso a tal Reino dependa exclusivamente de las propias fuerzas personales. Las dos ideas centrales de lo que se pretende enseñar son que nadie puede entrar en el Reino sin una invitación de Dios y que sólo se quedará fuera quién deliberadamente se autoexcluya. El ser humano no es capaz de salvarse por sí mismo pero perderse depende sólo de él.

Aplicación:

A veces puede ocurrir que por no querer perder el tiempo se puede llegar a perder la vida. Heidegger escribe en su obra *El ser y el tiempo*: «Perdiéndose en el ajetreo de la ocupación, el hombre de la cotidianidad pierde en ésta su tiempo». Esta idea se refleja perfectamente en la excusa habitual de ciertos hombres contemporáneos: ¡Es que no tengo tiempo! ¡Llevo demasiadas cosas a la vez! ¡No puedo perder ni un minuto! ¡Para mí el tiempo es verdaderamente oro!

La parábola del gran banquete tiene un mensaje muy claro al respecto para el ser humano de nuestra época. Igual que aquellos invitados a la gran cena, el hombre de hoy vive atrapado en una terrible paradoja. Invierte su tiempo distribuyéndolo meticulosamente, pero no acierta a participar sabiamente del presente. Lo urgente le tiraniza, el quehacer cotidiano le roba la mayor parte de las horas y éstas se le pierden para siempre como agua entre los dedos. Los minutos que le roba el activismo y el frenesí diario se convierten en minutos perdidos para la vida, para lo que realmente importa. Sin embargo, el mensaje de Jesús marca una diferencia fundamental entre el banquete de Dios, es decir, los planes que él desea para cada ser humano y los propios intereses del hombre. Se enfrentan de esta manera nuestras preocupaciones personales con la alegría de sentarse a la mesa divina; nuestras necesidades corrientes con la verdadera libertad que nos ofrece Jesucristo; la realidad diaria se opone a lo que podemos llegar a ser en las manos del eterno anfitrión y, en definitiva, lo que para nosotros es una pérdida de tiempo resulta que, en la óptica de Dios, es una auténtica ganancia del mismo. La parábola presenta dos modelos de vida humana pero la responsabilidad de la elección es patrimonio exclusivo de cada criatura.

Resumen:

Lo que revelan las excusas sistemáticas de esta parábola, en el fondo, no es un problema de tiempo, sino una carencia fundamental de amor. Lo que quieren decir los invitados es que aman más otras cosas del mundo, sienten más respeto y admiración por otros asuntos, que por el regocijo del anfitrión. Cuando se dice que no se tiene tiempo para alguien, en realidad, lo que se quiere decir, aunque se haga de manera velada, es que no hay amor hacia esa persona. El que ama de veras siempre encuentra tiempo.

De igual forma, Dios también espera que, si le amamos, estemos dispuestos a concederle lo mejor de nuestro tiempo. Él nos convida a todos a su cena. Está deseoso de gozarse con nuestra alegría y sobre la mesa ha colocado los mejores manjares imaginables. Después de ofrecernos la invitación se ha quedado pendiente de nuestros labios. ¿Descubrirá acaso la mueca de alguna excusa en ellos?

Sugerencias:

1. ¿En qué consistía la imagen que tenían los judíos acerca de lo que acontecería cuando Dios irrumpiera en la historia? (Is. 25:6-8).
2. ¿Es posible que Jesús copiara el argumento de esta parábola de un famoso recaudador de impuestos judío llamado Bar Ma'yan? ¿Por qué?
3. ¿Cuál de las tres excusas parece la menos superficial?

4. Para comprender la parábola del gran banquete, ¿es correcto el método de intentar racionalizar cada excusa?

5. ¿En qué consiste la culpabilidad de los invitados?

6. ¿Apoya el versículo 23 la idea de que para convertir a las personas es conveniente forzarlas? ¿Por qué?

7. ¿Estaba afirmando Jesús, como puede leerse en el v. 24, que el reino de Dios vendría pronto?

8. ¿Puede el ser humano con su actitud llegar a frustrar el plan de Dios?

9. ¿Qué significa la siguiente frase: «El hombre es incapaz de salvarse por sí mismo pero puede perderse por decisión propia»?

10. ¿Estoy anteponiendo mis propios intereses a la invitación de Dios? ¿Le estoy ofreciendo excusas?

15
Cómo curar la enfermedad del sueño
o
el ladrón

Mateo 24:43-44 (Lc. 12:39-40)

⁴³ Pero sabed esto, que si el padre de familia
supiese a qué hora el ladrón habría de venir,
velaría, y no dejaría minar su casa.
⁴⁴ Por tanto, también vosotros estad preparados;
porque el Hijo del Hombre vendrá a la hora
que no pensáis.

La pequeña parábola del ladrón nocturno que explicó Jesús era conocida ya por el apóstol Pablo, y por los creyentes que se convirtieron gracias a su predicación, casi veinte años antes de que el evangelista Mateo la recopilara en el evangelio. Esto queda confirmado por el antiquísimo testimonio de la primera carta a los Tesalonicenses: «Porque vosotros sabéis perfectamente que el día del Señor vendrá así como ladrón en la noche» (1 Ts. 5:2). La única diferencia es que Pablo sustituye el concepto del «Hijo del Hombre» por el de «día del Señor». La misma idea aparece también en la segunda epístola de Pedro 3:10 y en el libro de Apocalipsis 3:3 y 16:15. De manera que la imagen del ladrón resulta común en la literatura cristiana primitiva, lo cual significa que tales textos dependen de esta parábola del Maestro.

Contexto:

Se ha sugerido la posibilidad de que Jesús al elaborar este relato se estuviera refiriendo a algún acontecimiento concreto de la historia de entonces (Dodd, 1974: 161). Un robo espectacular del que hablara todo el mundo y que el Señor hubiera utilizado para advertir sobre la actitud vigilante y el peligro de ser sorprendidos por la repentina venida del Hijo del Hombre. Desde luego esto no hubiera sido imposible pero lo cierto es que no existen pruebas que puedan confirmarlo. Por lo que respecta a la acción de «minar la casa» significa abrir un boquete en la pared. En las construcciones de Palestina esta tarea resultaba relativamente fácil ya que las paredes eran de adobe, una masa de barro y paja moldeada en forma de ladrillo y secada al aire libre.

Significado:

La comparación que plantea esta parábola resulta un tanto desconcertante. Se habla de un acontecimiento trágico y desastroso, como es un robo nocturno en el que se viola una propiedad privada, para utilizarlo como ejemplo de la venida inesperada del Hijo del Hombre. ¿Qué tiene que ver Jesucristo con un vulgar ladrón? ¿Cómo es posible comparar una actividad delictiva con la irrupción gloriosa de Cristo? La venida del Señor, es decir, la parusía, ¿acaso no se concibe siempre como un día de gran gozo y alegría para los seguidores del Maestro? ¿No constituirá la cesación de todo sufrimiento, dolor y toda lágrima? En efecto así será, pero sólo para los que permanecen fieles y vigilantes. Todos los pasajes del Nuevo Testamento que se refieren a este último día, que viene como ladrón en la noche, se dirigen a los que no creen y, por tanto, no esperan la venida del Hijo de Dios; los hijos de la luz, los seguidores de Jesucristo, están preparados y no serán sorprendidos.

Jesús orientó originalmente este breve relato hacia una muchedumbre que desconfiaba de sus palabras y no creía que él fuese el Mesías prometido. La imagen del robo pretendía hablarles de la catástrofe inminente que se avecinaba. La parábola pretende despertar las conciencias y motivar a creer que el Maestro es realmente el Hijo del Hombre. Se trata de una situación de crisis, de emergencia, porque la ruina para los que no quieren creer ha empezado ya con su venida. El reino de Dios se había acercado y los hombres seguían viviendo como si nada hubiera pasado. Se casaban y se daban en casamiento como en los días del diluvio en los que el agua se los llevó a todos. El Señor desea zarandearlos para que despierten de su sopor. Abrirles los ojos explicándoles que su situación es tan horrible como un robo nocturno o como el diluvio que ahogó a sus antepasados.

¿Cómo entendió la Iglesia primitiva esta parábola? Es lógico pensar que los cristianos del primer siglo aplicaran el relato a su situación concreta. Del anuncio de la catástrofe inminente se pasa al modo de comportarse durante la demora de la venida del Señor. Conviene aquí, no obstante, evitar malos entendidos. Cuando el Maestro emplea la parábola para referirse a la inmediata catástrofe que se avecina, esto no significa que no esté pensando también en su segunda venida; de igual modo cuando la Iglesia primitiva aplica el relato a la parusía, esto no quiere decir que no fuera consciente del tiempo de crisis y calamidades que la llegada del reino de Dios desencadenó. Jesús puso probablemente el acento en la llegada de repentinas catástrofes, como su propia persecución y la de sus discípulos, la destrucción y dispersión de la nación judía, el derrumbamiento del templo, etc., mientras que la Iglesia se centró en el regreso glorioso del Señor, en su segunda venida, que pondría fin para siempre a todas estas calamidades desencadenadas desde la llegada de su Reino a la tierra. Tanto desde una perspectiva como desde la otra lo importante a resaltar es la idea de vigilancia y fidelidad que debe caracterizar a los discípulos de Jesús mientras vivan en este mundo.

Aplicación:

Realmente nadie sabe nunca cuando le van a robar. Ni el día, ni la hora, ni tampoco la estación. Aunque, si se hace caso de las estadísticas que ofrecen los medios informativos en nuestro país, el verano con su período vacacional parece la época más apropiada para las actividades de los amantes de lo ajeno. Sin embargo, descubrir el preciso instante en que puede producirse un acontecimiento tan improbable siempre ha escapado a toda previsión razonable. Aparentemente nadie parece estar preparado para una situación así, por eso resulta hasta cierto punto lógico que el padre de familia de la parábola fuese sorprendido por el ladrón, de la misma manera que los contemporáneos del Maestro, especialmente los judíos religiosos, tampoco esperaban que aquel nazareno que habían visto crecer fuese ni más ni menos que el Mesías de la promesa; o que los contemporáneos de Noé, que no habían visto nunca llover, no repararan seriamente en la posibilidad de un diluvio (Mt. 24:38-39); o que los sodomitas no pudieran imaginarse que llegara a caer fuego y azufre del cielo (Lc. 17:28). No obstante, lo que ninguno de ellos –excepto el hombre de la parábola– podía alegar es que no hubieran sido convenientemente avisados. Todos fueron advertidos en su momento y siempre hubo personas pocas, eso sí que se tomaron en serio la inminencia de la catástrofe.

El principal problema que plantea la aplicación de esta parábola en nuestros días es el de cómo sacar de la cama a los cristianos. Cómo sacudir el sopor de una Iglesia que duerme satisfecha arropada entre las sábanas que le proporciona la sociedad del bienestar. ¿Qué clase de despertador hace falta para interrumpir el sueño y espabilar de una vez a los creyentes de la época hipermoderna? No sabemos si es que los despertadores no están funcionando correctamente o es que los durmientes disimulan y fingen no oírlos, pero lo cierto es que estamos padeciendo una auténtica epidemia de somnolencia espiritual. Una persistente enfermedad del sueño, producida por la mosca tse-tse de la apatía y la desgana general, que parece afectar a cristianos de todo el mundo occidental. Después de dos milenios de testimonio cristiano, ¿dónde están los resultados del anhelado despertar general? ¿Qué pueblo, país o nación de la tierra está viviendo de forma unánime los principios fundamentales del Evangelio, los mandamientos acerca del amor, la justicia y la solidaridad entre los hombres? Es verdad que el cristianismo ha beneficiado enormemente a la humanidad y que gracias a él se han conquistado territorios de maldad para transformarlos en suelo fértil de igualdad y equilibrio social. Pero no es suficiente. Muchos de nosotros proseguimos impasibles, amodorrados y aletargados, ajenos y sin caer en la cuenta de que el día se acerca.

Quizá una de las múltiples causas sea la mediocridad de tantos sermones que parecen destinados más bien a adormecer que a despertar, a complacer y relajar las conciencias que a zarandear del sueño. Si a esto se añade el arsenal de argumentos de que dispone el oyente contemporáneo para neutralizar cualquier palabra profética o incómoda, resulta una perfecta simbiosis para la continuidad de la anestesia espiritual y el letargo.

Lo más paradójico de esta situación de sopor es que resulta posible seguir durmiendo en medio de la actividad cotidiana. La prueba palpable nos la ofrece el ejemplo de los contemporáneos de Noé. Comían, bebían, celebraban matrimonios, es decir, seguían con sus ocupaciones habituales hasta que llegó el diluvio y se los tragó a todos. Estaban dormidos en medio del torbellino del tiempo que los absorbió. La enfermedad del sueño les había embotado los sentidos hasta perder la capacidad de discernir los tiempos. Esto mismo puede ocurrirle también al cristiano de hoy. No caer en la cuenta de lo que sucede actualmente. Faltar a las citas de la historia. No atinar en la presentación de la Gran Comisión. No darse cuenta de los signos de la catástrofe que están provocando los propios humanos.

El sueño es compatible además con el activismo más frenético. La amalgama que se está originando entre evangelismo y eficientismo administrativo. La asociación entre burocracia y evangelización, negocios y mensaje cristiano, religión y poder, culto y espectáculo, búsqueda de éxitos y bestsellers en la proclamación del mensaje de Jesucristo. Fabricación de superestrellas del

Evangelio que ocultan la figura del Maestro. Todo esto es, bajo la apariencia de consagración y eficacia, otra manera más de permanecer dormidos en la cama sin caer en la cuenta de nada. Otra forma de estar ausentes del mundo y del auténtico Evangelio. Otro estado de no vigilancia.

Una última forma de sueño puede ser también el de las rivalidades en el seno de la Iglesia. Los litigios internos y las envidias así como los particularismos, las contiendas tontas y mezquinas que no han cesado nunca de hacer daño a las congregaciones, constituyen otra especie de adormecimiento carnal que nos impide prestar atención a lo que verdaderamente importa. Y lo que nos debe interesar es el momento presente, el «hoy» de la salvación, el mostrar al mundo lo decisivo de la hora actual. Hay que anunciar la voz de Dios en medio de la llamada «ciudad secular» y aconsejar a las criaturas que no endurezcan su corazón. Es tiempo ya de despertarse y dejar de hacer el juego al imperio de las tinieblas. Conviene recalcar que cuando el ser humano se deja seducir por lo efímero y superficial sus ojos se vuelven miopes para distinguir los mejores senderos de la vida. Es menester predicar que el afán por consumir y acumular sólo sirve para vaciar las manos y la existencia de lo que realmente tiene valor y que la banalidad o la frivolidad, tan de moda hoy, contribuyen a hacer grávida y pesada el alma humana. Tenemos que despertar de este sonambulismo colectivo e impregnarnos con el aroma de Cristo. Cuando su perfume empape todos nuestros pensamientos, sentimientos y proyectos entonces estaremos en condiciones de tomar decisiones sabias. Adoptar comportamientos valientes que sirvan para conducir criaturas a los pies de Cristo.

Resumen:

El breve relato del ladrón que actúa durante la noche fue dirigido originalmente por el Señor Jesús a una muchedumbre que no aceptaba sus palabras, ni se creía que él fuese el Mesías esperado. De manera que mediante la imagen del robo el Maestro pretendió hablarles de las inminentes catástrofes que se aproximaban. La ruina principal era enfrentarse a un futuro incierto y oscuro sin haber aceptado la Buena Nueva de salvación que Jesús les ofrecía. Era necesario, pues, adoptar una actitud de vigilancia fundamentada en la fe y en la convicción personal de que realmente el reino de Dios llegó a la tierra a través de Jesucristo y de que los verdaderos creyentes pertenecían ya al mismo.

En nuestro tiempo, la principal cuestión que esta parábola plantea es cómo conseguir que el cristianismo se despierte de ese amodorramiento generalizado que se observa y sea consciente de que el día del Señor se acerca. Hay que aprobar primero ciertas asignaturas que están siendo obstáculos difíciles como la adecuada predicación de la Palabra y la correcta receptividad del Evangelio en el seno de las congregaciones. Conviene también evaluar a la luz de la Escritura la actividad cotidiana de cada creyente con el fin de no caer en el activismo estéril con el que algunos se justifican y, sobre todo, superar las rivalidades en el seno de las iglesias. Cuando esto se consiga estaremos despertándonos del sueño, y la actitud de vigilancia recomendada por el Maestro será una realidad eficaz y estimulante.

Sugerencias:

1. ¿Cómo es posible que el apóstol Pablo conociera la parábola del ladrón antes de que el evangelista Mateo la escribiera?
2. ¿Qué pretendió Jesús al compararse con un vulgar ladrón?
3. ¿Cómo entendió la Iglesia primitiva esta parábola?
4. ¿Cuál es la principal idea que pretende resaltar este relato?
5. ¿Existen hoy cristianos que están dormidos desde el punto de vista espiritual y práctico? ¿En qué se detecta?
6. ¿Cuáles podrían ser las causas de esta apatía espiritual? ¿Qué actitudes o comportamientos contribuyen aún más a difundir esta enfermedad del sueño?
7. ¿Qué habría que hacer para superar tal situación y volver a tener una actitud de vigilancia?
8. ¿Qué opino de la alianza entre el mensaje cristiano y el mundo de los negocios?
9. ¿Qué impacto tienen las rivalidades en el seno de la Iglesia para la evangelización y el crecimiento de la obra del Señor?
10. ¿Estoy viviendo con una actitud vigilante en el sentido de la parábola?

16
Máxima puntualidad a la hora de comer

o

el siervo fiel y prudente

Mateo 24:45-51 (Lc. 12:42-46)

⁴⁵ ¿Quién es, pues, el siervo fiel y prudente,
al cual puso su señor sobre su casa para que les dé
el alimento a tiempo?
⁴⁶ Bienaventurado aquel siervo al cual, cuando su
señor venga, le halle haciendo así.
⁴⁷ De cierto os digo que sobre todos sus bienes
le pondrá.
⁴⁸ Pero si aquel siervo malo dijere en su corazón:
Mi señor tarda en venir;
⁴⁹ y comenzare a golpear a sus consiervos,
y aun a comer y a beber con los borrachos,
⁵⁰ vendrá el señor de aquel siervo en día que
éste no espera, y a la hora que no sabe,
⁵¹ y lo castigará duramente, y pondrá su parte
con los hipócritas; allí será el lloro y el crujir
de dientes.

Esta parábola forma una pareja junto a la anterior del ladrón nocturno. Ambas se refieren a la misma situación de crisis y proponen a los oyentes que estén preparados para enfrentarse a los problemas que les deparará el futuro.

El protagonista de este segundo relato es una única persona y no dos como algunos han señalado. Se trata de un siervo que ha recibido un puesto especial de confianza del que será examinado cuando regrese inesperadamente el señor de la casa. Si su conducta fuere la adecuada sería honrado todavía más, pero si su comportamiento se tornare negligente, por pensar que la demora del amo es una excusa para abusar de su poder, maltratar a los demás y dedicarse a la vida de placer, entonces se haría merecedor de un duro castigo. La parábola, como muchas otras, al empezar con una pregunta pretende extraer de los oyentes una respuesta, un juicio que les implique personalmente.

Contexto:

¿Qué tipo de inquietudes y sugerencias despertaría esta parábola en la mente de los oyentes de Jesús? Los judíos estaban familiarizados con la idea de que Israel era el siervo de Dios. El profeta Isaías había transmitido al pueblo el siguiente mensaje de parte de Jehová: «Pero tú, Israel, siervo mío eres» (Is. 41:8). El salmista había cantado: «Y dio la tierra de ellos en heredad, a Israel su siervo, porque para siempre es su misericordia» (Sal. 136:22). Algunas figuras históricas importantes para el pueblo hebreo habían sido consideradas como siervos especiales. Abrahán, Moisés, David, Ezequías, Zorobabel y los profetas Isaías y Jonás son llamados siervos de Dios. De manera que, seguramente, los primeros receptores de la parábola pensaron en algunas personas que estaban ocupando cargos de cierta relevancia como los escribas, los fariseos y los sumos sacerdotes que, al fin y al cabo, eran los que se sentaban «en la cátedra de Moisés» (Mt. 23:2) y a quienes se les habían confiado las llaves del reino de los cielos (Mt. 23:13). Una vez más la parábola es utilizada para poner en evidencia la infidelidad de los jefes religiosos de Israel contemporáneos de Jesús.

Significado:

Tales representantes de Dios ante el pueblo tenían la responsabilidad de ofrecer el adecuado alimento espiritual «a tiempo», pero la realidad era que no lo estaban haciendo. En vez de cumplir con sus obligaciones se habían dedicado a «golpear a los consiervos» mediante impuestos religiosos y liturgias minuciosas y excesivamente recargadas, mientras ellos acumulaban posesiones y se entregaban al hedonismo bajo el escudo de la religión. Estos fueron los principales protagonistas a quienes originalmente se dirigió la parábola.

A medida que pasaron los años el relato fue aplicado a la nueva situación histórica en que se vieron los primeros cristianos después de la muerte y resurrección de Jesús. La Iglesia empezó a crecer en número de creyentes y también en extensión geográfica. La expectación generada por las enseñanzas acerca de la segunda venida y la idea, que tenían algunos, de que ésta se produciría durante aquella misma generación originó un cierto desánimo durante los años 80 en determinados sectores del cristianismo primitivo. Esto indujo a que la parábola del mayordomo fiel se explicara en la nueva situación concreta. Desde esta perspectiva la aplicación era mucho más amplia. Cualquier cristiano o discípulo de Cristo podía personificar el papel del siervo fiel y prudente o del malo. Cualquier miembro de la Iglesia podía confiar en la veracidad de la parusía, el regreso glorioso de Cristo, y vivir esa espera de manera responsable o, por el contrario, podía pensar: «Mi señor tarda en venir» y entregarse a una vida inconsciente de injusticia y desenfreno. El mensaje del siervo fiel era claro; el retraso de la llegada del Señor no debía hacer tambalear la fe de los creyentes, sino que éstos tenían que vivir en una actitud de vigilancia activa, cumpliendo de manera inteligente y prudente la misión que habían recibido.

Aplicación:

Hay, no obstante, situaciones de la vida en que la tardanza del Señor puede hacer mella en los creyentes. Quizá estemos viviendo hoy uno de esos momentos. Es posible que en la mente se generen preguntas que jamás llegan a verbalizarse pero que están ahí. Cuestiones muy semejantes a las que se produjeron en la Iglesia primitiva: ¿Dónde está la promesa de su advenimiento? ¿Realmente va a volver? ¿Será verdad que resucitaremos algún día? ¿No está tardando el Señor demasiado en venir? Y se inicia así un proceso que puede degenerar en una pérdida total de la fe. Preguntas que son como un frenesí de golpes bajos a diestra y siniestra que maltratan a los que dependen de nosotros moral o intelectualmente. Hieren a todos aquellos para quienes, en algún momento de la vida, hemos servido de referencia o modelo. Existen muchas formas de golpear a los siervos pero una de las peores es el escándalo que supone defraudarles.

Comer y beber implica reconocer sólo aquello que sacia nuestros apetitos materiales; olvidarse de lo espiritual, de lo trascendente, de lo que nos distingue de los irracionales; perder la esperanza de que después de la vida física existe otra prometida por ese Señor que parece retrasarse. Hay criaturas situadas en puestos de eminencia, hay mayordomos que en vez de cuidar adecuadamente de sus siervos prefieren embriagarse en los placeres de este mundo. Vivir en un egoísmo narcisista que aísla completamente de los demás. Incluso, en ocasiones, bajo la apariencia de estar sirviendo al pueblo de Dios se esconden los más miserables intereses personales. Detrás de la excusa de dar alimento espiritual a los demás existe una hipocresía descarada que manipula las conciencias en beneficio propio, desde la privilegiada plataforma de ciertos púlpitos. ¿Quién puede atreverse a replicar a tales mayordomos-pastor? En algunas congregaciones estos cargos gozan de total inmunidad. Son los intocables ministros de culto que, como su nombre indica, administran todos los recursos de la comunidad incluidos los económicos.

Otro de los golpes más dañinos es el de inculcar en los hermanos ideas propias pero extrabíblicas; pseudoteologías personales que no pueden apoyarse seriamente en la doctrina del Evangelio y que sirven para afianzar o mantener el control y el estatus del líder. Lo que se predica en ocasiones no es el mensaje de Jesucristo, sino el nuestro particular. La peor de las borracheras es la del orgullo, la que se produce bebiendo el especial cóctel del anhelo de poder y el ansia de prestigio. Sus efectos inmediatos son la amnesia para las responsabilidades propias, el olvido del mandamiento de evangelizar y, a la larga, la completa ruina de la iglesia local. ¡Cuántas congregaciones evangélicas han sido destruidas por culpa de mayordomos malvados que se sirvieron de ellas hasta aniquilarlas! ¡Qué tremenda responsabilidad es haberse pasado la vida golpeando a los consiervos!

Para el Señor Jesús, sin embargo, la actitud de vigilar consiste en dar «el alimento a tiempo». Predicar la palabra precisa en el momento que se necesita. Saber curar las heridas del alma con el bálsamo adecuado extraído laboriosa y pacientemente de la Palabra de Dios. Darle la máxima importancia al púlpito cristiano. Sentir temor y temblor cada vez que se abre la boca para hablar en nombre del Señor. Conseguir total transparencia en las gestiones administrativas. Hacer de la vida privada y familiar el mejor de los mensajes. Aprender a sospechar cada día que podemos ser llamados en cualquier momento o que Cristo puede regresar de inmediato. Comprender que bajo la apariencia superficial de las cosas hay casi siempre otra realidad por descubrir. Intuir que ciertas acciones valen para la eternidad, que ciertas citas pueden resultar decisivas, que el suelo que pisamos habitualmente y que tendemos a considerar profano es, en realidad, suelo sagrado. Entender que la espera vigilante es una tarea a realizar.

Resumen:

La parábola del siervo fiel y prudente, así como la del ladrón, se refieren a la situación de crisis creada por la incertidumbre en el regreso del Señor. Si originalmente fue una apelación a la conciencia de las autoridades religiosas de Israel contemporáneas de Jesús, en un segundo estadio fueron los cristianos de la Iglesia primitiva quienes se la aplicaron y por medio de ella lucharon contra la idea errónea de que la parusía ocurriría durante aquella generación.

Todavía hoy, después de dos mil años, el mensaje central de este relato sigue siendo vigente y tiene mucho que enseñar a los creyentes y a los líderes de la época presente. ¿No existen aún las mismas dudas en ciertas mentes? ¿No se está perdiendo la fe en la segunda venida de Jesucristo? ¿Acaso no triunfa en la actualidad el hedonismo materialista de «comer, beber y emborracharse» sobre la dimensión espiritual y trascendente que supone la actitud de vigilancia? ¿Es que no es verdad que ciertos líderes continúan maltratando al pueblo de Dios por medio de la manipulación, el orgullo y los personalismos narcisistas? Las palabras de Jesús acerca del siervo fiel prosiguen resonando hoy para persuadirnos a la vigilancia activa; para que aprendamos a reconocer la importancia y la responsabilidad que tenemos como mayordomos escogidos; para que cada vez que pronunciemos su nombre lo hagamos con respeto, con temor y temblor porque los pies de los siervos del Maestro siempre están pisando suelo santo.

Sugerencias:

1. ¿En qué se parecen las parábolas del siervo fiel y prudente y la del ladrón nocturno?
2. ¿Cómo entendieron los judíos esta parábola?
3. ¿De qué manera maltrataban al pueblo los líderes hebreos?
4. ¿Por qué se adaptó tan bien este relato de Jesús a la situación de la Iglesia primitiva?
5. ¿Se han superado completamente hoy todos los problemas de la Iglesia del primer siglo?
6. ¿Cómo se «golpea a los consiervos» y se «come y bebe con los borrachos» en la actualidad? ¿Existen todavía «siervos malos»?
7. ¿Qué puede significar en el día de hoy dar «el alimento a tiempo»?
8. ¿Cómo puede vivirse el cristianismo en actitud vigilante?
9. ¿Qué clase de siervo soy yo?
10. Si la espera vigilante es una tarea a realizar ¿cuál es mi tarea concreta?

17 y 18
La desmovilización que entierra la fe
o
los talentos y las minas

Mateo 25:14-30 (Lc. 19:12-27)

14 Porque el reino de los cielos es como un hombre que yéndose lejos, llamó a sus siervos y les entregó sus bienes.

15 A uno dio cinco talentos, y a otro dos, y a otro uno, a cada uno conforme a su capacidad; y luego se fue lejos.

16 Y el que había recibido cinco talentos fue y negoció con ellos, y ganó otros cinco talentos.

17 Asimismo el que había recibido dos, ganó también otros dos.

18 Pero el que había recibido uno fue y cavó en la tierra, y escondió el dinero de su señor.

19 Después de mucho tiempo vino el señor de aquellos siervos, y arregló cuentas con ellos.

20 Y llegando el que había recibido cinco talentos, trajo otros cinco talentos, diciendo: Señor, cinco talentos me entregaste; aquí tienes, he ganado otros cinco talentos sobre ellos.

21 Y su señor le dijo: Bien, buen siervo y fiel; sobre poco has sido fiel, sobre mucho te pondré; entra en el gozo de tu señor.

²² Llegando también el que había recibido dos talentos, dijo: Señor, dos talentos me entregaste; aquí tienes, he ganado otros dos talentos sobre ellos. ²³ Su señor le dijo: Bien, buen siervo y fiel; sobre poco has sido fiel, sobre mucho te pondré; entra en el gozo de tu señor. ²⁴ Pero llegando también el que había recibido un talento, dijo: Señor, te conocía que eres hombre duro, que siegas donde no sembraste y recoges donde no esparciste; ²⁵ por lo cual tuve miedo, y fui y escondí tu talento en la tierra; aquí tienes lo que es tuyo. ²⁶ Respondiendo su señor, le dijo: Siervo malo y negligente, sabías que siego donde no sembré, y que recojo donde no esparcí. ²⁷ Por tanto, debías haber dado mi dinero a los banqueros, y al venir yo, hubiera recibido lo que es mío con los intereses. ²⁸ Quitadle, pues, el talento, y dadlo al que tiene diez talentos. ²⁹ Porque al que tiene, le será dado, y tendrá más; y al que no tiene, aun lo que tiene le será quitado. ³⁰ Y al siervo inútil echadle en las tinieblas de afuera; allí será el lloro y el crujir de dientes.

La parábola de los talentos que recoge Mateo y la de las minas de Lucas aparecen como dos versiones, algo diferentes, del mismo relato de Jesús. El primer evangelista la incluye entre las narraciones que se refieren a la venida del Hijo del Hombre y que sirven para advertir a los seguidores de Cristo acerca de la responsabilidad que poseen frente al mundo de presentar diligentemente el mensaje del Evangelio. Lucas, por su parte, la presenta después de la historia de Zaqueo mediante una introducción y en un contexto totalmente distinto:

Prosiguió Jesús y dijo una parábola, por cuanto estaba cerca de Jerusalén, y ellos pensaban que el reino de Dios se manifestaría inmediatamente (Lc. 19:11).

Los discípulos creían que la implantación visible del reino mesiánico iba a ser una cosa inmediata. Es lo que se detecta también en la pregunta: «Señor, ¿restaurarás el reino de Israel en este tiempo?» (Hch. 1:6). La parábola de las minas sale al paso de estos sentimientos peligrosos y equivocados para señalar que antes de la llegada de Jesús al poder como Mesías glorioso, tenía que transcurrir un tiempo indefinido de espera en el que la fidelidad y el tesón de los cristianos serían puestos a prueba.

Si en Mateo, el que se va lejos es un hombre que probablemente se dedica a los negocios, un gran comerciante, en Lucas es un noble que viaja a un país lejano para recibir un reino y regresar otra vez a su tierra. Se habla de ciertas intrigas políticas. Una embajada constituida por conciudadanos que le aborrecían se presenta también en aquel lejano país para manifestar su oposición y la de su pueblo al pretendido nombramiento. Al no tener éxito, la delegación vuelve a su país donde le espera un trágico desenlace. El recién nombrado rey manda quitar la vida de sus enemigos ante su misma presencia.

El contexto de esta parábola de las minas enlaza perfectamente con la situación histórica que se vivía en Palestina durante el año 4 antes de Cristo. Arquelao, el hijo de Herodes el Grande, había viajado también hasta Roma para ser nombrado gobernador de Judea. Al parecer, según cuenta Flavio Josefo, cierta embajada judía formada por unas cincuenta personas se había desplazado a la capital del imperio para solicitar que no se le concediera el cargo. A su regreso Arquelao se vengó de todos los enemigos aplicándoles la pena capital. Es posible que el Señor Jesús utilizara el ejemplo de esta historia conocida por sus oyentes para elaborar la parábola.

A pesar de las evidentes diferencias que existen entre el relato de Mateo y el de Lucas la intención del Maestro es la misma. Ambos textos coinciden en afirmar que la actitud del último criado es condenable. Las palabras que culpabilizan a este siervo perverso son exactamente las mismas en los dos evangelios. Es muy posible que el Señor explicara esta misma historia en dos contextos y a dos públicos diferentes y que cada evangelista recogiera una de las dos versiones.

Contexto:

Los talentos y las minas son aparentemente dos de las parábolas más «capitalistas» que hay en el Evangelio. La idea es la misma en las dos. Se trata de negociar con un capital prestado para que se multiplique y aumente. Las diferencias entre las unidades monetarias que se mencionan son considerables ya que si un talento equivalía aproximadamente a unos 26 kilos de oro, una mina era algo menos de medio kilo. Sin embargo, los matices cuantitativos resultan ser en el fondo los menos importantes. Después de todo no hay tanto «capitalismo» detrás de estos relatos. Lo relevante no es la cantidad, sino el esfuerzo que se dedica en hacerla prosperar. Da igual que se trate de la considerable fortuna de cinco talentos o de una simple y asequible mina. El drama central de la parábola recae sobre la conducta miedosa del último siervo. Por temor a un fracaso financiero y teniendo en cuenta la reconocida codicia de su señor decide enterrar el talento o guardar la mina en un pañuelo. Se trataba de la clase de pañuelos de algodón, de un metro cuadrado, que las mujeres se colocaban cubriendo la cabeza. En el derecho judío, esconder dinero o joyas en la tierra era considerado como la protección más segura frente a los ladrones. La persona que enterraba en seguida un valor económico recibido, quedaba libre de responsabilidad civil. Sin embargo, el que lo envolvía en un pañuelo estaba obligado a pagar indemnización en caso de robo ya que se consideraba que no había tomado suficientes precauciones.

Significado:

El relato resalta la figura del siervo timorato que es incapaz de afrontar riesgos. Se trata de una persona excesivamente precavida y cobarde a la que se le confía una cierta cantidad de dinero para que lo invierta. Sin embargo, la cautela y timidez le llevan a esconder la suma recibida por miedo a los peligros financieros. En realidad, su comportamiento constituye una infracción de las órdenes que se le dan y revela, al mismo tiempo, que se trata de un siervo inútil e incapaz. La parábola pretende que los oyentes expresen su opinión sobre el asunto. ¿En quién estaba pensando Jesús al pronunciar estas palabras? ¿Quién era este siervo de Dios al que se condena por su inoperancia y desobediencia? Se trataba, una vez más, de ese judío religioso que se creía piadoso porque había edificado su vida alrededor de la Ley; porque diezmaba meticulosamente la menta, el eneldo y el comino; porque estaba convencido de que «todo» lo que Dios le exigía lo había observado desde su juventud. No obstante, su comportamiento egoísta y elitista que sólo buscaba la seguridad personal, hacía de su religiosidad una vivencia estéril y vacía. Sus talentos no se multiplicaban ni favorecían a nadie. La religión farisaica no les servía de nada a los pobres y marginados de Israel, a los publicanos, gentiles y pecadores. Dios no obtenía ningún beneficio del capital que les había encomendado administrar.

La narración pretendía que la gente se diera cuenta de la situación en que se encontraba el pueblo elegido. Los religiosos de Israel eran personas que no estaban dando a Dios lo que era suyo, sino que le defraudaban continuamente. Sólo se preocupaban por salvar sus tradiciones del peligro de la cultura pagana.

Pero, ¿no era esta una forma de enterrar el talento que Jehová les había confiado? La Palabra de Dios que ellos poseían, y guardaban celosamente, les había sido confiada para que negociaran con ella llevándola a todas las naciones y no para que la escondieran en un pañuelo. El único medio de conservar la Palabra no es guardarla para uno mismo, sino traspasarla a los demás. El Evangelio es un capital que sólo aumenta cuando se gasta del todo. Este riesgo que los hebreos no quisieron asumir fue aceptado después por los primeros cristianos y los talentos empezaron así a multiplicarse y expandirse sobre la faz de la tierra.

Resulta un tanto irónica la explicación que da el siervo negligente. Sus palabras no son, ni mucho menos, un reconocimiento de culpabilidad, sino que intentan justificar su inactividad basándose en la severidad del señor. Cuando el amo le pide cuentas, él contraataca y empieza a juzgarle. Está convencido de que la mejor defensa es un buen ataque. La ironía aumenta en el momento en que el amo parece confirmar la interpretación del siervo. Pero el mensaje de la parábola no se centra en los resultados alcanzados. El amo no juzga la cantidad conseguida, sino la relación de confianza que existe hacia su persona. Lo verdaderamente importante es la imagen que cada siervo tiene de él.

Aplicación:

Resulta curioso el doble significado que posee en nuestro idioma la palabra «talento». En el relato de Jesús se refiere a una cierta cantidad monetaria concreta. Más o menos unos seis mil denarios. Sin embargo, cuando se afirma de una persona que tiene talento para algo se quiere señalar que sirve para ese trabajo o que lo hace muy bien. Aparte del claro significado de que es el Evangelio el principal talento que Dios ha confiado a sus hijos, otra idea que puede desprenderse de esta parábola es que cada ser humano posee algún otro tipo de talento, aunque a veces lo tenga muy escondido. Cada criatura inicia su existencia a partir de unos recursos naturales innatos y otros que va adquiriendo a lo largo de la vida y que forman parte de su patrimonio existencial. Muchas facetas pueden constituir un talento: el carácter, los conocimientos, la fortuna, la inteligencia, las habilidades, las aficiones, las ideas e incluso hasta las emociones. Lo fundamental radica en si sabemos o no rentabilizarlas. Hay personas que al poco talento con el que fueron dotadas le añaden elevadas dosis de trabajo, constancia y esfuerzo, llegando a destacar al conseguir multiplicar sus cualidades. Por el contrario otras, que aparentemente fueron generosamente tratadas por el creador, han permitido que la apatía y la pereza les robaran los mejores años de su época formativa y enterraran sus potencialidades en la comodidad, la rutina y el olvido.

La parábola nos informa claramente de que llegará el día del examen final. El tiempo de petición de responsabilidades. Todo se tendrá en cuenta y cada cual justificará sus propios rendimientos. Quien haya sabido utilizar lo que se le había otorgado pasará la prueba pero el que haya vivido por debajo de sus posibilidades tendrá que responder de ello. Vivir bajo mínimos equivale a enterrar el talento. Es la acomodación a la existencia relajada y vegetativa que rehúye todo tipo de obligaciones y se acostumbra a la monotonía de cada día. La existencia se convierte así en el devenir rotatorio de la más pura animalidad biológica. Dormir, alimentarse, cumplir con el horario laboral, ver televisión y volver a dormir. Se trata de la cotidiana rutina en la que subsisten millones de personas del mundo occidental. No hay pretensiones de mejora, no existen inquietudes de superación o de reflexión trascendente. No aflora ningún tipo de interrogante que cuestione tal modo de vida.

¿Cuántos seres viven hoy con sus talentos enterrados? Los dones que poseen se les pudren bajo tierra por culpa de la desidia y la pereza. El cristiano no puede conformarse con esto. El siervo de Jesucristo tiene que saber disponer de toda su herencia. Disfrutar de cinco o poseer sólo dos no es lo que más nos debe preocupar. Lo que verdaderamente importa es la inquietud constante por la negociación. Dios desea que seamos hombres y mujeres de negocios. Yuppies del Gran Empresario que todavía permanece de viaje pero que algún día regresará y se interesará por el estado de cuentas. ¿Qué fue lo que motivó a los siervos fieles a multiplicar sus talentos? Básicamente una cosa: el amor que sentían hacia su señor. Jesús dijo que la fe puede producir algo así como el chapuzón de una montaña en el mar. El amor, sin embargo, no suele hacer cosas tan espectaculares pero es capaz de transformar la pereza natural de un siervo miserable en diligencia, fidelidad, responsabilidad y multiplicación de talentos.

En ocasiones, los errores que cometemos se deben a una falsa imagen de Dios. Cuando empezamos a decir: «Señor, conocía que eres duro, que siegas donde no sembraste y recoges donde no esparciste...» es porque el miedo nos ha calado hasta los tuétanos. Nos hemos creado un Dios justiciero, fiscalizador e intratable. Un Dios inhumano, severo e impasible que actúa como juez sin escrúpulos. Lógicamente un tipo de divinidad así genera comportamientos marcados por el terror y no por el amor. Esta era la imagen frecuente de Dios que imperaba sobre todo en otras épocas y que provocaba creyentes acomplejados, reprimidos, atormentados e incapaces de arriesgarse por nada. Cristianos que congelaban sus dones y a sí mismos reduciendo el mensaje de Cristo a una lista de leyes, reglamentos y prohibiciones.

Sin embargo, lo que no comprendió el tercer criado de la parábola es que la relación con el Señor es una relación de amor. Donde impera el amor se desvanece el cálculo y la obediencia crece por encima de la observancia. Cuando se dice: «Aquí tienes lo que es tuyo» es porque en realidad no se ama. Devolver los regalos indica que se ha terminado el amor. No hay nada más deprimente que el espectáculo de un cristiano retornando su talento, enmascarando su fe, disimulando su pertenencia a Jesucristo por miedo al riesgo y al compromiso. Pero Dios quiere que hagamos que suceda algo con sus dones; que los gastemos en el servicio de los demás y en obras de utilidad pública; que sembremos bondad en los campos estériles de este mundo; que distribuyamos perdón a manos llenas; que sepamos realizar gestos de sabor cristiano en favor de los débiles. Todo es válido, menos esconder el talento bajo tierra.

La búsqueda de la seguridad a cualquier precio equivale casi siempre a la esterilidad espiritual y a una vida vacía o sin esperanza. Una existencia encerrada en ella misma, replegada sobre el propio «yo» y los propios intereses. Tan sombría como el dinero enterrado, escondido de la luz y la claridad del día. La tentación de vivir de esta manera, con las espaldas bien protegidas, asegurándonos siempre el futuro y no arriesgando nunca lo que poseemos, es muy fuerte para los creyentes de la época actual. Habitamos un mundo en el que muchas personas se comportan así y tendemos por inercia a imitarles. El ambiente general nos invita a instalarnos y a no buscar demasiadas complicaciones. A sobrevivir en una prudencia tímida y egoísta que no se deja impresionar por los problemas de los demás y se olvida del compromiso cristiano. Al miedo que confiesa el mal siervo, hoy se le llamaría «desmovilización». La sociedad actual se caracteriza por la pérdida de casi todos sus antiguos ideales. La generación moderna que gritaba en favor de la justicia, la igualdad y los valores para mejorar el mundo, ha convertido todas sus utopías en quimeras irrealizables. Desmovilización significa abstenerse de imaginar un futuro distinto; borrar el proyecto de humanizar la sociedad; dejarse arrastrar por la corriente consumista, hedonista e individualista y caer en el pesimismo de creer que la vida humana carece de sentido. La crisis de la sociedad del bienestar es la crisis de un sistema de vida cerrado en sí mismo y que sólo beneficia a un reducido sector de habitantes de este planeta. Pero los cristianos del siglo XXI no podemos permitir que la desmovilización se introduzca en el seno de la Iglesia.

Hemos recibido un don. El Señor ha depositado su confianza en nosotros y tenemos que corresponder con arreglo al don recibido. En un tiempo de evasiones conviene que vivamos el compromiso de pertenecer al reino de Dios. En este tiempo en que doctrinas esotéricas y gnósticas se instalan en la cultura actual prometiendo salvación absoluta para el futuro, es menester que presentemos la fe cristiana en términos de salvación presente y sepamos proclamar la victoria sobre el pecado y la muerte que nos ofrece Jesucristo resucitado.

¡Cuántos campos baldíos de territorios religiosos están repletos de profundos hoyos! ¡Cuántas vidas permanecen enterradas por miedo a equivocarse! Sin embargo, Dios nos ha concedido las manos para que negociemos con sus dones, no para que cavemos profundos y oscuros hoyos. No podemos esconder su Evangelio porque hoy es más necesario que nunca.

Resumen:

Se trata de dos parábolas que en apariencia parecen propias de un mundo capitalista porque se refieren al incremento de ciertas sumas prestadas. Sin embargo, las cantidades de dinero mencionadas son, en el fondo, lo menos importante de ambos relatos. Lo que verdaderamente interesa es el esfuerzo y la dedicación que cada siervo invierte en hacer prosperar los dones recibidos. La figura del siervo desleal, tímido e incapaz de afrontar riesgos económicos con el capital prestado, evoca a los judíos religiosos contemporáneos de Jesús que habían sido depositarios del don de la Ley. Hombres que se consideraban piadosos porque cumplían meticulosamente con todas las normas y rituales de la tradición hebrea pero que, en realidad, su comportamiento no era del agrado de Dios. Habían enterrado su Palabra privando de ella a los gentiles, publicanos y a todos aquellos que injustamente consideraban pecadores. El Señor no obtenía ningún provecho del tesoro que les había encomendado administrar. El mensaje de la parábola no pertenece al mundo de las matemáticas, sino al del amor. Lo importante no son las cantidades conseguidas, sino la relación de afecto, confianza y comprensión del carácter del Señor que posee cada siervo, ya que en el reino de Dios negociar es sinónimo de amar.

La aplicación de estos relatos es obvia. Cada creyente ha recibido el don del Evangelio que junto a los demás dones personales constituye el capital con el que debe negociar en este mundo. El Señor ha confiado en que cada uno de nosotros desarrollará sus capacidades en medio de la sociedad actual anunciando que en Jesucristo hay salvación y vida eterna. Existen múltiples maneras de hacerlo, pero lo importante es que nunca enterremos esta Buena Nueva.

Sugerencias:

1. ¿Qué diferencias existen entre la parábola de los talentos que recoge Mateo y la de las minas de Lucas?
2. ¿Cómo pueden explicarse estas pequeñas diferencias de forma entre ambas parábolas?

3. ¿Existe alguna similitud entre el relato que ofrece Lucas y la situación histórica de Palestina en la época de Jesús?

4. ¿Qué diferencia jurídica había entre envolver dinero en un pañuelo o enterrarlo?

5. ¿En quién pensaba Jesús al pronunciar estas palabras?

6. ¿Qué significa la palabra «desmovilización»? ¿Existe desmovilización en la Iglesia actual?

7. ¿Soy consciente de mis dones personales? ¿Cuáles son? ¿Sería capaz de pedirle a alguien que me los dijera?

8. ¿Estoy utilizando estas capacidades propias en los negocios de Dios o los empleo sólo para mi beneficio personal?

9. ¿Cuál es la causa principal de mi poca eficacia como cristiano?

10. ¿Soy conservador o sé arriesgarme?

19
Cómo desarrollar el don de la paciencia
o
el trigo y la cizaña

Mateo 13:24-30

²⁴ Les refirió otra parábola, diciendo: El reino de los cielos es semejante a un hombre que sembró buena semilla en su campo;
²⁵ pero mientras dormían los hombres, vino su enemigo y sembró cizaña entre el trigo, y se fue.
²⁶ Y cuando salió la hierba y dio fruto, entonces apareció también la cizaña.
²⁷ Vinieron entonces los siervos del padre de familia y le dijeron: Señor, ¿no sembraste buena semilla en tu campo? ¿De dónde, pues, tiene cizaña?
²⁸ Él les dijo: Un enemigo ha hecho esto. Y los siervos le dijeron: ¿Quieres, pues, que vayamos y la arranquemos?
²⁹ Él les dijo: No, no sea que al arrancar la cizaña, arranquéis también con ella el trigo.
³⁰ Dejad crecer juntamente lo uno y lo otro hasta la siega; y al tiempo de la siega yo diré a los segadores: Recoged primero la cizaña, y atadla en manojos para quemarla; pero recoged el trigo en mi granero.

Algunos exegetas han supuesto que esta parábola de Mateo es una reelaboración de la de Marcos (4:26-29) referida a la semilla que crece espontáneamente. Sin embargo, esto parece poco probable porque las ideas centrales de cada uno de estos relatos de Jesús son completamente distintas entre sí. La parábola que recoge Marcos pretende enseñar que el reino de Dios nace, crece y se desarrolla de la misma manera, con la misma silenciosa seguridad que lo hace la semilla en el campo. No obstante, la narración del trigo y la cizaña que encontramos en Mateo señala hacia un motivo claramente escatológico. Es decir, será en el juicio final donde el Señor hará justicia separando a los buenos de los malos. De manera que no es posible entender la de Mateo como una copia secundaria de la de Marcos.

Contexto:

Una vez más la parábola nos acerca al mundo rural, a la vida agrícola y campesina de la Palestina de los tiempos del Señor Jesús. Los ejemplos que aparecen en la misma eran habituales y perfectamente comprensibles para los judíos contemporáneos del Maestro. La cizaña constituía una de las principales pesadillas del agricultor hebreo. Se trataba de una planta muy parecida al trigo; tan parecida que le llamaban «trigo bastardo». Era una gramínea a la que los botánicos bautizarían después con el nombre latino de *Lolium temulentum*. Este segundo nombre, *temulentum*, que es el de la especie, viene del que se le da a una sustancia muy venenosa que se forma en esta planta. Se trata de la «temulina». Dice el famoso farmacéutico catalán, Font Quer, que «basta un gramo de cloruro de temulina para matar a un gato de dos kilos de peso» (Font Quer, 1976: 936). ¡No sabemos si este prestigioso científico catalán realizó alguna vez tal experimento, pero el hecho de que aporte un dato tan preciso sugiere lo peor!

Lo curioso es que la toxicidad de la cizaña no la genera la propia planta, sino que se la provoca un minúsculo parásito. Un pequeño hongo que crece en el interior de los granos de las semillas introduciendo sus microscópicos filamentos e infectando casi al noventa por ciento de los mismos. Si el grano de trigo se contamina con el de cizaña, después de la siega, la harina que se obtiene resulta algo más oscura que la normal y puede producir envenenamiento con un cuadro clínico que puede ir desde simples vómitos hasta la muerte por parálisis de los músculos respiratorios.

En las sepulturas reales egipcias de la quinta dinastía, es decir, de hace más de cinco mil años de antigüedad, se han encontrado granos venenosos de cizaña mezclados con los de trigo. De manera que tal fenómeno era algo muy frecuente y usual. Los campesinos hebreos con el fin de paliar esta auténtica maldición, efectuaban el escardado de los sembrados durante la primavera, cuando la siembra sólo tenía un palmo de altura, porque si se la dejaba crecer más resultaba imposible realizar tal labor ya que las raíces se habían entrelazado con las del trigo y al tirar de unas se arrancaban también las otras. Había que esperar al tiempo de la siega para poder hacer esta separación. Después de segar, se seleccionaban las espigas de trigo de las de cizaña que tenían una tonalidad más grisácea. Este trabajo solían hacerlo las mujeres y los niños. La cizaña se ataba en manojos para utilizarla como combustible ya que en Palestina escaseaba la leña. De los granos de cizaña se hacía pienso para las gallinas pues a estos animales, curiosamente, no les afecta el veneno de la temulina. De manera que todas las imágenes que utiliza Jesús en su relato eran familiares para los oyentes que las escuchaban.

Significado:

El significado de la parábola es explicado por Jesús en el mismo capítulo:

El que siembra la buena semilla es el Hijo del Hombre. El campo es el mundo; la buena semilla son los hijos del Reino, y la cizaña son los hijos del malo. El enemigo que la sembró es el diablo; la siega es el fin del siglo; y los segadores son los ángeles. De manera que como se arranca la cizaña, y se quema en el fuego, así será en el fin de este siglo. Enviará el Hijo del Hombre a sus ángeles, y recogerán de su Reino a todos los que sirvan de tropiezo, y a los que hacen iniquidad, y los echarán en el horno de fuego; allí será el lloro y el crujir de dientes. Entonces los justos resplandecerán como el sol en el reino de su Padre. El que tiene oídos para oír, oiga (Mt. 13:37-43).

¿Por qué contó Jesús esta parábola? ¿A quién iba originalmente dirigida? La mayoría de los exegetas cree que iba destinada a los propios discípulos de Jesús. Veamos por qué. En el judaísmo tardío, contemporáneo del Maestro, existía la idea de lo que se ha llamado «el resto santo». Para entenderla debemos examinar previamente algunos textos del Antiguo Testamento. En el libro de Reyes puede leerse:

Y yo haré que queden en Israel siete mil, cuyas rodillas no se doblaron ante Baal, y cuyas bocas no lo besaron (1 Re. 19:18).

Este versículo se refiere a la promesa del resto santo, igual que el siguiente:

Si Yahvé de los ejércitos no nos hubiera dejado un resto, hubiéramos sido como Sodoma; igual que Gomorra (Is. 1:8).

El profeta Isaías fue el primer gran teólogo de la idea del resto. Se trataba de la creencia en un grupo especial formado por los creyentes, por los justos que perdurarían en el pueblo de Israel cuando viniera el Mesías. Los fariseos pretendían ser el resto santo y por eso no querían saber nada de los pecadores, de aquellos que no seguían la Ley. Los «bautizantes», llamados así por su práctica de bautizarse cada día con agua fría, habían surgido de los fariseos y también se creían pertenecientes al resto santo. Lo mismo ocurría con los esenios, un grupo de bautizantes que procuraba establecer la comunidad pura y que para no contaminarse con los demás optaron por alejarse de Jerusalén, la ciudad que llamaban del «santuario contaminado». Tales ideas acerca del resto santo estaban en la mente de todos los judíos de la época de Jesús.

Sin embargo, la predicación y el comportamiento del Maestro chocaba frontalmente contra esta idea equivocada del resto santo. Los discípulos se preguntaban: ¿Por qué acoge Jesús a los pecadores y come con ellos? Si es el Mesías, como dice, ¿por qué se contamina con la muchedumbre caída? ¿Por qué parece declararle la guerra a la comunidad farisea? ¿Acaso no son ellos los elegidos, el resto santo de Israel? Si es el Hijo de Dios, ¿por qué tarda en realizar la promesa del resto santo? ¿Cómo es que entre sus propios seguidores hay pecadores que no han sido justificados delante de Dios? ¿Cómo puede el Mesías tolerar esa situación? Todavía quedan muchos malvados en Israel, ¿cómo es posible que el reino de Dios ya haya llegado? Si de verdad es el Mesías prometido, ¿por qué no exige, de una vez, la selección del resto santo de Israel? La parábola del trigo y la cizaña constituye la respuesta de Jesús a todas estas preguntas; es la explicación por parte del Maestro del escándalo que les provoca su comportamiento. Jesús se opone radicalmente, en contra incluso de sus propios discípulos, a establecer la comunidad del resto. ¿Por qué? Pues sencillamente porque todavía no había llegado la hora; aún no se había acabado el período de la gracia divina.

Cuando llegue ese tiempo, será el mismo Dios quien separará la cizaña del trigo. Sin embargo, de momento, no es posible para ningún ser humano decir quién pertenece al resto y quién no. Jesús no vino para realizar el ideal exclusivista del resto santo judío, sino para reunir a la comunidad de los salvados que estará formada por todos los pueblos de la Tierra; por todas aquellas personas que hayan aceptado a Jesucristo como Señor y Salvador de sus vidas. La característica fundamental del Evangelio de Cristo es precisamente su universalidad; es para todo el mundo y no sólo para un reducido grupo de elegidos. De manera que con esta parábola, Jesús quiere dar estímulo y ánimo a sus discípulos para que sean pacientes y para que lleguen a comprender que los malvados y los justos tienen que vivir juntos, en este mundo, hasta el final de los tiempos.

Aplicación:

¿Qué aplicación pueden tener estas palabras de Jesús para nosotros hoy? A pesar de los dos mil años transcurridos, la cizaña se sigue sembrando en la actualidad, pero no por la noche, sino a plena luz del día. Se siembra cizaña venenosa en todos los rincones de la sociedad. Resulta muy fácil observar esta maligna labor. La publicidad se encarga de esparcir sus ponzoñosas semillas para que lleguen bien lejos. Y en ocasiones, esta siembra resulta tan evidente que se sucumbe a la tentación de hacer comparaciones. Nos fijamos en los demás. Miramos cómo vive Fulano, cómo se gana la vida, cómo parece prosperar en sus negocios. Y no tenemos más remedio que reconocer que sí, que es verdad, que algunos viven atropellando a la gente; otros se enriquecen del fraude, la mentira, el golpe bajo y la caradura; el que más cizaña esparce es considerado como el más espabilado e inteligente. Es una actitud que se contagia con mucha rapidez y que corre como la pólvora.

Pero, aunque la cizaña se siembre hoy a manos llenas, no debe caerse en la tentación de pretender arrancarla de raíz y pegarle fuego. Lo único que podemos hacer para contrarrestar su avance, los que todavía creemos en la siembra del trigo, es seguir sembrándolo por la noche en la oscuridad y en el silencio. Para esta labor no hace falta demasiada espectacularidad pero sí una indesmayable constancia. Hacer el bien en todas las áreas de nuestra existencia es como plantar flores a lo largo del camino de la vida. A veces estas flores pueden ser pequeñas e insignificantes, incluso es posible que nadie se dé cuenta de nuestra labor, pero su perfume nos acompañará siempre y nadie nos lo podrá quitar. El Señor Jesús nos exhorta a que seamos pacientes con los demás. La parábola de la cizaña es el mejor argumento de que disponemos los creyentes para enfrentarnos a todo tipo de intolerancia e intransigencia; es la demostración palpable que ofrece Jesús de que los fanatismos no conducen a ninguna parte; es la prueba de que los fundamentalismos exclusivistas y los integrismos nunca fueron del agrado de Dios y de que ninguna forma de inquisición religiosa puede ser practicada en su nombre. Cuando se quiere arrancar el mal de raíz, de manera contundente y brutal, lo que ocurre es que también se elimina la posibilidad del bien. Casi siempre que, a lo largo de la historia, se ha intentado eliminar la maldad humana mediante medidas drásticas, lo que ha ocurrido es que se ha acabado con el pecador pero no con el pecado.

Por otro lado, ¿quién puede atribuirse el papel de juez? ¿Qué hombre puede decidir lo que está bien y lo que está mal? ¡Cuántas veces se cae en el error de la acepción de personas! Cuando alguien no nos cae bien; cuando no le soportamos, ¡qué fácil puede resultar colocarle en la frente la etiqueta de cizaña! Sin embargo, Jesucristo dice: «No juzguéis para que no seáis juzgados», porque en el preciso instante en que juzgamos y despreciamos a alguien, empezamos, nosotros también, a transformarnos en cizaña. Cuando se mira a los demás por encima del hombro con arrogancia se está adoptando la misma actitud del fariseo que oraba orgulloso frente al publicano que no se atrevía a levantar los ojos del suelo. Quien pretende demostrar su bondad comparándola con el pecado y las miserias de los demás, escandaliza al Señor Jesús. El que se cree fiel y justo, acusando la injusticia del prójimo, es que no ha entendido casi nada del Evangelio de Cristo. Nadie está plenamente capacitado para apropiarse la tarea de separar el trigo de la cizaña, porque eso es algo que sólo le corresponde a Dios. No debemos practicar la presunción ni la arrogancia espiritual. El Señor no nos llama a ser censores de nadie ni a que estemos siempre sospechando de la conducta de los demás. La paciencia, la tolerancia y el respeto hacia todos los seres humanos, aunque no se comparta su forma de vivir y aunque se reconozca que viven en el error y el pecado, debe ser la tónica general en la vida cristiana. Si Dios es tolerante y paciente con todos los hombres ¿por qué íbamos nosotros a no serlo? ¿Con qué autoridad?

No obstante, es cierto que esta parábola señala hacia el juicio final y afirma claramente que el juez será el Señor Jesús, pero ¿por qué? ¿Por qué será Jesús el juez que discrimine la cizaña del trigo? Pues porque únicamente fue él quien primero sembró la semilla y luego llevó en la cruz la maldad de todos los seres humanos. De manera que quien no ha dado su vida por los demás, como hizo Jesucristo, no tiene derecho a juzgar a nadie.

Otra clase diferente de paciencia es la que debemos tener hacia nosotros mismos. No me refiero sólo a las personas exigentes y perfeccionistas que siempre están pidiéndose más y más a sí mismas. Pienso en las que pasan buena parte de su existencia obsesionadas por los errores o torpezas que cometieron en el pasado. Individuos que en lo más profundo de su alma se desprecian y se odian porque no se han perdonado antiguos comportamientos. Un día se arrepintieron, es cierto, y el Señor los perdonó, como afirma en su Palabra, pero ellos siguen condenándose a sí mismos. Los que experimentan tales sentimientos deben aprender a establecer la paz con el Dios que sabe ser paciente, con el Dios que dijo: «Y nunca más me acordaré de sus pecados y transgresiones» (He. 10:17). Establecer esta paz implica confiar plenamente en el sacrifico de Jesucristo. No estamos ya en una religión que exige interminables holocaustos para limpiar el pecado. El sacrificio único del Hijo de Dios por el pecado de la humanidad fue definitivo y concluyente. Nuestras culpas han sido borradas por la muerte de Jesús. Dios no se acuerda más de ellas y el cristiano debe hacer lo mismo.

La parábola del trigo y la cizaña recomienda paciencia pero también dibuja un horizonte de justicia divina. Todos aquellos que sólo han servido de tropiezo y se han revolcado en la iniquidad serán retirados de su Reino. La cizaña venenosa será pasto de las llamas pero los justos, el auténtico trigo dorado, resplandecerán como el sol.

Resumen:

Esta narración de Jesús constituye probablemente su respuesta a los interrogantes que le formulaban los propios discípulos. La impaciencia por arrancar el mal del mundo unida a la idea del «resto santo», del separatismo farisaico, son actitudes claramente rechazas por el Maestro mediante la descripción de la cizaña que crece entre el trigo. El concepto particular del resto santo deberá ser sustituido por el universal de la comunidad salvífica formada por todos los pueblos del mundo. Asimismo la paciencia se muestra como una característica fundamental del seguidor de Jesucristo ya que los malvados y los justos deberán vivir siempre juntos hasta el final de los tiempos.

Esto no implica que la tarea evangelizadora y la predicación del mensaje de salvación no deban seguir proclamándose. El cristiano continúa siendo luz y sal de este mundo pero la malicia, desgraciadamente, proseguirá cohabitando con la bondad hasta que Dios determine el punto final. De manera que debemos aprender a ser tolerantes, no únicamente con los demás, sino también con nosotros mismos.

Sugerencias:

1. ¿Por qué resultaba imposible realizar el escardado de la cizaña después de la primavera?
2. ¿Qué utilidades se le daban a la cizaña en Palestina?
3. ¿Por qué contó Jesús esta parábola y a quién iba dirigida?
4. ¿En qué consistía la teología judía del «resto santo»?
5. ¿Estaba Jesús de acuerdo con estas ideas? ¿Por qué?

6. ¿Qué virtud recomienda el Señor en este texto? Leer también Santiago 5:7-11.
7. ¿En qué consistiría hoy separar el trigo de la cizaña? ¿Sería positivo?
8. ¿Por qué se sugiere que ese trabajo no le corresponde al ser humano?
9. ¿Qué significa ser paciente con uno mismo?
10. ¿Qué quiere decir Dios cuando afirma que nunca más se acordará de nuestros pecados?

20 y 21
Las lágrimas que pueden devolver el brillo
o
el tesoro escondido y la perla preciosa

Mateo 13:44-46

44 Además, el reino de los cielos es semejante a un tesoro escondido en un campo, el cual un hombre halla, y lo esconde de nuevo; y gozoso por ello va y vende todo lo que tiene, y compra aquel campo.
45 También el reino de los cielos es semejante a un mercader que busca buenas perlas,
46 que habiendo hallado una perla preciosa, fue y vendió todo lo que tenía, y la compró.

En estas dos pequeñas parábolas de Jesús, que recoge Mateo, se describe la conducta de un hombre que encuentra un tesoro de inestimable valor o una magnífica perla preciosa, y los adquiere inmediatamente a costa de vender todo lo que posee. Las dos breves narraciones, acerca del reino de los cielos, presentan el mismo tema. La necesidad que tiene el ser humano de decidirse pronto. Es urgente aceptar el reino de Dios a costa de lo que sea.

Contexto:

El tema de los tesoros era frecuente y predilecto en todas las regiones del Antiguo Oriente. Desde *Alí Babá y los cuarenta ladrones* hasta *Las mil y una noches* pasando por todas las novelas de aventuras de estos países, los tesoros escondidos, perdidos o encontrados, son motivos habituales y deseados por la mitología popular. También en la Palestina de los tiempos de Jesucristo, infestada como estaba de salteadores, ladronzuelos y soldados romanos corruptos, lo que resultaba más seguro era enterrar la fortuna en cofres resistentes y en lugares recónditos o poco sospechosos. Es lo que se hizo, por ejemplo, con los famosos rollos del Mar Muerto que fueron enterrados dentro de tinajas alargadas, en el interior de cavidades subterráneas de Qumrán. Que esta era una práctica corriente se desprende también, como se vio, de la parábola de los talentos. El siervo que recibió sólo uno confiesa a su señor: «... por lo cual tuve miedo, y fui y escondí tu talento en la tierra» (Mt. 25:25).

Como mencionamos en su momento, casi siempre resulta peligroso intentar alegorizar todos los detalles que contienen las parábolas porque fácilmente puede llegarse a situaciones poco éticas que, desde luego, quedan muy alejadas de la intención de su autor. En este sentido, el teólogo británico Christian Harold Dodd escribe: «Jülicher ha demostrado suficientemente cómo es imposible alegorizar los detalles... Si intentamos sacar 'lecciones' de los detalles, tropezamos con dificultades. El que halla el tesoro lo esconde de nuevo a fin de que el propietario no se entere de su hallazgo, y luego intenta adquirir el campo, probablemente a su precio normal de terreno agrícola. De este modo se muestra tan falto de escrúpulos como el mayordomo injusto» (Dodd, 1974: 111). ¿Era esta la lección moral que pretendía enseñar el Señor Jesús? ¡Evidentemente que no!

Significado:

¿Cuál es pues la interpretación correcta? ¿Cuál es la idea principal de estas parábolas que Jesús desea transmitir? ¿Quiere resaltar el inmenso valor de las riquezas halladas o, por el contrario, pretende resaltar el sacrificio con el que éstas se adquieren y la necesidad de decidirse pronto? Los judíos que escuchan, por primera vez, estas palabras de labios del Maestro concebían el reino de Dios como el gran acontecimiento futuro en el que depositaban toda su esperanza y por el que suplicaban incesantemente en sus oraciones. Esto es lo que se refleja en las palabras del profeta Daniel:

Miraba yo en la visión de la noche, y he aquí que con las nubes del cielo venía uno como un Hijo de hombre, que vino hasta el Anciano de días, y le hicieron acercarse delante de él. Y le fue dado dominio, gloria y reino, para que todos los pueblos, naciones y lenguas le sirvieran; su dominio es dominio eterno, que nunca pasará, y su reino uno que no será destruido (Dn. 7:13-14).

De manera que ningún judío necesitaba ser convencido del valor de este reino de Dios. De lo que sí estaban necesitados era de comprender que para pertenecer al Reino había que estar dispuesto a darlo todo cuanto antes. Ambas parábolas presentan, delante de sus oyentes judíos, un modelo de conducta humana y constituyen una invitación para que ellos respondan, para que se pronuncien sobre ella. Las cuestiones son: ¿Fue ingenuo el hombre que halló el tesoro al despojarse de todos sus bienes para comprar el campo? ¿Cometió una grave imprudencia el mercader de perlas al vender todas sus posesiones para adquirir una sola perla? No cabe duda de que, a primera vista, sí que corrieron un cierto riesgo. Sin embargo, el empresario que triunfa en los negocios es aquél que sabe cuándo hay que endeudarse porque está completamente seguro de la valía de lo que compra. De la misma forma, comprometerse con el reino de Jesús puede significar también la renuncia a ciertos bienes materiales o sentimentales. Es posible que alguien haya tenido que abandonar amigos o seres queridos, renunciar a determinados negocios, perder algún empleo, llevar una existencia de privaciones o incluso pagar con la propia vida por causa del Evangelio.

Jesús les está diciendo a los fariseos, por medio de estas parábolas, que si están de acuerdo en que el reino de Dios es el bien supremo entonces pueden formar parte de él ya ahora. ¡El reino de Dios entre vosotros está! ¡Abandonad vuestras absurdas preocupaciones y seguidme! ¡Dejadlo todo, como hicieron el mercader y el hombre del campo, y venid en pos de mí! Sin embargo, los fariseos no quisieron desprenderse de sus miserables valores religiosos para cambiarlos por el nuevo Reino que les anunciaba Jesús.

Aplicación:

Cada uno de nosotros puede identificarse fácilmente con aquellos hombres que descubrieron el mayor tesoro de sus vidas, porque ante el descubrimiento personal de Jesucristo todos los demás valores se oscurecen. Incluso podría decirse que hemos hecho un buen negocio, al dejarlo todo para comprar la perla, ya que hemos cambiado todos nuestros objetivos personales y, hasta cierto punto egoístas, todos nuestros proyectos individualistas, todo aquello que sustentaba nuestro narcisismo mundano, por el tesoro de la vida compartida, por el servicio desinteresado a los demás, por las joyas del amor fraterno y la solidaridad que nos permiten disfrutar del cielo aquí en la tierra.

Pero hay un peligro. Sobre nuestras vidas pende constantemente la espada de Damocles del tedio y la costumbre. Con frecuencia olvidamos aquel primer amor y de tanto disfrutar el tesoro que poseemos, de tanto manosearlo, poco a poco va perdiendo su brillo original. Nos acostumbramos tan fácilmente a lo valioso que acabamos casi por no darle valor. Estamos tan habituados a convivir entre las alhajas del Evangelio que, en ciertos momentos, llegan a resultarnos cansinas. Es como si nuestros oídos se aburrieran de escuchar cada domingo las maravillas de la Palabra de Dios, como si ya supiéramos el desenlace antes de finalizar la introducción. Entonces nos damos cuenta de que aquel tesoro que tanto nos hizo vibrar, durante la conversión, se ha cubierto de grises telarañas que le han robado el reflejo de sus colores. Pero lo peor de todo es que, a veces, pretendemos cambiarlo por baratijas.

Son cambios sin ningún sentido, carentes de cualquier lógica pero que cometemos a diario sin ni siquiera darnos cuenta. Cambiamos la esperanza por el conformismo, la fe por los valores materiales a corto plazo, la lectura bíblica y la meditación por el frenesí de la velocidad en torno al vacío, la sinceridad por el cálculo meticuloso, el beneplácito divino por la aprobación de los colegas, la austeridad por el despilfarro, la responsabilidad por el pasotismo actual, el afecto por el egoísmo y, en fin, al Señor Jesús por una increíble cantidad de ídolos de barro. Sólo si nos miramos las manos y reconocemos la miserable mercancía que contienen estaremos en condiciones de cambiar ese montón de bagatelas por el auténtico tesoro de salvación. Existe un líquido que es capaz de devolver el brillo original a nuestras joyas. Se trata de las lágrimas del arrepentimiento, las únicas capaces de limpiar y hacer resaltar de nuevo el esplendor primitivo. Cuando se ha perdido el primer amor es menester llorar y arrepentirse. De esta manera el tesoro volverá a resplandecer como el sol y sus rayos iluminarán otra vez nuestro camino.

Resumen:

Estas dos pequeñas parábolas tienen por tema central el inmenso valor del reino de Dios y la urgente necesidad de decidirse por él. El ser humano afortunado que se lo encuentra puede que haya estado buscándolo desde hace tiempo, como el mercader de perlas, o encontrárselo casualmente, igual que el hombre del campo. Pero tanto uno como otro se vuelven locos de alegría, venden todo lo que tienen y adquieren la maravilla que han descubierto. De manera que el descubrimiento del Reino exige un compromiso total que puede llegar hasta la renuncia de todos los bienes o incluso a la ruptura de determinadas relaciones personales. Jesús entiende el reino de Dios como un descubrimiento personal que hay que aceptar urgentemente.

También el ser humano de nuestro tiempo puede descubrir todavía el tesoro del reino divino. El Evangelio anunciado por Jesucristo es la mayor riqueza que el hombre de hoy puede desenterrar del campo del olvido en el que las religiones oficiales, con su formalismo y rigorismo, lo habían ocultado.

Sugerencias:

1. ¿Por qué no es conveniente alegorizar todos los detalles de las parábolas?
2. ¿Cuál es la idea principal que Jesús desea transmitir por medio de estas dos breves parábolas?
3. ¿Necesitaban los judíos contemporáneos de Jesús que se les convenciera del valor del reino de Dios?
4. ¿Fue temerario el mercader al vender toda su hacienda para comprar una sola perla?
5. ¿Qué puede significar para una persona comprometerse con la causa de Jesucristo?
6. ¿Hicieron caso de estas parábolas los fariseos?
7. ¿Qué significa dejar el primer amor? (Apocalipsis 2:4).
8. ¿Qué tipo de ídolos contemporáneos pueden llegar a sustituir a Dios en el corazón del ser humano que le ha conocido?
9. ¿Por qué es urgente aceptar el compromiso del Evangelio?
10. ¿Cómo está mi tesoro? ¿Lo he encontrado ya? ¿Sigue brillando como el primer día?

22
La delicada tarea de la separación o la red

Mateo 13:47-50

*⁴⁷ Asimismo el reino de los cielos es
semejante a una red, que echada en el
mar, recoge de toda clase de peces;
⁴⁸ y una vez llena, la sacan a la orilla;
y sentados, recogen lo bueno en cestas,
y lo malo echan fuera.
⁴⁹ Así será al final del siglo: saldrán
los ángeles, y apartarán a los malos
de entre los justos,
⁵⁰ y los echarán en el horno de fuego;
allí será el lloro y el crujir de dientes.*

Mateo es el único evangelista que recoge esta parábola de Jesús y la sitúa en el mismo grupo que la del trigo y la cizaña. Ambas poseen un marcado acento escatológico ya que se refieren al juicio final. El «final del siglo» se señala como el tiempo en el que los peces buenos serán separados de todos aquellos que vivieron una vida de injusticia y maldad. La llegada del carpintero galileo inauguró la venida del reino de Dios a la tierra. Este acontecimiento supuso el inicio de un proceso mediante el cual los seres humanos iban a ser separados entre sí. El Maestro había dicho que sería causa de división ya que pondría «en disensión al hombre contra su padre, a la hija contra su madre, y a la nuera contra su suegra» (Mt. 10:35). La actitud de cada persona frente al mensaje de Jesucristo serviría para distinguir a unos de otros. En un lugar el trigo, en otro la cizaña; a un lado los peces buenos, a otro los malos.

Contexto:

Los judíos no eran muy aficionados a la caza pero la pesca, sin embargo, era una actividad muy habitual y una manera honesta de ganarse la vida. Algunos de los pescados que se obtenían en el mar de Galilea eran famosos, como el pez de San Pedro o peineta de Galilea (*Tilapia galilaea*) que se vendía por todo el país e incluso en el extranjero. Hoy es posible afirmar, sin miedo a equivocarse, que la pesca milagrosa mencionada en el Evangelio consistió precisamente en la extraordinaria y sobrenatural captura de numerosos peces pertenecientes a esta especie de tilapias. De manera que, dada tal abundancia de pesca, es comprensible que la ciudad de Tiberíades llegara a ser en los días de Jesús uno de los más importante centros pesqueros de Palestina.

El arte de la pesca a que se refiere el texto de la parábola estaba constituido por una red de arrastre que se remolcaba entre dos barcas desde el mar hasta la orilla y una vez en la costa se tiraba de ella mediante largas cuerdas. Esta forma de pescar era habitual en el mar de Galilea –también llamado lago de Genesaret o de Tiberíades– aunque existían asimismo otros métodos que todavía se vienen practicando en la actualidad. Este sería el caso por ejemplo, del lanzamiento de la red a mano que realizaba un solo pescador metido en el agua hasta las rodillas. Cuando la red circular caía, sus bordes se hundían ya que llevaban pequeños lastres, atrapando así a los peces que se encontraban debajo.

El mar de Galilea goza, incluso en el presente, de cierta fama por la diversidad de peces que posee –24 especies distintas– en función de su tamaño, ya que se trata en realidad de un lago interior de agua dulce con unas dimensiones aproximadas de diez por veinte kilómetros. En el Antiguo Testamento existían reglamentaciones acerca de los peces comestibles y de los que se debían desechar. Aquellos que tenían escamas y aletas eran considerados limpios y, por tanto, se podían comer (Lv. 11:9-12; Dt. 14:9-10); sin embargo, los que carecían de tales estructuras como las anguilas eran «inmundos» y había que arrojarlos de nuevo al mar. En este último grupo entraban también otros animales acuáticos como los crustáceos. ¿A qué obedecían tales criterios selectivos? Probablemente estas distinciones se debían a cuestiones de tipo cultural. Los animales que se rechazaban de la dieta alimenticia de los hebreos eran precisamente aquellos que los gentiles utilizaban en sus rituales paganos, en relación con la magia, los sacrificios o las prácticas supersticiosas. En el libro de Deuteronomio (4:18) se prohíbe expresamente la realización de imágenes de peces con el fin de rendirles culto. De manera que estos comportamientos alimentarios del pueblo de Israel constituían una señal de identidad religiosa frente a otras naciones vecinas idólatras como los nabateos, por ejemplo, que adoraban en Ascalón al ídolo Atargatis que era una diosa-pez, o los egipcios que veneraban a otro famoso pez del Nilo, capaz de nadar hacia delante y hacia atrás con igual facilidad, el oxirrinco. También es posible que la legislación judía obedeciera además a simples razones sanitarias o de higiene.

Significado:

El Señor Jesús había comparado en otras ocasiones la pesca con la tarea que él y los apóstoles realizaban al predicar el Evangelio. Al decirle a sus discípulos: «Venid en pos de mí, y haré que seáis pescadores de hombres» (Mr. 1:17) estaba haciendo una metáfora de la evangelización que es precisamente la utilizada en esta breve parábola. De la misma forma en que las redes de arrastre iban por los fondos recogiendo indiscriminadamente todo tipo de peces y animales acuáticos sin poder detenerse a seleccionar, quienes quisieran ser pescadores de seres humanos debían también estar dispuestos a echar sus redes en todos los ambientes donde se encontraban las personas. No había que discriminar los fondos, ni los niveles o clases de la sociedad humana. Exactamente igual que en la parábola de la fiesta de bodas en la que se invitaba a todos aquellos que pasaban por los caminos y senderos, los discípulos de Cristo debían proclamar la Buena Nueva a toda criatura sin distinción de clase o condición.

No obstante, el reino de Dios no se compara con una red que va por el fondo del mar recogiendo todo tipo de peces, sino con el proceso de selección de los mismos. La mayoría de las veces eran los propios individuos quienes se autoseleccionaban con su actitud. Unos se excluían de la red mientras que otros se comprometían con el mensaje de Jesús quedándose así en la cesta de los peces buenos. Cuando el joven rico se acerca a preguntar: «Maestro bueno, ¿qué haré para heredar la vida eterna?» (Mr. 10:17) y Jesús le recomienda que se olvide de sus riquezas y las abandone entre los necesitados, se estaba, en realidad, sometiendo a una prueba que evidentemente no superó. Lo mismo debió ocurrirle a aquel otro que después de manifestar su interés por el Evangelio acudió a Cristo con un «pero»: «Déjame que primero vaya y entierre a mi padre». Tampoco aprobó el examen porque los muertos son perfectamente capaces de enterrarse entre ellos. Lo que no saben hacer es anunciar el reino de Dios. Las despedidas a veces sirven también para seleccionar a los hombres ya que «ninguno que poniendo su mano en el arado mira hacia atrás, es apto para el reino de Dios» (Lc. 9:62). Todo esto eran las pruebas de selectividad a que se refiere la parábola de la red. De la misma manera el llamamiento de Jesucristo va dirigido a todos los humanos sin distinción, pero es selectivo y esta selección, que depende de la actitud de cada persona, es ya de hecho un juicio divino previo. El texto señala, no obstante, que esta labor de apartar «a los malos de entre los justos» la llevarán a cabo los ángeles al fin del siglo.

Aplicación:

¡Qué difícil sería si nosotros hiciésemos tal clasificación! Seguramente veríamos escamas donde no las hay. Nos inventaríamos aletas y descamaríamos a muchos peces buenos. Por fortuna no es esa nuestra misión. Lo único que podemos hacer es luchar y esforzarnos en desarrollar aletas de fe y sólidas escamas de madurez espiritual que nos protejan del mal. Dejarse arrastrar por las corrientes como hacen las medusas venenosas es lo más fácil, pero no lo más conveniente para quien desee figurar en la cesta de los peces buenos. Llegar hasta ese lugar significa nadar contra la corriente, contra las modas e ideologías perturbadoras que, en principio, pueden resultarnos fáciles, pero que conducen invariablemente a la esclavitud espiritual y la dependencia moral. El buen pez es un ser libre que sabe utilizar bien sus órganos para dirigirse hacia donde puede encontrar el alimento vital de la Palabra.

No se nace pez bueno o malo como sugería y continúa sugiriendo el gnosticismo. Tal nomenclatura es una categoría que se adquiere a lo largo de toda la vida. No por acumulación de méritos propios. Tampoco por coleccionismo de buenas obras o notables acciones, sino sólo a través de la madurez que implica el reconocimiento de las propias limitaciones; por la sabiduría que requiere acertar a arrodillarse ante el creador del universo y confesarle la solidaridad que se siente con Jesucristo su Hijo. En realidad los peces malos son aquellos a quienes el orgullo personal y quizá el amor propio mal entendido les impide tal acto de humildad. Hoy no gustan las clasificaciones maniqueas tales como la cesta de los buenos y la de los malos peces. Sin embargo, el Evangelio insiste en que cuando el reino de Dios llegue a su plenitud será fácil realizar este tipo de diagnosis con las personas. Cuando los mensajeros divinos realicen su selección final sobre la tranquila playa que bordea el mar de la eternidad les resultará simple distinguir a los justos porque resplandecerán como el sol de la mañana. Mientras tanto nuestra misión consiste en seguir echando las redes en todo tipo de aguas, limpias y cenagosas, puras o contaminadas. La Iglesia de Jesucristo tiene que continuar surcando los mares del mundo para colocar las artes del amor allí donde los hombres acepten entrar en ellas.

Resumen:

La parábola de la red presenta un marcado acento escatológico igual que la del trigo y la cizaña. Ambas se refieren al juicio final como el tiempo en el que los buenos serán separados de aquellos que vivieron injustamente. Los peces comestibles son imagen de los seguidores de Cristo que entendieron las condiciones del reino de los cielos y las aplicaron a su vida personal. La metáfora de la pesca fue empleada por Jesús para referirse a los discípulos que dejando sus antiguas profesiones pasarían a ser pescadores de hombres.

La aplicación para la actualidad es que los discípulos de Jesús deben seguir echando las redes del Evangelio en todas las aguas donde habita el ser humano. Da igual que éstas sean fáciles o complicadas, que estén repletas de tiburones o de dóciles delfines. Nuestra principal preocupación no debe ser el contenido de las redes ni el tamaño de los peces, sino la responsabilidad de faenar constantemente. La selección final es algo que sólo le incumbe al Señor.

Sugerencias:

1. ¿A qué otra parábola puede compararse esta de la red? ¿Por qué?
2. ¿En qué debían basarse los criterios selectivos en cuanto a los peces limpios e «inmundos» que tenían los judíos?
3. ¿Con qué se compara, en realidad, el reino de Dios en esta parábola?
4. ¿Qué significa autoexcluirse del reino de Dios? ¿Qué maneras de hacerlo mencionan los evangelios?
5. ¿En qué consiste hoy nadar contra la corriente?
6. ¿Cuál debe ser la misión de los cristianos durante el tiempo presente?
7. ¿Estoy echando mis redes personales en los mares que conozco? ¿Cómo lo hago?
8. ¿Me resulta fácil dividir a las personas en buenas y malas?
9. ¿Veo en mi vida peces malos? ¿Cómo puedo transformarlos en buenos?
10. ¿Cómo reacciono cuando sospecho que una persona a quien amo está entre los peces malos?

23
Las extrañas multiplicaciones de Dios
o
el siervo malvado

Mateo 18:23-35

²³ *Por lo cual el reino de los cielos es semejante a un rey que quiso hacer cuentas con sus siervos.*
²⁴ *Y comenzando a hacer cuentas, le fue presentado uno que le debía diez mil talentos.*
²⁵ *A éste, como no pudo pagar, ordenó su señor venderle, y a su mujer e hijos, y todo lo que tenía, para que se le pagase la deuda.*
²⁶ *Entonces aquel siervo, postrado, le suplicaba, diciendo: Señor, ten paciencia conmigo, y yo te lo pagaré todo.*
²⁷ *El señor de aquel siervo, movido a misericordia, le soltó y le perdonó la deuda.*
²⁸ *Pero saliendo aquel siervo, halló a uno de sus consiervos, que le debía cien denarios; y asiendo de él, le ahogaba, diciendo: Págame lo que me debes.*
²⁹ *Entonces su consiervo, postrándose a sus pies, le rogaba diciendo: Ten paciencia conmigo, y yo te lo pagaré todo.*
³⁰ *Mas él no quiso, sino fue y le echó en la cárcel, hasta que pagase la deuda.*
³¹ *Viendo sus consiervos lo que pasaba, se entristecieron mucho, y fueron y refirieron a su señor todo lo que había pasado.*

³² Entonces, llamándole su señor, le dijo: Siervo malvado, toda aquella deuda te perdoné, porque me rogaste. ³³ ¿No debías tú también tener misericordia de tu consiervo, como yo tuve misericordia de ti? ³⁴ Entonces su señor, enojado, le entregó a los verdugos, hasta que pagase todo lo que le debía. ³⁵ Así también mi Padre celestial hará con vosotros si no perdonáis de todo corazón cada uno a su hermano sus ofensas.

Era frecuente que entre los discípulos de Jesús se produjeran enfrentamientos y disputas acaloradas por motivos pequeños o de poca importancia. Generalmente estas polémicas acababan de la misma forma: interrogando al Maestro. Pero las respuestas de éste no siempre eran del agrado de ellos porque o bien les desorientaba todavía más, o bien les parecían excesivamente provocadoras. Una de estas situaciones es la que motivó el relato de Jesús sobre el siervo malvado. Mateo cuenta cómo un buen día Pedro se acercó al Señor y le preguntó: «Si mi hermano me ofende ¿cuántas veces le tengo que perdonar? ¿Hasta siete?». Es posible que aquel día el apóstol se sintiera generoso y pensara en el número de la perfección como en una buena cifra que pudiera llegar a ser incluso exagerada para el asunto del perdón. Sin embargo, lo cierto es que las matemáticas de Jesucristo nunca fueron iguales que las nuestras. Sus operaciones no suelen dar los mismos resultados que las de los hombres. La solución que Jesús le da, setenta veces siete, no consiste en una cifra. No multiplican el producto de 490, sino que producen una sola palabra: «siempre». Es como si le hubiera dicho: «¡Tú perdona siempre y no te preocupes por llevar la contabilidad exacta de las veces que te han ofendido y de las ocasiones en que has tenido que perdonar! ¡Perdona siempre a todo el que te injurie porque en el reino de Dios el perdón no tiene límites!».

Contexto:

El tema del dinero y de las riquezas es muy frecuente en las parábolas de Jesús. Se repite en la de los talentos o de las minas, en los trabajadores de la viña, en el mayordomo astuto, los dos deudores, la moneda perdida, el ladrón nocturno, el rico y Lázaro, el tesoro y la perla y el rico insensato. Sin embargo, la parábola que menciona la mayor cantidad de dinero de todas es precisamente la del siervo malvado. Diez mil talentos, era una cantidad astronómicamente fabulosa. El valor del talento cambió con el tiempo, pero si se toma como base el cálculo que hizo Josefo (Jeremias, 1992: 255) resulta que un talento equivalía a diez mil denarios. Por lo tanto diez mil talentos serían cien millones de denarios, es decir suficiente como para comprar 200 toneladas de plata. Si se tiene en cuenta que el jornal habitual de un obrero era de un denario al día se puede tener una idea de la magnitud de tal cifra. ¿Qué hombre podía haber acumulado una deuda semejante?

Se ha sugerido que podría tratarse de un sátrapa, el gobernador de alguna provincia que debía los impuestos de toda su jurisdicción. En el Egipto de Ptolomeo, por ejemplo, los funcionarios de hacienda eran personalmente responsables de todos los ingresos de su territorio. Pero, de cualquier forma, esta cantidad sobrepasaba, con mucho, lo corriente incluso para los impuestos de toda una provincia. La asignación que recibía Herodes el Grande, en su calidad de rey, no llegaba a los mil talentos anuales, mientras que el siervo de la parábola debía diez veces más. Lo que, probablemente, pretendía el Señor Jesús al inventarse estas extraordinarias cantidades era poner de manifiesto el tremendo contraste que había entre las deudas de los dos siervos.

La cantidad «diez mil» era la mayor cifra con la que se contaba. Diez mil serían, por ejemplo, los ayos que se podrían tener en Cristo, según el apóstol Pablo, y diez mil, serían también, las palabras en lengua desconocida que podrían hablarse en la iglesia frente a las cinco con entendimiento (1Co. 4:15; 14:19). El «talento» era asimismo la mayor unidad de dinero que se utilizaba en todo el Oriente Próximo. De manera que se trataba de cantidades extremas. La idea era marcar con fuerza en la mente del oyente el tremendo contraste que había entre diez mil talentos y sólo cien denarios; o lo que es lo mismo, entre doscientas toneladas de plata y, tan sólo, medio kilo. Se trata de la parábola más exagerada, más hiperbólica y contrastada de todos los evangelios. Una narración con un argumento tan fuera de lo común debía referirse seguramente a un tema muy especial.

Cuando alguien no puede pagar tiene que responder con sus bienes, pero también con su persona. El derecho judío sólo permitía la venta de un israelita en caso de robo cuando el ladrón no podía restituir lo que había robado. Sin embargo, la venta de una mujer estaba totalmente prohibida. Por lo tanto este detalle a que se refiere el versículo 25, acerca de venderle a él y a su mujer e hijos, nos indica que Jesús se está refiriendo a un contexto no judío. Habría que suponer que el «señor» y sus «siervos» eran paganos. Por otro lado cabe preguntarse ¿qué sentido tendría vender a la familia? El precio de un esclavo oscilaba entre los quinientos y dos mil denarios. La suma que podía alcanzar el precio de toda la familia no guarda relación alguna con la gigantesca cantidad de cien millones de denarios que era lo que se debía. Es probable que la decisión de venderlos fuese sólo una expresión de la rabia y furor del rey.

Debido a su mala cabeza aquel siervo había perdido sus bienes, iba a perder a su familia y su vida quedaría destrozada para siempre. ¿Qué hacer? Lo único que le queda es la súplica miserable y la promesa forzada: «Ten paciencia conmigo, y yo te lo pagaré todo». ¿Cómo sería posible pagar una deuda semejante? ¿Cómo puede ser que el rey se creyera esta promesa? La parábola afirma que lo hizo, que fue movido a misericordia y le perdonó las consecuencias de la deuda y la misma deuda. Le indultó el castigo consistente en venderlo como esclavo a él y a toda su familia, condonándole a la vez los diez mil talentos. Fue, nunca mejor dicho, un auténtico regalo caído del cielo. Puede parecer exagerado pero así de grandiosa es también la misericordia de Dios, así es el increíble perdón que el creador del universo otorga a los que recurren a él con sinceridad.

Sin embargo, pronto se cambia de escenario. Podríamos titular esta segunda parte como: «la ley del embudo» o «ancho para mí, estrecho para ti». Ahora el acreedor es el perdonado y el deudor un compañero suyo, un administrador, otro siervo del rey que le debe a él una pequeña cantidad de dinero. Lo que ocurre es exactamente lo que nadie se espera. Lo lógico sería que el que acaba de ser perdonado supiera también ser generoso y perdonar. Pero no, sino que lanzándose sobre el cuello de su colega, con gran violencia, lo ahogaba diciéndole: ¡Págame lo que me debes! ¡Devuélveme los cien denarios! No es capaz de dar al otro una milésima parte de lo que le han dado a él. No sólo no le perdona la pequeña deuda, sino que lo injuria mediante su reclusión en prisión y no lo vende como esclavo porque no puede, porque la deuda no sobrepasaba el precio de la venta.

En el derecho judío se desconocía la prisión por deudas. De ahí que, como se ha señalado anteriormente, es posible que Jesús se estuviera refiriendo en esta parábola a un derecho extrajudaico que era tenido como inhumano por sus oyentes. Un tribunal terrible que ejecutaba arrojando sus víctimas a los temibles abismos del mar; que era capaz incluso de torturar y de vender a las mujeres como esclavas. Cosas que los judíos no practicaban. La acción miserable de aquel hombre entristece a sus consiervos, quienes informan al rey de su actitud y finalmente se hace justicia.

Significado:

Lo primero que conviene decir es que la parábola de este siervo despiadado no es un relato moralista. No es una regla ética. No pretende decirnos que «los buenos perdonan y los malos no». Su mensaje no es: «Sé buena persona y perdona a los que te ofenden» o «perdona porque tú también has sido perdonado». Si fuera así, el Evangelio tendría un cierto aire de obligación sospechoso: ¡Como he sido perdonado, no tengo más remedio que perdonar! ¡Como Dios me ama, no tengo más alternativa que amar sin protestar y, además, con la cara alegre! ¿Es esto el Evangelio? ¿Un simple toma y daca?

La cuestión importante no es saber por qué hay que perdonar, sino qué es el perdón. La actitud del primer deudor demuestra que no había entendido lo que era el perdón. Consigue la solución para su problema. Se salva él, se salva su familia, se le perdona la deuda y con eso ya tiene bastante. Ahora ya puede hacer lo que le dé la gana, incluso vengarse del susto con uno de sus colegas. Pero con esta actitud demuestra que no ha entrado en el ámbito de la misericordia y el perdón. No ha sabido aceptar el amor que el Señor le ha ofrecido. El perdón no ha calado en su alma. El don de Dios le ha resbalado por encima y ha pasado de largo. El Señor le había perdonado, pero él no supo asumir realmente ese perdón, por eso, un poco después es incapaz de perdonar.

Ha permanecido ciego y sordo al regalo que se le hacía, de ahí que se muestre también sordo y ciego a la súplica de su compañero. Esto nos enseña que todo aquello que recibimos de Dios pero que, en realidad, no acogemos y no nos compromete no puede llegar nunca a los demás. Si no somos conscientes de las bendiciones que Dios nos está concediendo, viviremos favoreciéndonos instintivamente de ellas, pero en nada beneficiarán a nuestros hermanos porque no sabremos derramarlas sobre ellos.

Los versículos 34 y 35 son realmente escandalosos ya que hablan de un castigo inflexible mucho más duro que la prisión con la que se castiga al segundo deudor. Ni más ni menos que la tortura. ¿Cómo es posible que el Señor, compasivo y misericordioso, ahora se vuelva cruel? Algunos piensan que estos dos versículos no figuraban en la parábola de Jesús, sino que fueron introducidos posteriormente por Mateo para subrayar la grave amenaza que pesa sobre los que no quieren perdonar. Evidentemente esa opinión no es demostrable.

El rey aplica el castigo más duro, no la muerte sino la tortura indefinida, porque es evidente que aquel siervo no podría pagar nunca la deuda. En Israel no existía el castigo de la tortura. Una vez más se ve que se describen condiciones de vida no palestinenses y esto acentúa el aire cruel e inhumano de aquella justicia. La reacción de este rey es de indignación y de violencia prolongada. ¿Se comporta Dios así? ¿Castiga a los culpables de no perdonar con una pena que nada tiene que ver con el perdón?

El propio texto (v. 35) da la respuesta: Dios nos tratará así si no perdonamos a nuestros hermanos, pero si sabemos perdonar nos tratará con misericordia.

¿Por qué se da tanta importancia al perdón? Porque el perdón fraterno es el cimiento indispensable de la comunidad mesiánica, del reino de Dios, de la iglesia de Jesucristo. El perdón al hermano es fundamental, es necesario y es urgente dentro de la Iglesia. Negar ese perdón es algo muy grave desde la óptica de Jesucristo ya que pone en peligro la existencia de la esposa del Señor, la continuidad de la propia Iglesia. Los huecos de rencor en el seno de la comunidad cristiana son como la carcoma que debilita y empobrece toda la estructura del edificio eclesial. De ahí que el Señor Jesús diera tanta importancia al perdón, al amor y a la fraternidad.

Aplicación:

La oración del Padrenuestro nos ayuda a completar esta parábola: «Porque si perdonáis a los hombres sus ofensas, os perdonará también a vosotros vuestro Padre celestial; mas si no perdonáis a los hombres sus ofensas, tampoco vuestro Padre os perdonará vuestras ofensas» (Mt. 6:14-15). Si nosotros no somos capaces de perdonar, si rompemos unilateralmente la única cláusula, el único compromiso con el Señor, entonces el perdón que él nos podría conceder queda automáticamente roto. Somos nosotros los que limitamos de manera consciente el perdón de Dios, que es de por sí ilimitado, cuando le ponemos límite a nuestro perdón. No perdonar al hermano es apartarse de Dios, es autoexcluirse de su Reino. El que se niega a perdonar a su hermano ¿cómo puede pretender que Dios lo perdone a él?

El perdón no puede ser una especie de acto heroico, excepcional, aislado, que sucede pocas veces, sino una característica constante en la vida del creyente. Hay que pasarse la vida perdonando. Siempre y a todos. Sin embargo, hoy parece como si algunos cristianos hubieran logrado compaginar el rencor, la memoria prolongada de los daños sufridos, con su fe y con su práctica religiosa. En el fondo se trata de buenos cristianos, pero capaces de odiar. Asisten a los cultos, pero se niegan a perdonar. Educan cristianamente a sus hijos, se preocupan porque acudan a la escuela dominical, pero ellos hace años que no se hablan con su hermano. Van a la iglesia, pero no se saludan. Participan de la misma reunión, pero se ignoran. ¿Cómo puede Dios perdonarnos las ofensas, si nosotros no sabemos perdonar?

El que perdona no es un héroe, es simplemente un cristiano. El poner la otra mejilla no es el gesto de un loco, sino el de un seguidor de Jesucristo. La Iglesia está llamada a ser testimonio vivo del perdón que Dios ofrece a toda la humanidad. Testimonio de la reconciliación en un mundo donde los conflictos han adquirido carta de normalidad y donde las divisiones y desavenencias son el pan de cada día. El perdón forma parte de la esencia del Evangelio porque es su elemento constitutivo, es la semilla del Reino. Conviene tener en cuenta que la principal razón para el perdón no es humana sino divina: Dios quiere que cada uno perdone de todo corazón a su hermano.

Resumen:

El relato compara el reino de los cielos con un rey. Es evidente que detrás de tal rey se esconde la figura de Dios. El primer deudor, el que debe una impresionante suma, simboliza al ser humano que escucha el mensaje del perdón pero no lo asume ni desea participar de él. La parábola apunta hacia el juicio final y constituye una severa amonestación hacia todos aquellos que se parecen a este siervo inmisericorde. La lección es clara: el que cree en Dios debe otorgar a otros el perdón que él mismo ha experimentado.

Allí donde actúa la clemencia y la gracia divina produciendo corazones dispuestos también a perdonar, allí indulta la misericordia de Dios; pero a quien abusa de la indulgencia del Todopoderoso, el peso y la severidad de su justicia le aplastará como si nunca hubiera sido perdonado.

Sugerencias:

1. ¿Qué fue lo que provocó que Jesús relatara la parábola del siervo malvado?
2. ¿Qué significa la cifra: «setenta veces siete»?
3. ¿Por qué utiliza Jesús la extraordinaria deuda de diez mil talentos frente a la pequeña de cien denarios?
4. ¿Por qué se cree que el relato está ambientado en un mundo extrajudaico?
5. ¿Es esta parábola un relato moralista? ¿Por qué?
6. ¿Existen cosas que un cristiano no debe perdonar jamás?
7. ¿Qué significa la frase siguiente: «todo aquello que recibimos de Dios pero que, en realidad, no asumimos no puede llegar nunca al hermano»?
8. ¿Por qué da tanta importancia el Señor Jesús al perdón fraterno?
9. ¿Cómo es posible limitar el perdón de Dios, de por sí ilimitado?
10. El perdón es la esencia del Evangelio y la semilla del reino de Dios. ¿Hay alguien en mi vida a quien me siento incapaz de perdonar?

24
La envidia flaca que muerde pero no come
o
los obreros de la viña

Mateo 20:1-16

¹ Porque el reino de los cielos es semejante a un hombre, padre de familia, que salió por la mañana a contratar obreros para su viña.
² Y habiendo convenido con los obreros en un denario al día, los envió a su viña.
³ Saliendo cerca de la hora tercera del día, vio a otros que estaban en la plaza desocupados;
⁴ y les dijo: Id también vosotros a mi viña, y os daré lo que sea justo. Y ellos fueron.
⁵ Salió otra vez cerca de las horas sexta y novena, e hizo lo mismo.
⁶ Y saliendo cerca de la hora undécima, halló a otros que estaban desocupados; y les dijo: ¿Por qué estáis aquí todo el día desocupados?
⁷ Le dijeron: Porque nadie nos ha contratado. Él les dijo: Id también vosotros a la viña, y recibiréis lo que sea justo.
⁸ Cuando llegó la noche, el señor de la viña dijo a su mayordomo: Llama a los obreros y págales el jornal, comenzando desde los postreros hasta los primeros.
⁹ Y al venir los que habían ido cerca de la hora undécima, recibieron cada uno un denario.
¹⁰ Al venir también los primeros, pensaron que habían de recibir más; pero también ellos recibieron cada uno un denario.

11 Y al recibirlo, murmuraban contra el padre de familia,
12 diciendo: Estos postreros han trabajado una sola hora,
y los has hecho iguales a nosotros, que hemos soportado
la carga y el calor del día.
13 Él, respondiendo, dijo a uno de ellos: Amigo, no te hago
agravio; ¿no conviniste conmigo en un denario?
14 Toma lo que es tuyo, y vete; pero quiero dar a este postrero,
como a ti.
15 ¿No me es lícito hacer lo que quiero con lo mío?
¿O tienes tú envidia, porque yo soy bueno?
16 Así, los primeros serán postreros; porque muchos son
llamados, más pocos escogidos.

«Los obreros de la viña» es el nombre con el que se conoce habitualmente esta parábola de Jesús. No obstante, tal título puede llegar a enmascarar al verdadero protagonista de la misma que no son los obreros sino el padre de familia, el patrono contratante. El reino de los cielos es comparado con el hombre que ofrece trabajo a los jornaleros que esperaban en la plaza del pueblo. Esto es, por lo menos, lo que se desprende del primer versículo. De ahí que quizá fuese más apropiado llamarla parábola del padre de familia o del patrono generoso.

Contexto:

A primera vista pudiera parecer que se describe una situación un tanto irreal e imaginaria. Sin embargo, veremos que no es así, ya que se explican hechos comunes y corrientes en Palestina. La uva maduraba en aquellas regiones hacia finales del mes de septiembre. Poco después se iniciaba el período de las lluvias. Si la cosecha no se había recolectado antes de esta época se estropeaba como consecuencias de los abundantes e intermitentes aguaceros que contribuían a disminuir la temperatura del ambiente durante las noches. De manera que la vendimia era una carrera contra el tiempo y contra la climatología. Había que realizarla con la mayor celeridad posible. En estas apremiantes condiciones de trabajo se necesitaba a cualquier obrero que estuviera dispuesto a recoger uva, aunque únicamente pudiera colaborar una sola hora (Barclay, 1973: 229).

La jornada laboral en Israel variaba con la estación del año, pero generalmente comprendía desde la salida del sol, más o menos a las seis de la mañana, hasta que las estrellas hacían acto de presencia sobre el firmamento. La narración de Jesús nos muestra una escena típicamente mediterránea. Los hombres se dirigían a la plaza del pueblo muy temprano, antes del amanecer, llevando sus herramientas y allí esperaban pacientemente hasta que algún terrateniente viniera a contratarlos. Algunos tenían suerte y eran empleados durante las primeras horas del día. Sin embargo, otros se veían obligados a permanecer desocupados casi toda la jornada. Lo que narra la parábola, de que a las cinco de la tarde todavía había quienes no habían sido empleados, demuestra hasta qué punto estaban desesperadas aquellas criaturas por obtener una ocupación que les permitiera vivir. El jornal de un denario al día era lo normal para subsistir a un nivel más bien bajo. El hecho de no ser contratados representaba que ese día la familia se quedaba sin pan, ya que con tan pésimas condiciones laborales era del todo imposible ahorrar para el futuro. El fantasma del paro y del hambre estaba siempre presente en la vida cotidiana del mundo hebreo, helénico y romano de la época de Jesús. La mayoría de la población vivía en unas condiciones de total desamparo económico y social. El historiador Josefo se refiere a obras realizadas en Jerusalén después de la terminación de la construcción del templo. Tales obras se hicieron con la finalidad de socorrer el desempleo de más de dieciocho mil parados. Esto nos da una ligera idea acerca de la magnitud del problema del paro en aquella época.

El versículo 3 afirma que el padre de familia volvió a salir, con el fin de contratar más obreros para que trabajasen en su viña, «cerca de la hora tercera del día». En Israel el día empezaba a las seis de la mañana; de manera que la hora tercera correspondía a las nueve de la mañana; la hora sexta a las doce; la novena a las tres de la tarde y, por último, la undécima a las cinco de la tarde, una hora antes de que acabase la jornada laboral. Tal ritmo de contratación sirve para reforzar la idea, en la mente del oyente, de que los respectivos sueldos serían también diferentes. De ahí que la sorpresa final sea aún mayor. Esta forma de emplear hombres gradualmente no era algo insólito, ya que las necesidades reales de mano de obra sólo se podían conocer después de transcurridas ciertas fases de la vendimia.

El hecho de que el dueño de la viña salga varias veces de casa, a lo largo del día, para encontrar jornaleros y de que a todos les repita la misma propuesta: «Id también vosotros a mi viña», permite reflexionar acerca de las distintas oportunidades de esta vida. A veces todo se juega en un instante. Hay momentos y ocasiones en la existencia de las personas que no conviene desaprovechar. Circunstancias fugaces en las que es menester abrir de par en par los ojos, incorporarse y responder afirmativamente. Si no se hace así, es posible que se haya desperdiciado la cita decisiva de la vida; es posible que no existan ya momentos más favorables. Lo mismo puede ocurrir con el Evangelio. El Señor se deja encontrar en un preciso instante, en unas circunstancias concretas. Quizá mañana sea demasiado tarde.

Significado:

El mayordomo recibió la orden de pagar a los obreros su jornal. Pero se trataba de un mandato extraño ya que los últimos en ser contratados, los que sólo habían trabajado una hora, debían ser los primeros en cobrar, mientras que los primeros en llegar a la viña, los que estaban trabajando desde las seis de la mañana, iban a recibir su paga en último lugar. ¿Por qué? ¿Era esto justo?

En ocasiones cuanto más se revela Dios, más misterioso parece hacerse. Las personas religiosas, los jornaleros de la primera hora, a veces, casi sin darse cuenta corren el peligro de llegar a deformar la auténtica imagen de Dios. Puede resultar paradójico pero es posible que de tanto estar con él, de tanto creer que lo conocen llegan a no reconocerlo. Mucho peor que estar lejos de Dios es creer que se está cerca cuando, en realidad, la distancia de separación es abismal.

La parábola es una comparación entre judíos y gentiles en el reino de Dios. La controversia sobre la admisión de los gentiles fue el problema más importante de la Iglesia apostólica. Los hebreos estaban convencidos de que eran el único pueblo de Dios y que los demás no podrían gozar jamás de los mismos privilegios que ellos poseían. Sin embargo, Jesús quiere mostrar que los gentiles, aunque descubrieran el Evangelio más tarde, gozaban de los mismos derechos que los judíos. Ser el primero en llegar carece de importancia en el reino de Dios.

La apocalíptica judía había desarrollado una especie de teología del mérito. Los religiosos, que procuraban obedecer meticulosamente la Ley, estaban convencidos de que mediante todas las renuncias y sacrificios realizados en esta vida Dios no tenía más remedio que concederles el cielo por recompensa. Su concepción de la divinidad era parecida a la de un administrador que distribuyera cantidades de gloria en función de las obras que cada cual hubiera realizado en la vida. Muchos entendían las moradas celestiales como el lugar donde se producía una simple inversión de las situaciones terrenales. ¡Los que aquí están mal, allí estarán bien y viceversa! Como si el cielo fuese el lugar del desquite y del ajuste de cuentas. Por eso les chocaba tanto el mensaje evangélico de Jesús. La parábola viene a declararles que Dios da a quien quiere y como quiere, por encima de cualquier exigencia o reclamación de los hombres. Nadie es dueño de la libertad divina. Nadie puede pedirle cuentas a Dios ni imponerle solución alguna.

Cuando cada obrero hubo recibido su correspondiente denario, los que habían estado trabajando todo el día empezaron a murmurar y a quejarse por haber cobrado igual que los de la última hora. Desde luego esta protesta parece lógica. Ellos habían tenido que fastidiarse durante doce horas, aguantando el calor del Siroco que soplaba desde el sudeste, mientras que los otros sólo habían trabajado una hora con el frescor de la tarde. Parece como si la duración y la dificultad de su labor les diera derecho a exigir un jornal mayor. Lo que les dio el mayordomo era como una afrenta, una burla y una provocación a las costumbres salariales. No se había tenido en cuenta el equilibrio entre rendimiento y remuneración. No había correspondencia entre el trabajo y el jornal. ¿Qué clase de empresario era éste que se atrevía a utilizar esta nefasta política laboral? ¿Dónde iría a parar una empresa que no tuviera en cuenta los baremos de mayor y menor producción?

Desde el punto de vista humano parece una parábola difícil de explicar, sin embargo Jesús pretendía enseñar, por medio de ella, que delante de Dios no son tan importantes las cantidades, los méritos, las horas extras, la producción o los años de antigüedad en la empresa. Él no mira lo que nosotros miramos. Su departamento de selección de personal no se inspira en los cánones humanos de productividad y máximo beneficio. La llamada al trabajo en su viña es universal y de gracia. La remuneración no se ajusta a nuestros criterios, sólo depende de su inmensa generosidad. Dios da libremente y sin medida. Tampoco se le puede acusar de arbitrariedad ya que la parábola dice que cada uno cobró el salario justo con arreglo a lo convenido al principio.

La raíz de la protesta surge de la envidia de los que creen que se merecen más porque, en el fondo, no logran entender el lenguaje de la misericordia. Jesús insiste en que el reino de Dios es otra cosa, en que sus leyes no son las nuestras, ni sus caminos son nuestros caminos; nos repite que para pertenecer a ese Reino hay que desterrar del corazón la rivalidad, la competitividad y el egoísmo. Es la envidia humana, en realidad, la que nos puede impedir que entendamos esta parábola, la que hace que miremos a los jornaleros de última hora por encima del hombro. El obrero de la jornada completa se parece mucho al hermano mayor del hijo pródigo. Los dos se quejan de lo mismo. Del mal trato, del agravio comparativo, de la lesión de sus propios derechos que, según ellos, se les hace. El hijo mayor le echa en cara a su padre que se comporte amablemente con su hermano menor. El trabajador de la primera hora acusa al dueño de la viña de actuar con la generosidad de un padre. Ninguno de los dos puede soportar que se favorezca, de alguna manera, a la otra parte. La envidia es incapaz de comprender el amor y la generosidad.

Hay personas que, según su propio criterio, disfrutan de poseer una gran fe. Miembros comprometidos de iglesias que están dispuestos a aceptar todos los misterios bíblicos sin rechistar; que dicen siempre amén a la voluntad de Dios;

que se resignan estoicamente a las adversidades de esta vida porque creen que a los que a Dios aman, todo ayuda a bien. Pero chocan contra un serio obstáculo. No quieren comprender la generosidad de Dios hacia alguien que no se lo merece. Se parecen mucho al profeta Jonás porque les repugna el que a Dios se le ablande también el corazón y perdone al miserable. ¡Cómo es posible que no se castigue a tanto ninivita inconsciente! ¡Con el trabajo que han dado y ahora el Señor se desdice! El enfado y la incomprensión de Jonás hacia los demás siguen siendo los sentimientos propios de muchos creyentes contemporáneos.

Dice el versículo trece que el amo escogió a uno de los que protestaba, probablemente al que más gritaba, y le llamó amigo. Le dio a entender que su protesta no se debía a lo que se le había pagado, ya que un denario era lo estipulado de antemano, sino a lo que se había dado a los demás. Es como si le dijera: «Pero es que acaso ¿por dar a otros te quito a ti? ¿No puedo yo ser generoso con mi dinero? ¿No será que tu protesta brota de la envidia?». Francisco de Quevedo escribió que «la envidia va tan flaca y amarilla porque muerde y no come». De manera que de pronto se cambiaron los papeles y el acusador se convirtió en acusado. La mayoría de los errores humanos se originan porque tendemos a enfocar los problemas con la lógica de nuestra razón y con nuestro particular sentido de la justicia, en vez de dejar que hable el corazón. No obstante, la parábola nos muestra que todas las dificultades se pueden solucionar cuando nuestro corazón empieza a latir al mismo ritmo que el corazón de Dios. El amor, la comprensión y la generosidad hacia los que no son como nosotros porque no han tenido las mismas oportunidades o porque han llegado más tarde, deben ser características primordiales en la vida del cristiano.

Aplicación:

La parábola del patrono generoso, o de los obreros de la viña, presenta a un Dios que se compadece de los parados y de sus hogares. Un padre de familia que, cuando el día empieza a declinar, sigue yendo a la plaza porque no le gusta que haya personas desocupadas. Un Señor que quiere vaciar la plaza y llenar la viña. Si desde la perspectiva humana no parece justo que el que ha trabajado todo el día cobre como el que lo ha hecho sólo una hora, tampoco es justo que, por el azar o las necesidades laborales del momento, o por el capricho del capataz al elegir obreros, una familia coma y otra pase hambre. El paro no es justo para nadie. Todo ser humano adulto tiene derecho al trabajo y a un sueldo que le permita vivir dignamente.

El Maestro nos muestra esta dimensión de la generosidad divina para que actuemos en consecuencia. La Iglesia está llamada a hacer realidad este milagro

de amor. Las comunidades cristianas no deben regirse por los mismos patrones retributivos del mercado laboral. Las leyes que imperan en ese mundo son
crueles y despiadadas. La tiranía de la oferta y la demanda no procura el bien de
todos, sino sólo de unos pocos. La supervivencia de los mejores o la selección
del más apto, que se fundamentan en el salvaje egoísmo del darwinismo social,
no tienen absolutamente nada que ver con el comportamiento y la misión de
las iglesias cristianas. En el reino de Dios no se conoce la ley del rendimiento,
que aliena y cosifica al ser humano, sino la del amor que está por encima de los
méritos personales, la ley del altruismo que sólo busca el bien ajeno y la ley del
desprendimiento generoso.

Desde este nuevo esquema vital que propone el Evangelio de Jesucristo,
¿qué sentido puede tener la envidia dentro de la Iglesia? ¿Qué puede pensarse
de las rivalidades personales, los enfrentamientos o los afanes de protagonismo
entre creyentes? ¿Qué sentido tienen, si es que tienen alguno, estos argumentos
pueriles que, a veces, anidan en nuestra mente? ¡Es que yo he llegado primero!
¡Tengo más derechos! La parábola nos somete a prueba a cada uno de nosotros
y nos cuestiona si, de verdad, sabemos vivir en el tiempo excepcional de la gracia. No basta con aceptar mentalmente que los esquemas de Dios no son los
nuestros. Hay que llenarse además de sincera alegría y gozo cada vez que un
jornalero de última hora recibe la misma paga que los que llevamos más horas
al sol de su viña. Esta es la utopía del amor que cada uno de nosotros debe
hacer realidad.

Resumen:

La parábola constituye un enfrentamiento entre dos maneras distintas de
ver la realidad. De una parte los que consideran, de forma lógica, que el salario
está en proporción directa con el trabajo. Cuanto más se trabaja, más se gana.
Es la justicia retributiva que da a cada uno conforme a sus prestaciones. De
otra, la visión de Jesús que va mucho más allá en las relaciones humanas y propone la gratuidad del amor. La protesta que suscita esta otra forma de ver las
cosas plantea un problema de equidad. El versículo 12 recoge la queja de los
obreros: «... los has hecho iguales a nosotros». Es decir, al pagarles a todos la
misma cantidad se habría establecido, según ellos, una desigualdad en el trato.
Sin embargo, el patrono puntualiza su forma de actuar y afirma que no se le
puede acusar de haber sido injusto ya que ha cumplido fielmente el contrato
al que se comprometió: le ha dado a cada uno el salario pactado. Después de
admitir que, en efecto, ha existido desigualdad en el trato, se fundamenta esta
desigualdad en el derecho que tiene el patrono a administrar sus bienes como

quiera. Pero no se trata de una libertad caprichosa, sino plenamente orientada hacia el amor generoso.

La narración va dirigida a los fariseos y, sobre todo, a la escasa acogida que éstos hacían de los pecadores y gentiles. No obstante, su aplicación a nuestros días resulta también evidente. Sobre nuestras cabezas siguen planeando los mismos fantasmas de la acepción de personas, la envidia y la ley del rendimiento. Ninguno de los cuales debe colarse jamás en el nuevo esquema vital del reino de Dios.

Sugerencias:

1   ¿Por qué urge la recolección de la uva en Palestina?
2. ¿En qué consiste la teología del mérito?
3. ¿Dónde se da el choque entre lo cotidiano y lo extraordinario? (v. 10).
4. ¿Cómo indica esta parábola el reino de los cielos? (v. 1).
5. ¿Qué repercusiones tendría sobre sus negocios el hecho de que los empresarios humanos actuasen como el padre de familia de esta parábola?
6. ¿La política salarial del dueño no resulta un tanto arbitraria?
7. ¿Debemos imitar siempre la generosidad de Dios?
8. ¿Constituye la envidia un problema en el seno de las iglesias?
9. ¿Qué podemos hacer, como comunidades cristianas, por aliviar el problema del paro y del hambre en nuestro mundo?
10. ¿Con qué tipo de jornalero me siento más identificado?

25
El dilema entre el no pero sí
y el sí pero no
o
los dos hijos

Mateo 21:28-32

²⁸ Pero ¿qué os parece? Un hombre tenía dos hijos,
y acercándose al primero le dijo: Hijo, ve hoy a
trabajar en mi viña.
⁹ Respondiendo él, dijo: No quiero; pero después,
arrepentido, fue.
³⁰ Y acercándose el otro, le dijo de la misma manera;
y respondiendo él, dijo: Sí, señor, voy. Y no fue.
³¹ ¿Cuál de los dos hizo la voluntad de su padre?
Dijeron ellos: el primero. Jesús les dijo: De cierto os
digo, que los publicanos y las rameras van delante
de vosotros al reino de Dios.
³² Porque vino a vosotros Juan en camino de justicia,
y no le creísteis; pero los publicanos y las rameras
le creyeron; y vosotros, viendo esto, no os arrepentisteis
después para creerle.

Esta parábola se inscribe en el enfrentamiento de Jesús con los ancianos y sumos sacerdotes de Israel. El Maestro acababa de derribar las mesas de los vendedores y cambistas que actuaban en el templo. Los líderes religiosos perplejos le preguntaron: «¿Con qué autoridad haces estas cosas? ¿Y quién te dio esta autoridad?» (Mt. 21:23). En lugar de responderles claramente Jesús les lanzó otra pregunta con el fin de recordarles que también habían tenido la misma duda ante Juan el Bautista. Como ellos no supieron responder a la cuestión del bautismo de Juan, si era del cielo o de los hombres, el Señor tampoco les dijo con qué autoridad hacía aquellas cosas, pero les contó el relato de los dos hijos. El que dijo «no quiero» a su padre, pero luego arrepentido fue a la viña y el otro hijo que dijo que iría, pero no fue. Como en otras ocasiones, se empieza con una pregunta dirigida a las autoridades judías.

Contexto:

Mateo incluye esta historia en una trilogía de parábolas (los dos hijos, los labradores malvados y la fiesta de bodas) que giran en torno al rechazo de Cristo por aquellos que deberían haberlo recibido en primer lugar, los jefes del pueblo. En vez de reconocer a Jesús como el Hijo de Dios que traía su Reino a la tierra, los fariseos y saduceos, superando las diferencias doctrinales que les habían separado durante siglos, se unieron contra el Maestro para aniquilarle. Tal actitud constituye el contexto de la parábola y motiva la seria acusación que ésta representa. Los cinco versículos que forman la narración pueden dividirse en tres partes: el relato de la parábola (vv. 28-30), una primera aplicación dirigida a sus interlocutores por medio de una pregunta (v. 31) y una segunda aplicación (v. 32) que relaciona la historia con la cuestión precedente acerca del bautismo de Juan (vv. 23-27).

En la tradición hebrea resultaba evidente que las obras tenían siempre prioridad sobre las palabras por aquello de que «en las muchas palabras no falta pecado» (Pr. 10:19) y, en cambio, las acciones resultaban más agradables a Dios. En esta historia de los dos hijos la respuesta a la pregunta de Jesús resultaba de suma claridad. La verdadera fidelidad residía en el que primero dijo que no pero acabó obedeciendo, ya que la ética correcta no es la del deseo, sino la del cumplimiento. El nivel de las intenciones puede ser muy bueno, pero si éstas no se materializan en hechos concretos no sirven de nada. Para el judío lo que contaba era la praxis, la práctica del ejercicio habitual, la costumbre y el uso cotidiano por encima de cualquier teoría o conjetura intelectual. De manera que sólo había una posible respuesta. La del «no, pero sí».

Significado:

La parábola supone un choque frontal contra la mentalidad religiosa de los jefes de Israel. Resulta que los que se creían justos son acusados por Jesús de pecadores desobedientes a la voluntad divina, que no comprendían el amor del Señor hacia los excluidos. Mientras que de aquellos a quienes todo el mundo consideraba como los pecadores oficiales, los publicanos y las prostitutas, el Maestro afirma que van más adelantados en el camino que conduce al reino de Dios porque creyeron el mensaje del Bautista y se arrepintieron de su maldad. El contraste entre «justos» y «pecadores» viene marcado por la diferencia entre obedecer o desobedecer al padre; por la repulsa de la Buena Nueva que manifestaron los religiosos hebreos y su aceptación por los marginados; por el rechazo de aquellos que se creían entregados al servicio de Jehová y la obediencia de los que, en apariencia, vivían lejos de él.

El hombre de la parábola representa a Dios. Sus dos hijos simbolizan las dos partes de que se componía el pueblo judío en tiempos de Jesús: los pecadores o indiferentes que no cumplían con los ritos de la ley mosaica y los que habían permanecido fieles a la religión oficial, es decir, los jefes del pueblo. Tanto unos como otros son considerados en el relato, hijos de Dios. El acento no recae sobre lo que, unos y otros, son o dicen ser, sino sobre lo que hacen o dejan de hacer. Como en otras parábolas contenidas en Mateo el verbo «hacer» resulta muy importante. No obstante, conviene tener en cuenta que este texto demuestra que aunque Jesús no ha anulado la distinción legal entre los que ponían en práctica la Ley y aquellos que la quebrantaban, sí que abre una nueva posibilidad para que todos los seres humanos tengan acceso directo al reino de Dios. Este nuevo «hacer» que permite a todos los incomprendidos entrar en el Reino, es la fe consecuente en Jesucristo. La historia de los dos hijos indica que la fe y el arrepentimiento son las «obras», las «acciones», que abren de par en par al ser humano las puertas del reino de los cielos. Como afirmó el Señor: «Esta es la obra de Dios, que creáis en el que él ha enviado» (Jn. 6:29), y, también el apóstol Pablo: «El hombre es justificado por fe sin las obras de la ley» (Ro. 3:28). La parábola supone, pues, una revalorización de la fe cristiana sobre la observancia y las prácticas judías.

Aplicación:

El hijo que de forma hipócrita y servil responde: «¡Sí, señor, voy!» ha gozado de muchos más discípulos en la historia del cristianismo que el otro. ¡Cuántas promesas incumplidas! ¡Cuántas manifestaciones de fidelidad eterna se arrugan al doblar la primera esquina de la vida! Estamos asistiendo en la actualidad a esa creciente epidemia que es la moda del divorcio en el matrimonio. Desde luego desgraciadamente, en algunos casos, existen razones más que suficientes para que éste se produzca, pero en la inmensa mayoría lo que se detecta es una causa puramente egoísta. Parece como si hoy no se soportaran las relaciones permanentes, como si la constancia conyugal produjera hastío y cansancio. Pues bien, para algunos, esta nueva costumbre de la separación se ha producido también en relación a la divinidad. La sociedad contemporánea se ha divorciado de Dios. Esto es una realidad fácilmente constatable, sobre todo en el mundo occidental. Pero lo más preocupante es que muchos de los que todavía hoy se siguen considerando hijos de Dios parecen haberse contagiado de esta misma enfermedad y viven de espaldas a él sin ir nunca a la viña. El domingo le gritan que sí, que ellos van, que son los primeros ¡no faltaría más! Pero el resto de la semana se olvidan de la labranza espiritual mientras las cepas languidecen y las uvas, todavía verdes, se encogen por culpa de los parásitos.

Es como si la complejidad y variedad de contextos existentes en la sociedad originara en los «hijos del sí» una creciente esquizofrenia; un decir primero con el corazón: ¡sí, yo voy! y después resultar un rotundo «no» de la acción, la conducta y el compromiso. ¿Cómo puede crecer así la Iglesia del Señor? ¿Qué testimonio se está dando? ¿Hasta qué punto el escepticismo contemporáneo se está filtrando en las propias congregaciones cristianas a través de las ventanas de la comodidad y el bienestar? Decir sí es distinto de actuar. Adular no significa amar. El que tiene un «sí» demasiado fácil casi siempre tropieza con el poco empeño. Los especialistas en la amplia sonrisa y el saludo cortés, los reyes del quedar bien y no decir nunca «no» a nadie, a veces, resulta que no saben doblar la espalda cuando se trata de tomar la azada y ponerse a cavar la tierra. Los cristianos del siglo XXI necesitamos que se nos recuerde la responsabilidad que un día asumimos delante del Padre. Tenemos que liberarnos de la amnesia espiritual para empezar a ser consecuentes con la profesión que hicimos.

Hay también una segunda clase de personas. Aquellas que se identifican con el impetuoso «hijo del no». Los que se rebelan inmediatamente ante todo lo que suponga una orden o huela a imposición. Los temerarios que como el apóstol Pedro están siempre dispuestos a cortar orejas pero que, sin embargo, saben también reflexionar, después de haberles bajado los niveles de adrenalina, y hacer finalmente lo que tienen que hacer. Algunos de estos rebeldes son los hijos más apasionados. Su rebeldía se debe, en ocasiones, a que alguien los ha herido profundamente y los ha dejado marcados para siempre. También puede ser que la rebeldía responda a su fidelidad a unos valores que la mayoría ya ha olvidado. Muchos de estos hermanos poseen el defecto de no saber emplear la palabra como ungüento. Pero su mejor virtud es que siempre se puede contar con ellos. Siempre están ahí para lo que haga falta.

En el contexto del relato, los publicanos y las rameras eran criaturas marginadas que habían respondido con el «no» evidente de su conducta diaria a las inquietudes espirituales que Dios suele plantar en cada corazón humano. Sin embargo, cuando descubrieron que la predicación del Bautista al arrepentimiento se dirigía también a ellos supieron abrirle el alma al Señor. Hoy sigue ocurriendo lo mismo, a pesar del secularismo y de que nos separen dos mil años de historia. Millones de personas, espiritualmente impulsivas, responden continuamente que «no quieren» saber nada de la divinidad, porque la experiencia religiosa que tuvieron en su juventud fue traumática y porque hoy la costumbre intelectual que más se lleva es la pretendida muerte de Dios. Está de moda no creer. El nihilismo y agnosticismo se han dado la mano para mutilar la dimensión espiritual de las personas y hacerles creer que no necesitan un Señor.

Pero lo cierto es que el ser humano no puede vivir sólo de pan y cuando descubre que existe una nutrición que colma y satisface sus apetencias trascendentes, cuando encuentra personalmente a Jesucristo y a través de él descubre a Dios, el mundo entero adquiere significado, sentido y explicación. La experiencia íntima de la conversión es el misterioso milagro que posibilita la realización de la voluntad divina en aquellos que, al principio, decían: «No quiero». Y este milagro sigue acaeciendo cada día, aunque a veces no sepamos verlo. Hay quien dice sí y hace no. Y hay quien dice no y hace sí. Pero Dios prefiere a los que dicen sí y hacen sí.

En el mundo actual hay gente que se muestra rebelde por amor, como también la hay que se muestra fiel por desafecto. Individuos indisciplinados y descarados que enmascaran, en el fondo, un amor real; y personajes respetuosos, excesivamente formales, que encubren una grave ambigüedad existencial. La vida de cada cristiano debe ser como un espejo en el que cada hombre refleje su genuina identidad y tenga la oportunidad de dar una respuesta libre y sincera a Jesucristo. Esto sólo podrá conseguirse cuando los creyentes seamos capaces de doblar la espalda en la viña del Padre.

Resumen:

La parábola de los dos hijos representa una acusación de Jesús a los líderes religiosos de Israel. El hombre que es padre de ambos individuos simboliza a Dios. El hijo que responde afirmativamente, pero después no cumple con su promesa, representa a los fariseos y saduceos, quienes a pesar de haber asumido la responsabilidad de trabajar y cuidar la viña del Señor, es decir, el pueblo de Israel, no lo estaban haciendo. Su comportamiento era, por el contrario, discriminatorio y cruel con los pecadores y marginados de aquella sociedad. El primer hijo, en cambio, que responde de manera negativa pero finalmente acude a trabajar, apunta hacia los publicanos y las prostitutas. Aquella clase social despreciada por los religiosos que, consciente de su maldad, había recibido el mensaje esperanzador de Juan el Bautista y se había arrepentido sinceramente. El relato pretende resaltar la fe en Jesucristo como condición indispensable, por encima del ritual judío, para pertenecer al reino de Dios.

La parábola sigue vigente en nuestro tiempo. También hoy permanece latente en el pueblo de Dios el dilema entre el no pero sí y el sí pero no. Sin embargo, si deseamos ser fieles al mandato divino y experimentar la enorme satisfacción de ver como el Evangelio de Jesucristo continúa salvando vidas durante la época hipermoderna, no tenemos más remedio que resolver este dilema mediante un «sí, pero sí» personal y sincero.

Sugerencias:

1. La parábola de los dos hijos fue explicada por Jesús después de que los líderes religiosos judíos le hicieran una pregunta. ¿A qué cuestión se referían y qué acontecimiento la provocó?

2. ¿Qué pensaban los fariseos y saduceos sobre las palabras y las obras? ¿Era confusa la respuesta a la pregunta que les planteó Jesús?

3. ¿En qué consiste el choque frontal que esta parábola representó para la antigua mentalidad hebrea?

4. ¿A quiénes representan los tres personajes del relato?

5. ¿Qué tienen que ver las citas de Juan 6:29 y Romanos 3:28 con la historia de los dos hijos?

6. ¿Estoy de acuerdo en que la sociedad actual se ha divorciado de Dios? ¿Por qué? ¿Qué ejemplos puedo aportar?

7. ¿Qué puede entenderse por «doblar la espalda en la viña del Padre»?

8. ¿Qué significa que el que tiene un «sí» demasiado fácil casi siempre tropieza con el poco empeño?

9. ¿Es posible mostrarse rebelde por amor? ¿Cómo?

10. ¿Entre qué clase de hijos me encuentro, entre los del «no, pero sí» o entre los de «sí, pero no»? ¿Soy siempre de uno u otro bando o cambio a menudo de equipo?

26

El aceite de la sensatez
o
las diez vírgenes

Mateo 25:1-13

¹ Entonces el reino de los cielos será semejante a diez vírgenes que tomando sus lámparas, salieron a recibir al esposo.
² Cinco de ellas eran prudentes y cinco insensatas.
³ Las insensatas, tomando sus lámparas, no tomaron consigo aceite;
⁴ mas las prudentes tomaron aceite en sus vasijas, juntamente con sus lámparas.
⁵ Y tardándose el esposo, cabecearon todas y se durmieron.
⁶ Y a media noche se oyó un clamor: ¡Aquí viene el esposo; salid a recibirle!
⁷ Entonces todas aquellas vírgenes se levantaron, y arreglaron sus lámparas.
⁸ Y las insensatas dijeron a las prudentes: Dadnos de vuestro aceite; porque nuestras lámparas se apagan.
⁹ Mas las prudentes respondieron diciendo: Para que no nos falte a nosotras y a vosotras, id más bien a los que venden, y comprad vosotras mismas.
¹⁰ Pero mientras ellas iban a comprar, vino el esposo; y las que estaban preparadas entraron con él a las bodas; y se cerró la puerta.
¹¹ Después vinieron también las otras vírgenes, diciendo: ¡Señor, señor, ábrenos!

[12] Mas él, respondiendo, dijo: De cierto os digo,
que no os conozco.
[13] Velad, pues, porque no sabéis el día ni la hora en que
el Hijo del Hombre ha de venir.

Durante mucho tiempo se creyó que esta parábola de Jesús no reflejaba fielmente las costumbres judías acerca de las ceremonias de boda. Ciertos comentaristas bíblicos llegaron a pensar que se trataba de una alegoría fantástica que tenía poco que ver con la realidad del pueblo hebreo. Se le objetaba la presencia de detalles sobre los cuales no existía paralelo alguno en las fuentes rabínicas, tales como, el inicio de la boda a altas horas de la noche, el recibimiento del novio con antorchas y su retraso hasta la medianoche. Todo esto se hizo valer contra la autenticidad de la parábola para afirmar que su origen habría que buscarlo en el seno de la Iglesia primitiva. Según tales hipótesis, el relato se debería, en realidad, a la comunidad cristiana del primer siglo quien lo habría elaborado con el fin de exhortar a los creyentes a estar preparados para el final y a superar la tardanza de la parusía. Finalmente Mateo lo habría atribuido a Jesús aunque, de hecho, no sería original de él.

Actualmente se puede decir, después de los últimos descubrimientos, que todas estas objeciones carecen de fundamento. Tal como ha demostrado Joaquim Jeremias, la afirmación de que las costumbres nupciales mencionadas en la parábola de las diez vírgenes no se pueden comprobar en la literatura rabínica, no es cierta (Jeremias, 1992: 210). Por lo tanto, es conveniente señalar que el Maestro fue su verdadero creador y que supo reflejar con bastante realismo cómo eran las bodas en aquellos tiempos.

Contexto:

Lo primero que hay que indicar es que las costumbres hebreas en cuanto a los casamientos variaban de una región a otra. No existía un modelo uniforme que fuera válido para toda Palestina. A esto hay que añadir que después de la destrucción del templo y durante la época del dominio romano, las festividades judías se vieron limitadas y esto alteró probablemente algunas de las tradiciones nupciales. Así por ejemplo, se conoce que después de los años setenta de nuestra era fueron prohibidos los tamboriles y la corona del novio; cuarenta y siete años después, en el 117 d.C., se prohibió también que las novias llevaran corona y en el 135 se impidió que éstas fuesen transportadas en litera, es decir, en una especie de cabina con dos varas delante y dos detrás que acarreaban los parientes. Esto podría explicar el hecho de que algunos detalles de tales ceremonias hubieran pasado desapercibidos hasta tiempos recientes.

Todo el siguiente ceremonial era una práctica corriente y bien conocida en el judaísmo tardío. El día de la boda solía transcurrir entre bailes y otras distracciones hasta que llegaba la noche y se celebraba la cena nupcial. Después de ésta la novia era conducida por un séquito de teas ardientes hasta la casa del esposo. Mientras tanto, él hacía su entrada nocturna en la casa paterna, bajo el resplandor de las antorchas humeantes, para solicitar a la novia. La tardanza del esposo se debía generalmente al regateo que se originaba con los regalos ofrecidos a los familiares más allegados a la novia. Este regateo constituía, en realidad, casi un ritual que convenía alargar para demostrar así al novio que la familia de su futura esposa se desprendía de ella con dificultad e indecisión. Por último, un mensajero anunciaba la llegada del esposo a su propia casa e inmediatamente las mujeres dejaban sola a la novia e iban con sus antorchas al encuentro del futuro marido que aparecía, bajo otro mar de lámparas llameantes, al frente de sus amigos.

Desde luego, es posible pensar que en ciertos momentos la Iglesia cristiana primitiva alegorizara e intentara adecuar algunos relatos de Jesús a sus propias necesidades presentes. Pero lo que resulta totalmente inaceptable es creer que se tuviera tanta fantasía como para inventarse una historia artificial de una boda que no se daba en ninguna parte de la realidad hebrea. Nuestra opinión es que la parábola es auténtica de Jesús y que está inspirada en las costumbres nupciales habituales de Palestina.

Las lámparas mencionadas en el texto no eran candiles de barro o candeleros como los que cita Jesús en Marcos 4:21: «¿Acaso se trae la luz para ponerla debajo del almud, o debajo de la cama? ¿No es para ponerla en el candelero?». Tampoco eran linternas o faroles como los que llevaban los soldados y alguaciles que arrestaron al Señor (Jn. 18:3). En realidad, se trataba de antorchas, de palos a los que se les ataba trapos o estopa impregnados de aceite para que la llama durase bastante tiempo. De ahí que la operación de «arreglar las lámparas» —consistente en quitar los trozos de trapo carbonizados y volver a rociar con aceite— tuviera que hacerse sobre antorchas llameantes, ya que la llama no se podía encender pronto si estaba apagada y el novio llegaba repentinamente.

Significado:

La parábola tiene un significado original claramente escatológico dentro del contexto y del ministerio de Jesús. El Señor quiere que sus oyentes reflexionen acerca de su predicación, que se den cuenta de que el reino de Dios estaba ya presente, con todas sus serias consecuencias, en medio de ellos. Porque el Reino lo traía él, era él su iniciador. A partir de ese momento los hombres iban a ser juzgados por su reacción ante el reino divino. El mundo se dividiría entre prudentes y necios, sensatos e insensatos, fieles e infieles a la venida del esposo. Era una situación de crisis y emergencia. El día de la boda había llegado, el banquete nupcial estaba preparado y todo ser humano constituía un invitado en potencia. La única condición era la suficiente provisión de aceite para la antorcha.

Aquellos que como las vírgenes necias, a partir de ahora, permitan que sus lámparas se apaguen verán cerrarse la puerta de la casa nupcial frente a ellos y oirán la voz del esposo diciéndoles que es demasiado tarde para entrar. Por tanto, es conveniente recibir con sinceridad el mensaje de Jesucristo. Abrir las puertas del alma al Evangelio. Arrepentirse por los errores pasados. Dejar de vivir dándole la espalda a Dios y permitir que su Palabra moldee completamente nuestra existencia.

El evangelista Mateo aplicó la parábola a la situación concreta de la Iglesia en su tiempo. La figura del esposo simbolizaba a Cristo. Las diez vírgenes representaban la comunidad cristiana que esperaba su segunda venida. El retraso del novio indicaba la demora de la parusía y su llegada repentina señalaba la imprevisibilidad de tal evento. El pueblo de Israel que no reconoció al Maestro como su Mesías quedaría ilustrado por las vírgenes descuidadas que se quedaron sin aceite, mientras que los gentiles que abrazaron el Evangelio serían las prudentes. El juicio final se vislumbra en el duro rechazo que se hace de las vírgenes insensatas. En realidad, esta aplicación no se aleja en absoluto del sentido original del relato como catástrofe escatológica y segunda venida de Jesucristo.

¿Cuál sería el significado de hacer suficiente provisión de aceite? En el contexto inmediato que sigue a la parábola de las diez vírgenes, Mateo coloca el relato de los talentos (Mt. 25:14-30) y algo después ciertas recomendaciones para ayudar a los pobres y enfermos (Mt. 25:31-46). Esta agrupación puede sugerir una pista. Proveerse del necesario aceite significa cumplir fielmente con la misión recibida e, incluso, ayudar a los miembros más pequeños y débiles que también son hermanos del Hijo del Hombre. Cada cristiano ha recibido dones con arreglo a su capacidad, cada creyente tiene la responsabilidad de negociar con los talentos que le han sido dados para hacer crecer el reino de Dios en la tierra. Tener suficiente aceite equivale a vivir negociando estos dones, a ser responsables con aquello que se nos ha prestado. La fraternidad, la caridad y la solidaridad hacia los menesterosos llenan constantemente de aceite nuestras vasijas y multiplican los talentos recibidos.

Aplicación:

El mensaje de las diez vírgenes divide a los humanos en dos bandos. El equipo «I» y el equipo «P». En el primero figuran los insensatos, imprudentes, irresponsables e inconscientes. En el segundo, aquellos que son prudentes, precavidos, previsores y casi siempre están preparados. Los del grupo de la vocal juegan su vida completamente despreocupados de cualquier cuestión trascendente. Viven al día. Disfrutan sólo el momento presente. Jamás prevén el futuro porque para ellos no existe. La hipermodernidad es la época por excelencia de los jugadores del equipo «I». Es el tiempo favorable para todo tipo de competiciones y ligas insensatas. Es la era de la prisa y la velocidad, del activismo y el insomnio permanente. Hoy muchas personas no parecen dormir nunca. Pero no por eso están más despiertas. Sus vidas no revelan, ni mucho menos, una actitud de espera o de vigilancia. Son presas constantes del afán y la agitación. De ahí que resulte tan difícil despertarles de ese estado de inconsciencia. Quizá corren tanto para no dejarse encontrar. Viven existencias frenéticamente activas que ocultan, en el fondo, su falta de ganas por darse a sí mismos. Devorados por la urgencia del momento se preocupan de mil asuntos menos de la verdadera espera. Pierden el tiempo intentando ganarlo.

Los creyentes corremos también el riesgo de subsistir insomnes, pero no vigilantes. Con los ojos abiertos pero presentes en otra parte. Sin embargo, hoy es necesario aprender a descansar de tanta vorágine. De tanto movimiento absurdo alrededor del vacío. Dormir no es pecado. Todas las vírgenes de la parábola cabecearon y se durmieron. Igual las prudentes que las insensatas. Tenemos que aprender a dormir sueños profundos que nos hagan recobrar la calma, la serenidad y la paciencia. Pues, de lo contrario, corremos el riesgo de no estar presentes en el presente. De perder por el camino el aceite de la sabiduría. Y este combustible sólo se puede encontrar en la paz y en la reflexión personal. La prudencia a que nos llama Jesucristo es equilibrio y armonía. Conciencia de las posibilidades que tenemos pero también de los límites. Fervor hacia la verdad y respeto por la tolerancia. Ser sabio, al estilo de las doncellas que entraron con el esposo, es ser humilde y a la vez audaz, realista pero con suficiente fe en la utopía. Es vivir de día en actitud vigilante y romper con las actividades de la noche, con las obras de las tinieblas y el mal.

El aceite no se pudo prestar como tampoco se puede fiar la salvación. Hay cosas que son personales e intransferibles. Que no pueden heredarse. Cada ser humano es el único protagonista de su propia historia. El único que decide la cantidad de aceite que quiere transportar en su equipaje. Nadie puede, ni debe, sustituir a otros en las decisiones fundamentales de la vida. Cada cual tiene que pensar su respuesta a Jesucristo.

Aquellos que todavía hoy deseamos jugar en el equipo de la «P» tenemos que entrenarnos viviendo como si Cristo volviera mañana. Pero también como si tuviera que regresar mucho más tarde. Esperar de esta manera es estar presentes en el presente sin perder la esperanza del mundo futuro. Es ser a la vez auténticas personas y verdaderos cristianos. Es decir, poseer suficiente aceite.

Resumen:

Las costumbres hebreas propias del tiempo de Jesús en cuanto a las ceremonias nupciales no han sido suficientemente conocidas hasta época reciente. Los últimos descubrimientos en este sentido han venido a corroborar que la parábola de las diez vírgenes es un relato auténtico del Maestro que describe el contexto de una boda real. El sentido del texto es claramente escatológico. El Señor quiere apelar a la conciencia de sus oyentes para que se den cuenta de lo que representaba su llegada al mundo. El reino de Dios constituía una situación de crisis para todos los hombres, porque les obligaba a manifestarse y a tomar una decisión fundamental. Si se creía que Jesús era el Mesías había que aceptarlo como tal y vivir ya como ciudadano de ese Reino. Pero si se negaba su divinidad, como hicieron la mayoría de los judíos, no había que molestarse en seguir sus enseñanzas. Las vírgenes prudentes que se proveyeron de suficiente aceite para sus lámparas representaban a todos aquellos que recibieron a Jesucristo, mientras que las insensatas a quienes no se les permitió la entrada en la casa del novio simbolizaban al pueblo de Israel.

Posteriormente la parábola se aplicó a la situación concreta en que vivía la Iglesia primitiva de la época de Mateo haciendo coincidir la llegada del esposo con la segunda venida de Cristo. La aplicación para hoy sigue siendo prácticamente idéntica. El Señor Jesús continúa demandando de cada criatura una respuesta personal que debe contestarse desde la privacidad. Cada cual debe transportar sus propias reversa de aceite. La salvación no es posible prestarla hay que buscarla mientras todavía quede tiempo.

Sugerencias:

1. ¿Por qué se creyó que esta parábola no reflejaba las bodas judías?
2. ¿Cómo afectó la dominación romana a las costumbres nupciales de los hebreos?
3. ¿Qué significado tendría esta historia para los oyentes de Jesús?
4. ¿Cómo la entendieron años después los cristianos de la época de Mateo?
5. ¿Cuál es el significado de hacer suficiente provisión de aceite?

6. ¿Corremos también el riesgo de quedarnos sin aceite los creyentes de la época actual? ¿En qué sentido?

7. ¿Estamos preparados para el regreso del Señor?

8. ¿Cuál es la principal crisis que se está desarrollando en el mundo contemporáneo? ¿Cómo podemos superarla?

9. ¿Creo que Jesús está viniendo también en cada situación concreta de mi vida? ¿Cómo le respondo?

10. ¿Cómo imagino que será la segunda venida de Cristo?

27

El perfume del arrepentimiento
o
los dos deudores

Lucas 7:40-43

⁴⁰ Entonces respondiendo Jesús, le dijo: Simón, una cosa tengo que decirte. Y él le dijo: Di, Maestro.
⁴¹ Un acreedor tenía dos deudores: el uno le debía quinientos denarios, y el otro cincuenta;
⁴² y no teniendo ellos con qué pagar, perdonó a ambos. Di, pues, ¿cuál de ellos le amará más?
⁴³ Respondiendo Simón, dijo: Pienso que aquel a quien perdonó más. Y él le dijo: Rectamente has juzgado.

La escena con la que acaba el capítulo siete del evangelio de Lucas confirma uno de los principales reproches que hacían los fariseos a Jesús. En esta narración se muestra al Maestro como un verdadero «amigo de... pecadores», como un rabí capaz de defender a la mujer de dudosa reputación que llora arrepentida frente al altivo judío religioso. De igual forma se tipifica la actitud de sospecha y escepticismo que siempre tuvieron los fariseos y los intérpretes de la Ley hacia el carpintero de Galilea. El Señor es invitado a comer por un fariseo llamado Simón. Durante el convite una misteriosa mujer, a quien se califica de pecadora, irrumpe bruscamente en la estancia, rompe un frasco de alabastro lleno de perfume sobre los pies de Jesús y con sus lágrimas los humedece involuntariamente para intentar secarlos después con sus cabellos. Tan extraña situación despierta los malos pensamientos y los recelos del anfitrión sobre la identidad de su invitado. Jesús, consciente de lo que está pasando por las mentes de los presentes, aprovecha para explicarles la parábola de los dos deudores. Por medio de esta breve ilustración se justifica la actitud de la mujer, mientras que se condena públicamente la del propio Simón.

Contexto:

La primera duda que asalta al lector de este pasaje es ¿por qué Simón el farisco convidó a su mesa a Jesús de Nazaret? ¿Acaso sentía curiosidad por saber cómo pensaba el singular rabino? ¿Desearía discutir con él sobre algún controvertido punto de los textos sagrados o simplemente pretendía ser hospitalario con un maestro itinerante que no tenía dónde reclinar su cabeza? La Biblia no especifica el motivo de la invitación, sin embargo, algunos autores se refieren a la costumbre que tenían los hebreos de invitar a una comida de sábado a maestros transeúntes que habían predicado ese mismo día en la sinagoga (Jeremias, 1992: 156). Algo muy parecido, por otro lado, a lo que sigue ocurriendo todavía hoy en nuestras congregaciones. De todo esto se deduce que probablemente Jesús les había hablado poco antes. Es posible incluso que sus palabras impresionaran tanto a todos que motivaran la invitación de Simón y la conversión de la pecadora que le habría seguido para expresarle su alegría interior. Evidentemente de todo esto no podemos estar seguros pero lo que sí parece probable es que el fariseo veía a Jesús como a un profeta o como a uno de los maestros venerables del mundo judío contemporáneo.

Pero lo que no había previsto Simón, lo que no se hubiera podido llegar a imaginar, es la escena que iba a provocar, en su propia casa y en presencia de tan respetable invitado, aquella mujer pecadora. Otra duda para nuestra mentalidad occidental es la que se refiere a cómo pudo penetrar tal mujer en casa del religioso judío. La respuesta es sencilla ya que los hogares hebreos sólo se cerraban por la noche, durante el día estaban siempre abiertos.

El evangelista Lucas da únicamente dos datos acerca de esta mujer: dice que era una pecadora de la ciudad y que nadie la esperaba. Se ha discutido mucho sobre la identidad moral de la mujer y generalmente se ha supuesto que se debía ganar la vida practicando la prostitución ya que, al parecer, gozaba de una buena posición económica. El hecho de disponer de un frasco de alabastro con perfume caro así parece sugerirlo. Sin embargo, no podemos estar completamente seguros acerca de esta conclusión, ya que el judaísmo consideraba pecadoras también a las esposas de los hombres que ejercían una profesión deshonrosa, como podía ser la de los publicanos. Cabe asimismo la posibilidad de que se tratase de una mujer con algún defecto físico que le impidiese cumplir con las meticulosas reglamentaciones del código de pureza.

Significado:

¿Qué sentido tiene el acto de ungir los pies de Jesús por parte de la mujer? El pueblo de Israel estaba acostumbrado a ver cómo se ungían, de forma ritual, los pies de los reyes, de los profetas, de los sacerdotes y de los invitados que se recibían en las casas. También en el ámbito de la vida familiar la acción de lavar los pies era como una deferencia de la esposa hacia el marido o de las hijas hacia el padre. No obstante, la realización de este ritual fuera del ambiente íntimo de la familia podía representar un signo de moral ligera que escandalizaría a todos los presentes.

El texto no explica por qué lloraba aquella mujer, pero es fácil identificar la causa con el arrepentimiento de sus pecados. Podrían ser lágrimas de alegría por el hecho de haber experimentado la conversión personal y ser consciente de que Dios la había perdonado. Su emoción fue tanta que le dio valor para introducirse en un banquete privado, reservado exclusivamente a los hombres, romper un frasco de alabastro con perfume costoso, ungir los pies del Maestro y besarlos a la vista de todos. El beso era para la mentalidad hebrea el símbolo más representativo de la reverencia y el amor, pero besarle los pies a alguien era signo del más humilde agradecimiento. Era lo que se le hacía a quien te había salvado la vida. Los acusados de asesinato besaban los pies del escriba que los absolvía. Sin embargo, cuando la mujer se da cuenta de que las lágrimas de su sentimiento desbordado han manchado los pies de Jesús, hace de su cabellera una improvisada toalla para secarlos. El detalle de quitarse el pañuelo y soltarse el pelo tenía también claras connotaciones eróticas. Realizar esto en público se castigaba con cuarenta latigazos y podía ser motivo de divorcio.

Consciente de todo esto, Simón empieza a dudar de que aquel extraño rabino fuese en efecto un profeta, y sus pensamientos le llevan a la indignación, pero no contra la mujer que había deshonrado su casa, sino contra el propio Jesús que, según parecía, no sabía distinguir la clase de mujer que le estaba tocando. El Maestro no parecía darse cuenta de que aquella mujer violaba la separación que hay entre la pureza y la impureza. Pero a Jesús estas ideas no le pasaban desapercibidas. Tenía un olfato especial para reconocerlas inmediatamente. Decía Dostoyevski que si los pensamientos de los hombres oliesen, se esparciría por el mundo un hedor insoportable y todos moriríamos apestados.

El Señor olía perfectamente las reflexiones mentales de Simón y los demás comensales sentados a la mesa. Pensaban que por culpa de Jesús aquella mujer había contaminado con su impureza a todos los que estaban en el banquete. Ahora ya no tenían más remedio que raparse la cabeza y el pelo de todo el cuerpo, realizar los correspondientes baños rituales y ser considerados impuros durante dos semanas. Cavilaban en que el Maestro, si fuera un verdadero profeta, debería haber protegido la pureza de los varones fariseos justos, allí presentes, mediante la prohibición inmediata del gesto realizado por la mujer. Estaban convencidos de que la pecadora había dejado en ridículo a Jesús y a todos los invitados.

Los ojos de Simón y de los demás comensales eran como saetas que se clavaban en el Galileo exigiendo una explicación. ¿Qué podía decir Jesús? ¿Cómo debía reaccionar frente a esta delicada situación? Si rechazaba a la mujer pecadora iba contra sus propios principios, pues esto sería como negar al Dios de amor que él venía predicando. Si apelaba a la tolerancia y magnanimidad de Simón dejaba sin solución el problema religioso según el cual todos los presentes habían sido contaminados. Si provocaba una discusión sobre el sentido de los ritos de pureza judíos sería como enmarañarse en una polémica estéril que probablemente no conduciría a nada positivo. ¿Qué hacer entonces? Jesús contó la parábola de los dos deudores. Una breve narración que aparentemente no tenía nada que ver con la situación que allí se había suscitado. Y ¿qué ocurrió?, pues que Simón y todos los oyentes le siguieron el juego.

El argumento de la parábola fue muy bien elegido ya que a casi todos los judíos, y en especial a los fariseos, les repugnaban de manera especial las deudas económicas y les impresionaba mucho que alguien fuese capaz de perdonarlas a causa de la insolvencia de los deudores. ¿Cómo es posible liberar a cualquiera de una deuda de quinientos denarios? ¡El sueldo de un obrero correspondiente a más de quince meses de trabajo es mucho dinero para eximirle a alguien! De esta manera el Señor Jesús construyó un puente común por el que sus interlocutores pudieran transitar despacio sin peligro de caer en la incomunicación y en la ruptura del diálogo; un estrecho pasillo sobre el que Simón y sus amigos podían estar de acuerdo con él. Este es el sentido de muchas parábolas del Maestro: establecer un diálogo que corre el peligro de romperse definitivamente. De manera que el asunto en el que, en principio, todos estaban de acuerdo era que experimentaría mayor amor y agradecimiento aquel a quien más se le hubiera perdonado. Era más lógico creer que el deudor más agradecido sería aquel a quien se le había condonado una cantidad mayor.

Hasta aquí llega el mensaje de la narración imaginaria que Jesús va a abandonar inmediatamente para pasar al terreno de la realidad. Volviéndose hacia la mujer, que todavía sollozaba a sus pies, se la muestra a Simón y le señala las principales diferencias que los separa a ambos. Es como si le dijera: ¡Tú has actuado de forma hipócrita y poco cortés! ¡Me has invitado a un banquete formal y protocolario olvidándote, a sabiendas, de las más elementales normas de cortesía! ¡Ella, en cambio, ha sido tan sincera y amable conmigo que ha derrumbado su vida a mis pies ofreciéndome lo mejor de sí misma! ¡La actitud de esta mujer manifiesta claramente el amor que hay en su corazón! ¡Y ese amor es mucho más importante a los ojos de Dios que todos tus ritos de pureza!

El versículo 47 ha sido desde antiguo motivo de disputas y controversias entre los comentaristas bíblicos debido a que parece contener, a primera vista, una importante contradicción. La primera parte del mismo dice: «Por lo cual te digo que sus muchos pecados le son perdonados, porque amó mucho...». De estas palabras parece deducirse que se perdona a quien ama previamente, sin embargo, la segunda parte: «... mas aquel a quien se le perdona poco, poco ama», sugiere el sentido inverso, es decir, que el amor sería una consecuencia del perdón. ¿En qué quedamos? ¿Qué es primero el amor o el perdón? La exégesis católica es partidaria de la primera parte del texto y afirma que es el amor del ser humano el que conduce al perdón divino (Bovon, 1995: 557). Los comentaristas protestantes, ya desde la Reforma, han venido prefiriendo el sentido de la segunda parte del versículo, ya que es la interpretación que mejor coincide con la idea global de la parábola. En ésta vemos que es el acreedor el primero que toma la iniciativa y perdona a los dos deudores. El agradecimiento de éstos no podía existir antes del perdón, sino después. De manera que el perdón es lo que llega primero, mientras que el amor sería una consecuencia y una confirmación de que ese perdón se ha producido. La mujer se presenta ante Jesús, en casa de Simón, después de convertirse y haber experimentado el perdón de Dios, con la intención de manifestarle su amor y gratitud; las lágrimas que mojan los pies del Maestro, los besos y el derroche de perfume son la expresión visible de ese amor que es la consecuencia de haber sido perdonada. Es su fe lo que la ha llevado a gozar de la salvación.

Por medio de esta parábola Jesús le ofrece a Simón la posibilidad de que reconsidere el comportamiento de la mujer. Le sugiere que la vea no como quien ha transgredido el código de pureza, sino como quien acaba de dar testimonio público de su fe y ha recibido el perdón. El Maestro pretende que su anfitrión se dé cuenta no ya de lo que le separa de la pecadora, sino de aquello que le une a ella. Y eso que los vincula a ambos, lo que los dos tienen en común, es precisamente que son deudores perdonados. Aparentemente la deuda de la mujer era mayor que la de Simón, pero por eso también demostró mayor amor. La elección es ahora para el fariseo. Es él quien tiene que decidir entre permanecer aferrado a sus ritos de pureza, despreciando el perdón que Dios le ofrece, o aceptar ese perdón aunque para ello tenga que superar sus prejuicios religiosos. No hay más alternativa. La parábola le obliga a la elección.

Aplicación:

¡Cuántas veces se juzga como Simón! ¡En cuántas ocasiones los prejuicios o las apariencias externas llegan a provocar que se dude de la sinceridad de los demás! ¿Por qué el ser humano es tan dado a cumplir el refrán de «piensa mal y acertarás»? ¿Por qué se exige tanto a los demás y tan poco a uno mismo? En ocasiones se pierde de vista la enseñanza de esta historia. Hay personas que se pierden el gozo y la satisfacción del banquete cristiano, la felicidad del reino de Dios, porque viven pendientes de la actitud de los demás. Se convierten en inquisidores de los que no piensan o actúan como ellos y este talante repercute negativamente sobre sus propias vidas, conduciéndoles muchas veces a la frustración, la envidia y el rencor. Al Señor Jesús, que tiene un olfato muy fino, estas criaturas le «huelen mal». No desprenden un olor grato, sino una pestilencia insoportable. El perfume que desprendían aquellos trozos rotos del frasco de alabastro era la fragancia de la sinceridad, de la contrición, del amor germinado del perdón. Esto es lo que agradó a Jesucristo. Pero el hedor del orgullo, de la hipocresía, de la apariencia y del poco amor que salía de aquel fariseo arrogante le produjo y le sigue produciendo una repugnancia fatal. El Dios de la Biblia es un Dios de amor y perdón que continúa, todavía hoy, invitando a todas sus criaturas a vivir en la sinceridad y el arrepentimiento verdadero.

Resumen:

Cada personaje de la parábola puede relacionarse directamente con los individuos clave que se encontraban en casa de Simón. El hombre que sólo debía cincuenta denarios, y que representaba al propio anfitrión, constituye el prototipo de aquellos que alegremente dan por resuelta su situación espiritual. Son los que se consideran ya en regla y desprecian a todos los que han sido redimidos de una situación más trágica; los que no se dan cuenta de que a ellos les han sido perdonadas también muchas transgresiones.

El que adeudaba quinientos denarios es imagen de la mujer pecadora y de todos los que saben reconocer que tienen muchos motivos por los que estar agradecidos al Señor. Son los creyentes arrepentidos que responden generosamente al amor de Jesús. Y, finalmente, de igual manera que el acreedor dadivoso,

Dios perdona a las dos clases de deudores. Su inmenso amor es capaz de absolver cualquier clase de pecado humano y permite hacer borrón y cuenta nueva.

Sugerencias:

1. ¿Por qué convidó Simón a Jesús de Nazaret?
2. ¿Qué significado tenía ungir y besar los pies en la cultura hebrea?
3. ¿Cuál es el motivo de la sospecha de Simón contra Jesús?
4. ¿Cómo consigue la parábola establecer un diálogo que está a punto de romperse?
5. ¿Qué es primero el amor o el perdón?
6. ¿De qué manera puede perderse la satisfacción y el gozo del banquete cristiano?
7. ¿A quiénes representa el hombre que debía sólo cincuenta denarios?
8. ¿Hay algún pecado que Dios no pueda perdonar?
9. ¿Pongo a menudo en duda la sinceridad de los demás?
10. ¿Soy intransigente con los errores ajenos? ¿Me cuesta perdonar?

28
Veintiocho kilómetros pavimentados de indiferencia
o
el buen samaritano

Lucas 10:30-37

³⁰ Respondiendo Jesús, dijo: Un hombre descendía de Jerusalén a Jericó, y cayó en manos de ladrones, los cuales le despojaron; e hiriéndole, se fueron, dejándole medio muerto.
³¹ Aconteció que descendió un sacerdote por aquel camino, y viéndole, pasó de largo.
³² Asimismo un levita, llegando cerca de aquel lugar, y viéndole, pasó de largo.
³³ Pero un samaritano, que iba de camino, vino cerca de él, y viéndole, fue movido a misericordia;
³⁴ y acercándose, vendó sus heridas, echándoles aceite y vino; y poniéndole en su cabalgadura, lo llevó al mesón, y cuidó de él.
³⁵ Otro día al partir, sacó dos denarios, y los dio al mesonero, y le dijo: Cuídamele; y todo lo que gastes de más, yo te lo pagaré cuando regrese.
³⁶ ¿Quién, pues, de estos tres te parece que fue el prójimo del que cayó en manos de los ladrones?
³⁷ Él dijo: El que usó de misericordia con él. Entonces Jesús le dijo: Ve, y haz tú lo mismo.

La historia del buen samaritano es la más famosa y extraordinaria de todas las parábolas de Jesús. Su enseñanza refleja de manera magistral el núcleo del Evangelio y de toda praxis cristiana. El amor a los demás se resalta y desliga de cualquier diferencia discriminatoria, mostrando cómo deben ser las relaciones humanas desde la perspectiva divina. Lucas coloca la escena en medio de un trayecto ascendente. Jesús ha iniciado ya la última subida de su existencia terrena. La subida material y orográfica por el relieve que va desde Galilea a Jerusalén y el ascenso celestial siguiente, desde Jerusalén hasta la misma diestra de Dios. La primera es una subida en el tiempo, necesaria para redimir al hombre. La segunda es una subida más allá del tiempo ocurrida después de la victoria sobre la muerte.

El pórtico introductorio de este singular relato lo constituye la pregunta malintencionada de un maestro de la Ley que pretende poner a prueba a Jesús. «Maestro, ¿haciendo qué cosa heredaré la vida eterna?». Sin embargo, la respuesta sobre la necesidad de poner en práctica el mandamiento del amor deja en evidencia a aquel teólogo que se creía tan inteligente y docto. El Señor le contesta con total naturalidad: «Bien has respondido; haz esto, y vivirás». Pero el intérprete de la Ley insiste orgulloso, con la intención de mostrar su propia justicia y su correcto comportamiento delante de Dios, y le vuelve a preguntar: «¿Y quién es mi prójimo?». Es decir, «¿dónde puedo trazar la línea divisoria entre las personas que debo amar y aquellas de las que me tengo que desentender porque no son mi prójimo?». Se trataba de una cuestión muy debatida entre los maestros religiosos judíos de la época. Si, por ejemplo, un enfermo crónico era considerado –según hacían ellos– como una criatura castigada por Dios, ¿hasta qué punto había obligación de ayudarlo? ¿Era la enfermedad una frontera que excluía del ámbito del justo a los que la sufrían?

Jesús rompió estos prejuicios raciales y religiosos dándole la vuelta al razonamiento mediante la explicación de esta parábola. La cuestión no consiste en saber teóricamente quién es mi prójimo, sino quién se porta conmigo, en la práctica, como prójimo.

Contexto:

El relato del buen samaritano hace pensar al oyente en un suceso real. El hecho de que la escena se sitúe en un lugar geográfico concreto, como era la cuesta de bajada entre Jerusalén y Jericó, contribuye a resaltar tales perfiles realistas. Pero hay además otra implicación que se deduce de esta localización geográfica. Si el asalto ocurre en tal región, lo lógico sería pensar que el transeúnte fuera una persona de esa zona, es decir, un judío. El insólito tono realista de la parábola parece insinuar solapadamente que así debiera ser. De ahí que la aparición del samaritano cause sorpresa en los oyentes y fomente la expectación.

El camino entre estas dos ciudades era inhóspito y arriesgado. Según el historiador Flavio Josefo, esta ruta hacía referencia a la calzada romana que a través de desfiladeros se abría paso sobre el Wadi Qelt y que fue utilizada por la Legión X Fretense, establecida en Jericó, para tomar parte en el sitio de Jerusalén (Fitzmyer, 1987, 3: 283). Aquellos veintisiete o veintiocho kilómetros estaban llenos de curvas cerradas que podían esconder peligrosos delincuentes. La cuesta salvaba un desnivel de casi 1200 metros entre torrentes y cárcavas que daban al paisaje un aspecto desolado y grisáceo donde podían ocultarse perfectamente los malhechores. Flavio Josefo cuenta también que los esenios, siempre que iban de viaje, llevaban únicamente armas para protegerse de los salteadores de caminos. El desierto de Judea era famoso desde el Antiguo Testamento por ser un refugio de bandoleros y gente proscrita. Allí se había escondido David cuando fue perseguido por Saúl. De manera que se trataba de una larga pendiente solitaria donde eran habituales los asaltos y crímenes de los ladrones. El suceso que Jesús contó resultaba, pues, de lo más común entre sus oyentes.

El primer protagonista que pudo prestarle ayuda al hombre que yacía herido y medio muerto, fue el sacerdote que bajaba de Jerusalén, pero no lo hizo. Le vio y pasó de largo. Esta persona era alguien de prestigio entre el pueblo judío. Ejercía las funciones litúrgicas en el templo y ahora, al concluir los días de su turno, volvía tranquilamente a casa. Jericó era una de las ciudades donde residían algunos sacerdotes del templo. Había estado sacrificando cada día los animales puros que la gente le llevaba para que él los ofreciera al Señor. Sus manos administraban algo tan precioso como la veneración a Dios del pueblo hebreo. De alguna manera, los sacerdotes eran la garantía de que el pueblo pudiera expresar su amor a Jehová. El oyente de la parábola estaba convencido de que este judío piadoso ayudaría a su hermano herido. Sin embargo, ante esta situación concreta el estimado personaje religioso se abstiene por completo. Se inhibe totalmente frente al pobre moribundo que yace al borde del camino. Aquél en quien todos confiaban resulta ser el primero en defraudar. ¿Por qué? ¿No lo considera su prójimo? ¿No era de los suyos? ¿Acaso no era judío? ¿Es que no quería meterse en complicaciones? ¿Era porque a los sacerdotes les estaba prohibido tocar cadáveres para no contraer la impureza ritual (Lv. 22:4-5)? ¿Tenía miedo de que aquel moribundo se le quedara en los brazos? ¿Acaso no iba de vuelta, no había terminado ya con su oficio en el templo y por tanto no corría peligro de impureza legal? ¿Pensaba quizá que los bandoleros podían encontrarse todavía cerca y regresar si le oían? ¿Era sólo insensibilidad y dureza de corazón? El Evangelio guarda silencio acerca de las motivaciones personales, pero lo cierto es que el herido quedó tendido en el suelo y el sacerdote pasó de largo.

También el levita era un funcionario del servicio religioso del templo de Jerusalén. Un auxiliar del sacerdote. Un profesional de la observancia de la Ley que parecía asimismo predestinado para ejercer la función de salvador de aquel pobre hombre. Era lógico, por tanto, esperar que acudiera en ayuda de un correligionario suyo que se hallaba en peligro de muerte. Igual que en el caso anterior el relato da la impresión de que se acerca al desenlace feliz, de que el levita le socorrerá. No obstante, aquel descendiente de Leví adopta la misma actitud que su superior. Por segunda vez, uno de los miembros más representativos de la religiosidad judía se muestra incapaz de apiadarse de un hermano, de un compatriota perteneciente al pueblo de Israel. Será menester que pase un extranjero, un enemigo declarado de los judíos, para que el herido sangrante pueda salvar su vida.

La parábola está genialmente construida. El contraste es máximo. Jesús contrapone dos personajes hebreos muy apreciados, un sacerdote y un levita del templo de Jerusalén, frente a un samaritano que pertenecía al pueblo más odiado por los judíos. Cuando había que viajar de Judea a Galilea, los judíos daban una vuelta de muchos kilómetros a través de Perea, al este del río Jordán, con tal de no pisar tierra de Samaria. Judíos y samaritanos se habían excomulgado mutuamente en varias ocasiones. Llamar «samaritano» a un judío era el peor insulto que se le podía hacer. A pesar de compartir el Pentateuco como Escritura común, unos decían que a Dios sólo se le podía adorar en el templo de Jerusalén, mientras que los samaritanos habían abandonado el área de influencia del templo e instalado su propio culto en el monte Gerizim. En Judea los cultos cismáticos de los samaritanos se veían como algo abominable, sacrílego y propio de apóstatas. Se les consideraba mestizos desde el punto de vista racial, tachándolos de «no pueblo». En cuanto a la religión eran acusados de sincretistas heréticos y desde la perspectiva política y social se les veían como traidores. Durante la vida del Señor Jesús las relaciones entre ambos pueblos se habían deteriorado considerablemente después de que ciertos samaritanos, entre los años 6 y 9 d.C., profanaran la plaza del templo de Jerusalén esparciendo huesos humanos durante las fiestas de Pascua. De manera que dos pueblos étnica, histórica y geográficamente muy próximos vivían, de hecho, muy alejados entre sí moral y espiritualmente. La persona peor predispuesta para ayudar a un judío herido era, sin duda, un transeúnte samaritano que viajara por Judea. No estaba obligado a socorrerle ya que judíos y samaritanos no se consideraban prójimos entre sí. Esto era lo último que se le podría ocurrir también a un auditorio judío. Los oyentes empezarían a pensar en un trágico final de la historia.

¿Cómo iba un samaritano a transformarse en el personaje salvador de un judío moribundo?

Sin embargo, eso es precisamente lo que les propone Jesús. Aquel herido medio muerto, que era un enemigo desconocido sin ningún vínculo ni relación con el samaritano, es tratado por éste, a pesar de todo, como si fuera su propio hermano. En esto consiste la idea de «projimidad» que quiso inculcarles el Maestro. El mandamiento del amor no tiene límites. Allí donde nace y se desarrolla un amor genuino desaparecen todas las fronteras, las diferencias y los fanatismos. Las prescripciones sobre la impureza que se podría contraer si se tocaba algún cadáver también le afectaban al samaritano porque ellos aceptaban el mismo Pentateuco. Sin embargo, esto no fue obstáculo para que antepusiera su compasión y misericordia a cualquier fría normativa legal. Después de abandonar los prejuicios tradicionalistas de su pueblo dio también todo lo que tenía para ayudar al pobre infortunado. El aceite, el vino, la cabalgadura y los denarios. Donde germina el amor caritativo sobreviene abundancia de todo lo bueno.

Dice el texto que «acercándose, vendó sus heridas, echándoles aceite y vino». ¿De dónde sacó las vendas? ¿Llevaba algún botiquín consigo? Lo más probable es que desgarrara su pañuelo de cabeza o su vestido interior de tela. En cuanto al aceite y el vino eran parte de las provisiones que el samaritano llevaba para el viaje. Los judíos conocían perfectamente el valor curativo de la mezcla de estos dos productos. El aceite es conocido ya en el Antiguo Testamento como un líquido capaz de disminuir el dolor de las heridas (Is. 1:5-6); mientras que la acidez del vino, con sus efectos antisépticos, sustituía a nuestro actual alcohol. La farmacia ha aprovechado el aceite desde siempre para disolver en él principios activos de la más diversa condición. Se ha utilizado como disolvente de otras grasas, ceras, colofonia, etc., para preparar numerosos ungüentos y pomadas. El famoso farmacéutico español, Font Quer, escribe en su *Dioscórides*: «Para otras heridas y llagas, se agitan asimismo en una botella, a partes iguales, aceite y vino tinto. Dícese que esta mezcla es un cicatrizante maravilloso» (Font Quer, 1976: 744). De manera que el vino desinfectaba y el aceite calmaba.

Cuando Jesús terminó de contar la parábola preguntó: «¿Quién, pues, de estos tres te parece que fue el prójimo del que cayó en manos de los ladrones?». El intérprete de la Ley como judío que era, evitando hablar abiertamente de un samaritano sustituyó tal palabra por la frase: «El que usó de misericordia con él».

Significado:

Estas palabras del Maestro seguramente envolvieron a sus oyentes en un mundo que ellos debían considerar distorsionado. Primero aparecieron aquellos dos caminantes que les permitieron abrigar esperanzas de que el pobre hombre herido sería convenientemente atendido. Después surgió la figura de un disidente proscrito de Samaria, del que todo el mundo desconfiaba, pero que terminó socorriendo al viajero malherido. Las dos reacciones contradecían claramente las expectativas de aquellos judíos que escuchaban a Jesús. Tanto la negación de auxilio de los dos primeros como la prestación del mismo por parte del tercero debió resultarles escandalosa y chocante. Pero, en realidad, la parábola resaltaba lo que estaba ocurriendo cada día en aquella sociedad. Nadie vivía a la altura de las exigencias del verdadero amor. Ni siquiera los que se consideraban muy piadosos. El comportamiento inhumano de aquellos dos profesionales de la religión no era algo excepcional, sino lo que hacía todo el mundo. La parábola manifestó con claridad la gran traición que se le hacía cada día a la solidaridad entre los hombres. Aquella extraordinaria historia sirvió para quitarle la máscara a una sociedad hipócrita que pretendía poner límites al amor; para decirle a cada criatura que si de su vida está ausente el afecto y la misericordia entonces ésta carece de sentido. El relato del buen samaritano es un llamamiento a toda la humanidad en favor de la causa del amor.

¿Quién es mi prójimo? fue la pregunta clave que hizo florecer la imaginación de Jesús. El prójimo es aquel que te salva la vida. El que se porta contigo como si fueras su hermano aunque tu piel tenga otro color. Quien es capaz de sacarte del valle de sombra de muerte incluso aunque no pienses como él, ni comulgues con sus ideas políticas, sociales o religiosas. Ése es tu prójimo. El intérprete de la Ley tenía, sin embargo, otra pregunta y otra respuesta metida en su cabeza. Al decir ¿quién es mi prójimo?, pretendía que el Maestro le ofreciera una lista concreta de las personas a las que le tocaba ayudar. ¿Los de mi grupo? ¿Sólo los que pertenecen a mi raza o a mi religión? ¿Los justos? ¿Quizá también a algún injusto pero de mi propia nación? Sin embargo, la verdadera pregunta es ¿y a mí quién me ayuda? Si yo, en caso de necesidad, sería capaz de aceptar ayuda de cualquiera que me la ofreciera, sin fijarme en su condición, entonces cualquier ser humano es también mi prójimo y compañero. El hombre pregunta a quién ha de amar como prójimo y el Señor le responde con otra pregunta: ¿Quién ha amado en la parábola como prójimo? Jesús hace estallar en mil pedazos las barreras étnico-religiosas que impiden a los hombres considerarse hermanos. Al hacer que su interlocutor se meta en la piel de aquel herido, sin identidad ni razón social, cambia su punto de vista y le descubre que todos los seres humanos somos hermanos, compañeros y prójimos.

El relato contribuye a resaltar el «universalismo» del Evangelio ya que se abre al samaritano y lo propone como paradigma para los seguidores de Cristo. La enseñanza es que también el viajero de Samaria encontró su camino hacia la vida eterna porque supo amar al prójimo. La Buena Nueva no es exclusiva de ningún pueblo. Así de inmenso es el amor de Dios que puede compensar con creces todas las carencias de la realidad. Sin mencionar siquiera la palabra «Dios», el relato confronta a los oyentes con el reino de Dios que se hace presente satisfaciendo las necesidades de un desgraciado moribundo. Detrás de todo acto de amor está siempre la mano de Dios.

Aplicación:

El mundo de hoy es, en realidad, una sociedad repleta de sacerdotes y levitas que han aprendido muy bien la técnica de «pasar de largo». El egoísmo individualista característico de este tiempo no sólo le hace el salto a cualquier necesitado de ayuda sino que, en ocasiones, se detiene frente a él para fotografiar sus miserias y obtener algún beneficio de ellas. Hoy proliferan levitas-paparazzi sin escrúpulos ante el dolor ajeno. En la actualidad la idea de «prójimo» o compañero, más que a la religión, raza, nacionalidad o ideario político, se suele condicionar a la clase económica y social. El dinero constituye el mejor diccionario para definir el concepto de prójimo. También existen filosofías muy elaboradas y lógicas, capaces de aportar abundantes argumentos que permiten rodear de puntillas al que yace en medio del camino y no echarle una mano. Esta actitud se ha generalizado en nuestros días y existe el peligro de que llegue a institucionalizarse. Los creyentes de este tiempo estamos observando, con perplejidad, cómo ciertas actitudes y comportamientos a los que el Evangelio considera pecaminosos, están siendo amparados abiertamente por la ley. Sin embargo, desde la conciencia cristiana el desamor nunca podrá justificarse.

Jesús invierte los términos de las relaciones humanas. Lo verdaderamente importante no es saber quién lleva el título de prójimo sobre su status social, su cuenta corriente o sobre el color de su piel, sino reconocer a aquel cuyo amor le hace merecedor de tal nombramiento. Los prójimos de aquel herido, que estaba medio muerto, no fueron quienes todos imaginaban al principio. El sacerdote judío y el levita habían adquirido el título de «prójimos» en la conciencia popular, sin embargo, en el fondo, no quisieron ejercer como tales. El auténtico prójimo fue sin duda el despreciado samaritano. Sólo el verdadero amor es capaz de superar las discriminaciones humanas.

Dice el texto que cuando el hombre de Samaria vio al herido «fue movido a misericordia». Esta es la verdadera religión, la de la misericordia que se eleva por encima de la legalidad vigente. La del compromiso que supera al rito cultual y a la contemplación. La del vaso de agua fría que es capaz de calmar la sed inocente. Para comprender lo que significa ser prójimo sólo hay que meterse en la piel de un moribundo y, con sus ojos vidriosos, examinar los rostros de los que deambulan al borde del abismo del dolor y la necesidad. Entonces se reconoce fácilmente a los verdaderos prójimos. Sólo entonces se aprecia la colosal injusticia de los que pasan, de aquellos que únicamente han aprendido a amarse a sí mismos. Sin embargo, el cristiano verdadero está llamado a ser un perpetuo aprendiz de prójimo; una demostración clara de que el verdadero amor no conoce etnia, credo o límite alguno. El creyente ha nacido para ser prójimo de todo el mundo, pero especialmente de los más débiles y necesitados. Esta es su auténtica profesión, la de samaritano.

El relato muestra cómo sólo veintiocho kilómetros bastan para dividir a los humanos en dos categorías bien distintas: los que pasan de largo y los que se detienen. Aquellos que sólo tienen ojos para su propio camino y los que saben mirar también a los demás. Los que siempre recuerdan el consejo familiar: ¡Tú no te metas! y los que obedecen a las razones de su propio corazón. Hay quien piensa que se tratan de veintiocho kilómetros de camino solitario. Gente convencida de que puede pasar de largo porque nadie los ve. Porque sólo hay un moribundo con ojos de angustia que no lo podrá contar. Sin embargo, el camino de Jericó de cada vida está atentamente vigilado por la mirada de Dios. A él no se le escapa nada. Conoce si hemos pavimentado nuestro sendero de amor o de indiferencia. Si hemos construido una ruta de egoísmo o de caridad. Si nos hemos involucrado manchándonos las manos de sangre y arriesgándonos por los demás o nos hemos acogido a la indiferencia de los que se creen buenos. Lo más peligroso de este camino no son los malhechores, sino el egoísmo de los justos que por él transitan. Estos presuntos buenos han llegado a forjar, en su particular teología, una enorme ilusión. Creen poder llegar a Dios pasando por encima del prójimo. Piensan descubrir al Señor sin tener necesidad de descubrir al hermano. Obedecer la voluntad de Cristo ignorando la realidad que tienen al lado. Están convencidos de que pueden ocuparse de las «cosas del Señor» sin haberse dado cuenta de que lo que realmente le interesa a Dios son las «cosas de los hombres». He aquí el error de tanto cristianismo exclusivamente vertical. De tanta reflexión personal, de tanto pensar en la propia salvación permaneciendo, al mismo tiempo, sordos a los gemidos de aquellos que sufren en las cunetas. Tanto el sacerdote como el levita llegaron puntuales al final del camino pero faltaron al principal encuentro de su vida. Sin embargo, el samaritano sólo dio dos pasos, pero en la dirección correcta.

La sociedad actual tiende a favorecer el triunfo del fuerte y la derrota del débil. Esto hace que las cunetas de muchas carreteras estén repletas de excluidos que han perdido las fuerzas para seguir luchando. A la vez, aumentan aquellos que no desean complicaciones y quieren continuar manteniendo la sociedad del bienestar de unos pocos privilegiados. De tan sólo el veinte por ciento de la humanidad. De ahí que en esta época la Iglesia deba asumir su responsabilidad social y adoptar la actitud del buen samaritano frente a todos aquellos necesitados que le soliciten socorro. Sin embargo, por encima de esta dimensión solidaria está la presentación del mensaje de salvación. No podemos dejar de anunciar que Jesucristo es, en realidad, el primer buen samaritano que con su muerte nos dio vida. Dios se reencontró con la humanidad por medio de Cristo crucificado. La redención es la gran parábola del ser humano moribundo, tendido junto al camino, que ha visto cómo alguien se hacía solidario con él hasta el punto de dejarse quitar la vida. Jesús es ese buen samaritano encarnado, muerto y resucitado para nuestra salvación.

Resumen:

La parábola del buen samaritano es el más extraordinario de los relatos de Jesús. Fue provocada por la pregunta de un intérprete de la Ley: ¿Y quién es mi prójimo? El Maestro respondió mediante esta historia que cambiaba completamente el sentido de la pregunta. La cuestión no consiste en saber, de forma teórica, quién es mi prójimo, sino quién se porta conmigo, en la práctica, como prójimo. De manera que la «projimidad», según Jesús, consiste en tratar a quien se considera un enemigo como si fuera un hermano, porque el mandamiento del amor no tiene límites.

En el mundo actual no gustan las cosas que están demasiado cercanas. Sólo parecen interesar aquellas que están lejos y se ven como inalcanzables. Por eso se vive siempre a la espera de grandes viajes. Se cruzan los cielos y surcan los mares con la idea de coleccionar experiencias exóticas y alejadas. Se husmea en culturas y civilizaciones alejadas en el espacio y en el tiempo con el fin de descubrir novedades viejas. Mitos que encierren verdades. Fórmulas mágicas que sustituyan a los modernos medicamentos. Creencias esotéricas para unos pocos a quienes se les revele los secretos de la vida y del cosmos. Se buscan libros abstractos, lenguajes cifrados y códigos secretos del pasado remoto con el fin de experimentar escalofríos místicos.

Sin embargo, muy cerca de cada uno de nosotros hay un libro bastante viejo. Un texto que no constituye ninguna novedad. La Biblia. No obstante, a pesar de su familiaridad y cercanía, esta Escritura sigue siendo la gran desconocida. El Evangelio contiene la mejor receta que ha existido jamás en el universo para que los humanos de todas las épocas encuentren la felicidad. Es la receta de la «projimidad», del «amor al prójimo», de cómo aprender a hacernos prójimos de los demás. Donde germina este amor hay abundancia de todo lo bueno. Jesús es el verdadero samaritano. Se inclinó sobre el ser humano, le curó sus milenarias heridas y le devolvió un rostro de hombre. A veces, se busca lejos lo que se tiene cerca. Sólo hay que abrir bien los ojos y contemplar lo que nos rodea.

Sugerencias:

1. ¿Cuál era el error del intérprete de la Ley en cuanto a su idea del prójimo?
2. ¿Cómo entendía Jesús el concepto de prójimo?
3. ¿De qué manera resalta esta parábola el «universalismo» del Evangelio?
4. ¿A quiénes considero como mis prójimos? ¿A los que pertenecen a mi cultura, país, profesión, clase social, familia, iglesia, partido, etc.?
5. ¿Qué tengo que cambiar en mi vida ante la nueva concepción de prójimo que me da Jesús?
6. ¿Cómo estoy viviendo? ¿Como el intérprete de la Ley, como el sacerdote, como el levita o como el buen samaritano?
7. ¿Qué es lo que más me cuesta para hacerme prójimo de los demás?
8. ¿Recuerdo alguna situación en mi vida en que haya actuado como el samaritano?
9. ¿Qué estoy dando de mí a los otros?
10. ¿Es distinto amar a Dios que amar a los hombres?

29
¡Estas no son horas de llamar!
o
el amigo inoportuno

Lucas 11:5-8

⁵ Les dijo también: ¿Quién de vosotros que tenga
un amigo, va a él a media noche y le dice: Amigo,
préstame tres panes,
⁶ porque un amigo mío ha venido a mí de viaje, y
no tengo qué ponerle delante;
⁷ y aquél, respondiendo desde adentro, le dice:
No me molestes; la puerta ya está cerrada, y mis
niños están conmigo en cama; no puedo levantarme,
y dártelos?
⁸ Os digo, que aunque no se levante a dárselos por
ser su amigo, sin embargo por su inoportunidad se
levantará y le dará todo lo que necesite.

Dice el libro de Proverbios que «mejor es el vecino cerca que el hermano lejos» (27:10). Si se tiene un amigo a mano no es necesario desplazarse hasta la casa del hermano, porque teniendo lo seguro cerca, a qué buscar lo inseguro lejos. Esto es precisamente lo que se comprueba en la breve historia que contó Jesús acerca del amigo importuno, inoportuno o impertinente. Lucas coloca esta parábola de Jesús a continuación del Padrenuestro, con lo cual la presenta como una enseñanza acerca de la oración. La historia trata de dos vecinos: uno que duerme y el otro que le importuna pidiéndole ayuda.

Contexto:

La narración es casi como una película que trajera al presente la vida cotidiana en una pequeña aldea de Palestina. En aquella época no existían panaderías ni supermercados como hoy. Las mujeres se levantaban temprano, antes de que saliera el sol, y amasaban todo el pan que iba a consumir la familia durante el día, porque si se guardaba se ponía rancio y nadie lo quería. Como en las aldeas se sabe todo, se sabía a quién le quedaba todavía pan al llegar la noche. Cuando alguien se quedaba sin pan era lógico que acudiera a pedirlo a quienes más confianza tenían. No se acude a cualquier vecino en tales circunstancias, sino al amigo. Tres tortas de pan al día eran la comida adecuada para una persona. La intención del que las pide prestadas sería seguramente devolverlas al día siguiente cuando su mujer volviera a amasar.

En Oriente la hospitalidad era una cuestión de honor, casi una obligación sagrada. Se viajaba por la noche para evitar el calor abrasador del día. Por eso el amigo se presentó de noche, sin avisar. La llegada de un viajero amigo había puesto en un compromiso al anfitrión porque su despensa, o alacena, estaba vacía y no podía cumplir convenientemente con el deber de la hospitalidad. No tenía nada que ofrecerle. ¿Qué podía hacer en una situación así?

El oriental se acostaba pronto y allí nadie se atrevía a llamar a una casa por la noche, a no ser que se tratase de una necesidad imperiosa. La puerta se abría por la mañana y no se cerraba en todo el día. No había tanta vida privada como nosotros tenemos hoy. Si la entrada estaba cerrada era una señal clara de que el dueño ya se había retirado y no quería que lo molestasen. Sin embargo, el amigo que buscaba ayuda golpeó y golpeó la puerta sin ninguna vergüenza o timidez.

Las casas palestinas humildes consistían en una habitación con una pequeña puerta. Esta estancia estaba dividida en dos partes por un desnivel del suelo. Las dos terceras partes del piso tenían el mismo nivel que la calle y eran de tierra apisonada cubierta de juncos secos. El tercio restante estaba un poco más elevado por un escalón y allí dormía toda la familia. Generalmente los animales domésticos ocupaban la primera estancia. No se usaban camas, sino esteras sobre el suelo. Las familias eran numerosas y todos sus miembros pernoctaban juntos para mantener el calor y porque no había otra habitación. La entrada se cerraba con llave y cerrojo. Éste consistía en una tranca de hierro que se pasaba por unos anillos que había sobre las hojas de la puerta. De manera que levantarse y abrir el cerrojo era complicado, laborioso, hacía mucho ruido y molestaba a todos los que estaban durmiendo.

La respuesta que dio el dueño de la casa: «No puedo» significa aquí, como tantas veces en la vida, «no quiero». Sin embargo, tal como afirma el texto, aunque no deseaba levantarse por la amistad que les unía, al final se tendría que levantar a causa de la inoportunidad, la caradura y la desfachatez del que estaba llamando. De manera que finalmente le daría no sólo el pan, sino todo lo que necesitaba.

Significado:

Aparentemente el significado de esta parábola estaría en la insistencia con que el ser humano tiene que dirigirse a Dios. Esto es, por lo menos, lo que parece desprenderse del versículo 9: «Y yo os digo: Pedid y se os dará; buscad y hallaréis; llamad, y se os abrirá». Sin embargo, esta interpretación contrasta con las siguientes palabras de Jesús:

> *Y orando, no uséis vanas repeticiones, como los gentiles, que piensan que por su palabrería serán oídos. No os hagáis, pues, semejantes a ellos; porque vuestro Padre sabe de qué cosas tenéis necesidad, antes que vosotros le pidáis* (Mt. 6:8-9).

Por lo tanto, el verdadero sentido de esta parábola no puede estar en la insistencia, en la reiteración o machaconería con que se ora y se pide, sino en esa certeza absoluta de que la oración está siendo escuchada. En la seguridad de que Dios va a responder. Jesús les está haciendo una pregunta retórica a sus discípulos: ¿Os podéis imaginar que uno de vosotros tuviera un amigo y fuera a medianoche a su casa, llamara a la puerta, y le dijera: ¿Amigo, me puedes prestar tres panes para darle a un viajero que acaba de llegar y no tengo nada que ofrecerle? ¿Os imagináis que el amigo respondiera: ¡no, no te los quiero prestar! ¡Vete y déjame en paz!? ¡Imposible! ¡Esto no podía ocurrir nunca en una cultura oriental hospitalaria! ¡En ningún caso se iba a dejar al amigo que pedía ayuda en la estacada! «Pues si vosotros, siendo malos, sabéis dar buenas dádivas…, ¿cuánto más vuestro Padre celestial dará el Espíritu Santo a los que se lo pidan?». Si el amigo, que ha sido molestado por la noche en su sueño, no duda ni un momento en levantarse y servir a su vecino, con cuánta más razón lo hará Dios. Él oye a los que están en necesidad y viene en su auxilio. Él escucha el grito de los que precisan ayuda y hace más de lo que se le pide. Por lo tanto, se puede confiar en Dios; se puede descansar en él. ¡Podéis tener la certeza de que él os salvará del miedo venidero!

Aplicación:

Los discípulos de Jesús que oían esta parábola estaban preocupados por el futuro. El Maestro les había anunciado ya varias veces su muerte. Los había mandado de dos en dos a predicar el Evangelio y les había dicho que los enviaba «como corderos en medio de lobos». Realmente tenían motivos de preocupación.

Es posible que nosotros hoy tengamos también motivos para estar preocupados. Puede que el futuro nos produzca temores, que sea fuente de angustias y miedos, porque parece que los pronósticos son oscuros como los nubarrones de las tormentas. Y, en ocasiones, no acertamos a distinguir el rayo de esperanza que hay más allá de la nube. A veces, nos agobiamos y sufrimos en silencio incluso sin que los demás se den cuenta porque no queremos preocuparlos con nuestras fobias y porque, en el fondo, nuestro orgullo impide que compartamos el dolor. Nos da vergüenza confesar los miedos. Pero hay alguien a quien no podemos engañar. El Señor sabe perfectamente todo lo que esconde nuestro corazón. Dios conoce nuestras necesidades más íntimas y personales. Cristo escucha nuestro dolor. Él sabe el motivo de cada lágrima derramada, de cada inquietud que nos oprime y nos preocupa. ¡Estamos en sus manos y debemos seguir confiando en él! Hay que seguir llamando a su puerta, aunque sea ya medianoche, porque él ha prometido que nos abrirá.

Disponemos de una palabra clave que abre, de par en par, todas las puertas: «*Abbá*», papá. Es el padre que libera de cualquier angustia que pueda sobrevenir y que nos dice:

> *No temáis a los que matan el cuerpo, y después nada más pueden hacer. Temed a aquel que después de haber quitado la vida, tiene poder de echar en el infierno; sí, os digo, a éste temed. (Es decir, no temáis a la muerte física, sino a la muerte eterna). ¿No se venden cinco pajarillos por dos cuartos? Con todo, ni uno de ellos está olvidado delante de Dios. Pues aun los cabellos de vuestra cabeza están todos contados. No temáis, pues; más valéis vosotros que muchos pajarillos* (Lc. 12:4-7).

Seguir llamando a la puerta tiene que ver indudablemente con la oración, pero igual que cuando se golpea una puerta hay que detenerse para oír el: ¡Ya va! del que viene a abrir, la oración nos permite también «escuchar» lo que Dios espera de nosotros. Y lo que él espera de cada uno de nosotros es exactamente lo mismo que le pedimos a él. Cuando leemos en la oración modelo del Padrenuestro: «Venga tu Reino», «danos el pan», «perdónanos nuestras ofensas», «no nos dejes caer en la tentación», etc., no le estamos dando órdenes a Dios, sino todo lo contrario, nos estamos comprometiendo personalmente delante de él. Orar, con el espíritu auténtico del Padrenuestro, es decirle a Dios que estamos dando a conocer el nombre del Padre, que aseguramos el pan en la mesa de los hombres, que sabemos distribuir adecuadamente el perdón, que estamos construyendo la paz a nuestro alrededor y que superamos satisfactoriamente las atracciones perjudiciales. Dios nos pide lo que nosotros le pedimos.

El Señor nos escucha pero no en los tiempos y en los modos que le fijamos. Nos escucha a su modo, o sea, según su infinita generosidad. No a nuestro modo, que siempre reduce el proyecto de Dios. Para ventaja nuestra, el Padre, con frecuencia, no nos toma la palabra al pie de la letra.

Resumen:

La parábola del amigo importuno se refiere al tema de la oración para mostrar que ésta no debe convertirse en la repetición machacona y monótona de unas palabras mágicas, sino en una actitud perseverante de confianza en Dios. De la misma manera en que el amigo inoportuno confiaba plenamente en que su vecino le daría los tres panes, el creyente debe vivir también con la seguridad de que el Señor responderá fielmente a su debido tiempo. Este relato de Jesús nos invita a reflexionar y a depositar todos nuestros temores, angustias, cargas y motivos de preocupación sobre las manos y sobre los hombros que cargaron la cruz hasta el Calvario. Tenemos que aprender a dejarnos sorprender por Dios porque él puede tener respuestas que ni siquiera podemos llegar a imaginar hoy. Debemos fiarnos más de sus respuestas que de nuestras preguntas, de sus dones que de nuestras peticiones.

Sugerencias:

1. ¿Qué significa la frase de Proverbios: «Mejor es el vecino cerca que el hermano lejos»?
2. ¿Se refiere esta parábola a la insistencia con que el ser humano debe dirigirse a Dios? ¿Por qué?
3. ¿Cuál es el verdadero significado?
4. ¿Qué motivo pudo desencadenar que Jesús relatara la parábola?
5. ¿Estoy preocupado por mi futuro, el de mi familia o el de la iglesia? ¿En qué sentido?
6. ¿Tengo algún problema personal que me hace vivir siempre angustiado? ¿Se lo he confesado al Señor? ¿Cuál ha sido su respuesta?
7. ¿Cómo oigo la respuesta a mis oraciones? ¿Me detengo a escuchar?
8. ¿Qué espera Dios de mí? ¿Cómo puedo serle útil?
9. ¿Qué significa dejarse sorprender por el Señor?
10. ¿Confío en que Dios me da siempre aquello que necesito?

30
Es imposible adivinar el infarto
o
el rico necio

Lucas 12:16-21

16 También les refirió una parábola, diciendo: La heredad de un hombre rico había producido mucho.
17 Y él pensaba dentro de sí, diciendo: ¿Qué haré, porque no tengo dónde guardar mis frutos?
18 Y dijo: Esto haré: derribaré mis graneros, y los edificaré mayores, y allí guardaré todos mis frutos y mis bienes;
19 y diré a mi alma: Alma, muchos bienes tienes guardados para muchos años; repósate, come, bebe, regocíjate.
20 Pero Dios le dijo: Necio, esta noche vienen a pedirte tu alma; y lo que has provisto, ¿de quién será?
21 Así es el que hace para sí tesoro, y no es rico para con Dios.

La parábola del rico necio, o insensato, es la consecuencia de la petición hecha a Jesús por un hombre que deseaba su parte correspondiente de una herencia. Al parecer, el más joven de dos hermanos se quejaba de que el mayor no quisiera repartir con él los bienes heredados. Esta apelación al Maestro demuestra el prestigio y la consideración que tenía entre el pueblo. Las leyes de sucesión y herencia establecían que el hijo varón primogénito debía recibir doble parte de los bienes paternos. Lo que ocurría generalmente es que sólo se repartían los bienes muebles y que, con el fin de guardar intacto el patrimonio familiar, la casa y las tierras se daban al hijo mayor (de Vaux, 1985: 91). Cuando todos los hermanos se conformaban y aceptaban la ley no había problema. Esto es lo que parece señalar el salmista al decir: «Mirad cuán bueno y cuán delicioso es habitar los hermanos juntos en armonía» (Sal. 133:1). Sin embargo, cuando este buen entendimiento no se daba, pronto aparecían los pleitos y las rivalidades. La petición de aquel hombre: «Maestro, di a mi hermano que parta conmigo la herencia», pretendía que Jesús actuara como juez en el conflicto. No obstante, el Señor rechazó tal juicio por dos razones. Primero porque no era de su incumbencia: «¿Quién me ha puesto sobre vosotros como juez o partidor?» (Lc. 12:14), y después porque sabía que los bienes terrenales no tienen importancia en la adquisición de la verdadera vida.

Dios no es ningún guardián de cajas fuertes. Jesucristo vino para mostrar el mandamiento del amor mutuo, no para establecer quién tenía razón entre hermanos que se peleaban por un puñado de dinero. La avaricia no sólo se manifiesta en las peleas familiares por cuestiones de herencia, sino también en la ambición por acumular mucho más de lo necesario para vivir. Inmediatamente después de esta advertencia Jesús explica la historia del rico necio.

Contexto:

El ambiente que se describe en el relato es el agrícola propio de Palestina. La finca de un hombre rico había producido una excelente cosecha. Tanta que los graneros estaban llenos a rebosar. No era posible almacenar más grano en ellos. Necesitaba unos silos mayores. La mención de guardar todos los frutos y «bienes» puede hacer referencia a otra clase de productos distintos a los puramente agrícolas, provenientes quizá de otras empresas.

La expresión «diré a mi alma» debe entenderse como «me diré a mí mismo». Comer, beber y darse buena vida eran tres actividades que simbolizaban una existencia de desenfreno y despreocupación. Es el «comamos y bebamos porque mañana moriremos» que menciona Pablo en 1ª Corintios (15:32) recordando las palabras de Isaías (22:13). Se trata de la actitud puramente materialista ante la vida que, en el fondo, es el fruto de la increencia. Tal como resumen las palabras del salmista: «Dice el necio en su corazón: No hay Dios» (Sal. 14:1). ¡Qué triste el haberse pasado toda la existencia sin pensar en él! ¡Qué pena haber dedicado toda la vida a uno mismo y a los propios bienes materiales sin contar jamás con los demás, ni con la posibilidad de que la muerte rompa prematuramente todas las expectativas! La magnitud de la cosecha ha sido tal que el rico ya tiene el porvenir asegurado para el resto de sus días. Puede retirarse y gozar de la vida con toda tranquilidad. Pero el desenlace de la parábola es trágico. Aquella misma noche se murió. No por castigo a su egoísmo, ni por accidente, sino simplemente porque le tocaba morirse.

La voz de Dios se oye, quizá en sueño nocturno o más bien en una especie de pesadilla, para cortar radicalmente la insensata planificación del futuro. La muerte viene a truncar y a poner en evidencia la miseria existencial de aquel hombre tan presuntuoso. Realmente había vivido como un insensato. No consiguió nada. Su vida fue una existencia vacía y egocéntrica. Su comportamiento no le fue útil a Dios, ni al prójimo, ni siquiera a él mismo. El colmo de la necedad consiste en amontonar riquezas para uno sin haber reparado jamás en quién se beneficiaría de ellas cuando él no estuviera. ¿Para quiénes sería todo lo que había preparado? La verdadera riqueza no consiste en atesorar enormes fortunas, sino en saber compartirlas con los demás. La razón de su insensatez consiste en haber vivido para sí mismo, sin preocuparse de los otros ni de Dios. Ser rico para con Dios equivale a ser generoso con los hombres. El Señor considera que el mayor tesoro es la propia vida del ser humano y no los graneros repletos de grano hasta arriba.

Significado:

Decía el escritor francés Albert Camus que «es vergonzoso ser felices nosotros solos ya que la vida vuelta hacia el dinero es muerte». Esta es precisamente la locura que lleva a cabo el rico necio del relato. Pretender ser feliz él solo. No darse cuenta de que la felicidad es incompatible con el egoísmo. Crear enormes capitales con el único fin de disfrutar de una vida frívola es, desde la perspectiva de Jesús, la mayor insensatez en que puede caer el ser humano. La parábola se refiere al destino particular de cada individuo que termina inevitablemente en la muerte. Cada ser humano debe prepararse para poder afrontar esta meta. Llegará un día en el que el hombre tendrá que rendir cuentas de lo que ha hecho en esta vida. Conviene pues estar dispuesto para ese momento.

En todas las épocas han existido criaturas que han edificado sus vidas alrededor de la riqueza mientras vivían de espaldas a Dios. En el actual mundo tales personas son legión. Hoy se vive como si nunca hubiera que morir. Jamás se piensa en ese tema. Al perder la fe en Dios el humano se queda también sin trascendencia. La cesación de la existencia es el tema tabú de nuestra cultura actual. Produce pánico y horror llegar a viejo y comprobar cómo se arruga el cuerpo creyendo que no hay más vida que la física. Por eso la gente se concentra en el presente, en procurarse una «dolce vita», en eso que se ha llamado «sacarle el máximo partido a la vida» que, muchas veces, consiste precisamente en todo lo contrario, en «perder el partido de la vida».

Si para el creyente la muerte constituye la frontera a la dimensión gloriosa del más allá, para el ateo la muerte es el irremediable punto y final. Pues bien, el rico del relato fracasó desde ambas perspectivas. Suponiendo que hubiera creído en la realidad divina, su error habría sido el de creerse autosuficiente, el vivir dejando a Dios y a los demás fuera de sus cálculos. Si, por el contrario, era ateo, como parece sugerir la parábola, su necedad fue enriquecer los graneros a costa de empobrecer su persona desperdiciando la vida.

Quizás, a primera vista, pudiera parecer que Dios es injusto al pedirle la vida precisamente cuando el rico alcanza la culminación de sus ilusiones. Pero la cuestión es que el creador no tiene la culpa dc que sea «más fácil pasar un camello por el ojo de una aguja, que entrar un rico en el reino de Dios» (Lc. 18:25). El Sumo Hacedor no puede ser culpable de que algunos hombres se ofusquen con el deseo incontrolado de acumular bienes materiales y pierdan de vista el verdadero significado de la vida.

Aplicación:

¿En qué consiste la necedad? ¿En qué la sabiduría? Pasarse la vida preocupado exclusivamente por los bienes materiales de que se dispone, además de constituir el mayor acto de egoísmo humano es, según el Señor Jesús, una soberana necedad. La parábola no se refiere a que tener interés por la contabilidad doméstica sea algo malo, o que suscribir un plan de pensiones para la vejez y abrir una cuenta corriente para prevenir el futuro de los hijos tenga que ser negativo en el cristiano. La necedad del rico no está en prevenir el futuro, sino en creer que su porvenir depende exclusivamente de él, de sus posibilidades económicas y de nadie más. El error de creerse autosuficiente. La arrogancia de pensar que el dinero da la felicidad. La equivocación de permitir que unos graneros grandes pongan límite a toda esperanza humana.

El dinero igual que el grano y los demás bienes son necesarios para vivir pero no constituyen la única finalidad de la existencia humana. La mitificación del capital esclaviza y convierte al hombre en feligrés de una religiosidad profana. Mamón se convierte en el ídolo insaciable sobre el que gira toda la vida del necio. Siempre pide más. Nunca se satisface. ¡Cuántas criaturas de hoy viven como el rico necio! Creyendo que su futuro está perfectamente planificado, que la seguridad social o los ahorros de toda una vida son lo que de verdad importa. Lo paradójico e imprevisto es que muchos ni siquiera alcanzan la edad de la jubilación porque la vida se les agota antes. Muchas personas viven hoy en medio de la más aterradora inseguridad. De ahí que se busque desesperadamente la seguridad en la riqueza, en el poder, en la profesión, en la medicina preventiva o en los tratamientos de belleza. La misma sociedad que genera inseguridad pretende ofrecer remedios para curarla. Proliferan así seguros a todo riesgo. Se salvaguardan las casas, los vehículos, las joyas, las piernas y hasta la propia vida. Hay una obsesión egoísta por la seguridad personal que fomenta la despreocupación de los otros y de Dios.

Sin embargo, la parábola afirma que la sabiduría estaría en ser «rico para con Dios», en hacer tesoros para él. ¿Qué quiere decir esto? Confiar toda la existencia a las propias fuerzas equivale a desconfiar de Dios, a darle la espalda y menospreciarle. Por el contrario, ser rico para él consiste en permitir que se desarrolle la confianza en lo más profundo del alma. En abonar el terreno para que crezca el sentimiento de saberse por entero en sus manos. A pesar de la necesaria diligencia y laboriosidad que debe caracterizar al creyente, ser rico para con Dios es saber descansar en la seguridad de sus promesas. Vivir como si se poseyera todo el tiempo, la eternidad; todo el amor, el de Jesucristo; toda la fortuna, la de su gracia y la plena seguridad de la salvación. Cuando el ser humano consigue desarrollar tales certezas está disfrutando del mayor tesoro que puede poseer. Esta confianza en el futuro le motiva para vivir un presente de forma plena y abundante. Le aporta calidad a su tiempo porque le permite descubrir que los mejores momentos son los que comparte con los demás. Los mayores graneros, aquellos que sirven para saciar el hambre de los pobres y las tierras más productivas, las que se utilizan para desterrar el dolor y el sufrimiento de este mundo. Ser «rico para con Dios» no significa ampliar los graneros para guardar más semillas, sino hacer sitio para las personas.

Resumen:

La historia del rico necio surgió a raíz de la pregunta formulada a Jesús por un hombre que se quejaba de que su hermano no quería repartir con él la herencia. El Maestro se negó a emitir su juicio sobre tal asunto y en lugar de eso contó esta parábola. La locura del rico insensato consiste en no darse cuenta de que para ser feliz hay que dejar de lado el egoísmo y abrirse a los demás. Pasarse la vida intentando acumular bienes materiales y riquezas excesivas con el único fin avaro de verlas crecer es, según el Señor Jesús, la mayor insensatez que puede cometer la persona. Es la necedad de creer que el porvenir depende solamente de los recursos económicos de que se dispone.

La parábola es un consejo divino para que aprendamos a aprovechar nuestra existencia. Pero lo cierto es que en el mundo de hoy muchas criaturas están desperdiciando su vida sin darse cuenta. Personas que queman su salud haciendo horas extra para comprar lo que le han visto al vecino. Inversores que pierden el sueño y las ganas de vivir cuando la Bolsa fluctúa. Familias que se dividen y enfrentan por el miserable puñado de dinero que los abuelos les dejaron en herencia. Hombres y mujeres capaces de sacrificarlo todo vida familiar, tiempo, sosiego personal, salud mental por crearse un futuro personal. Desgraciadamente el ser humano, que es capaz de preverlo casi todo, no es capaz de adivinar el infarto o el instante de la muerte. El reto al que nos enfrenta Jesús con esta narración es el de adivinar dónde están realmente los tesoros imperecederos. En qué consiste la verdadera vida, ésa que es más que el alimento y el vestido. Cómo tener una actitud sabia e inteligente que nos permita distinguir los verdaderos bienes y la urgencia del tiempo presente. El secreto está en ser «rico para con Dios» haciendo sitio en los graneros para las personas.

Sugerencias:

1. ¿Por qué se negó Jesús a actuar como juez en el reparto de aquella herencia?
2. ¿La actitud del rico necio está pasada de moda o se sigue dando en la actualidad? ¿Es posible poner ejemplos?
3. ¿En qué consistía la necedad de aquel hombre rico?
4. ¿Qué puede significar «ser rico para con Dios»?
5. ¿Dónde tengo puesta mi seguridad en la vida? ¿En qué fundamento mi existencia?
6. ¿A qué dedico la mayor parte de mi tiempo? ¿Con qué finalidad lo hago?
7. ¿Cuál es mi propósito principal, Dios y los demás o los míos y mi propia seguridad?
8. ¿Vivo como cristiano o como ateo práctico?
9. ¿Da el dinero la felicidad? ¿Por qué?
10. Jesús dijo que «donde está vuestro tesoro, allí estará también vuestro corazón» (Lc. 12:34). ¿Dónde está mi corazón? ¿Cuál es mi verdadero tesoro?

31
Cómo vencer la somnolencia espiritual
o
los siervos vigilantes

Lucas 12:35-38

35 Estén ceñidos vuestros lomos, y vuestras lámparas encendidas;
36 y vosotros sed semejantes a hombres que aguardan a que su señor regrese de las bodas, para que cuando llegue y llame, le abran en seguida.
37 Bienaventurados aquellos siervos a los cuales su señor, cuando venga, halle velando; de cierto os digo que se ceñirá, y hará que se sienten a la mesa, y vendrá a servirles.
38 Y aunque venga a la segunda vigilia, y aunque venga a la tercera vigilia, si los hallare así, bienaventurados son aquellos siervos.

La parábola de los siervos vigilantes junto a las del ladrón y el siervo infiel forman un bloque temático que Lucas agrupa porque constituyen una exhortación a la vigilancia con vistas a lo incierto de la hora del juicio. Jesús acababa de explicar su pensamiento acerca de la correcta actitud del discípulo ante los bienes materiales. Después cambió de tema para advertirles sobre la fidelidad y la atención que debía caracterizarles en el cumplimiento de su misión. En realidad, ambos asuntos estaban íntimamente relacionados. La despreocupación por las riquezas terrenales, que la polilla destruye y los ladrones hurtan, requiere un cambio de miras fundamental. Una dedicación vigilante hacia los tesoros del cielo, que son las bolsas que nunca envejecen.

Contexto:

En el mundo contemporáneo de Jesús «ceñirse los lomos» significaba recogerse las largas túnicas que solían llegar hasta los pies, mediante una correa atada a la cintura. Este acto se realizaba para iniciar un trabajo o emprender una marcha. Tal expresión hacía referencia a la apresurada salida de Egipto que hubo de hacer el pueblo hebreo (Ex. 12:11). En todo el Antiguo Testamento la acción de ceñirse manifiesta disposición para realizar una misión inmediata (Job 38:3; 40:7; Jer. 1:17). También el Nuevo utiliza esta expresión aunque en ocasiones lo haga en sentido figurado (1 P. 1:13).

Las lámparas encendidas, que representaban vigilancia, consistían en una mecha de algodón empapada de aceite que flotaba sobre un pequeño recipiente de cerámica. La tradición hebrea creía que las lámparas encendidas servían para alejar los malos espíritus. Esto podría explicar por qué se han hallado más lámparas en los sepulcros que en las casas. Si una de estas lámparas se apagaba fortuitamente esto se interpretaba como presagio de ruina completa (Jer. 25:10).

Algunos autores han creído ver en el detalle de las lámparas ciertas similitudes con la parábola de las diez vírgenes, afirmando incluso que el relato de los siervos vigilantes podría ser una condensación de esa misma parábola. Sin embargo, esta teoría es absolutamente indemostrable y equivocada. La palabra griega que utiliza Lucas para referirse a las lámparas en este texto es *lychnoi*, mientras que Mateo en las diez vírgenes usa *lampades*. El primer término se refería a lámparas portátiles puestas sobre un soporte o candelero que se utilizaban en el interior de las viviendas. El segundo, por el contrario, indicaba antorchas que eran empleadas en el exterior al aire libre (Vine, 1989, 2: 295). No resulta, por tanto, creíble que Lucas condensara la parábola de Mateo.

No era desde luego, nada habitual, que un amo se ciñera para servir a sus criados. La pregunta de Jesús en otra parábola, en la del siervo inútil que se trata más adelante, lo pone de manifiesto: «¿Quién de vosotros, teniendo un siervo que ara o apacienta ganado, al volver él del campo, luego le dice: Pasa, siéntate a la mesa? ¿No le dice más bien: Prepárame la cena, cíñete, y sírveme hasta que haya comido y bebido; y después de esto, come y bebe tú?» (Lc. 17:7-8). De manera que la promesa hecha a los criados no era usual ni siquiera imaginable en aquel contexto palestino. De ahí que el cambio de papeles sea de lo más provocador y significativo. El Señor compartirá el banquete escatológico final de su segunda venida con todos aquellos siervos que hayan sabido permanecer fieles y vigilantes. Participar de esa mesa era, en la mentalidad judía, la mayor gloria y alegría que podía desear el ser humano.

Significado:

Se ha sugerido que la idea principal de esta parábola es que los seguidores de Cristo deben estar atentos y preparados para cualquier posible emergencia. Y que esta urgencia y premura, a la que Jesús se refería, fue su propio ministerio, la irrupción del reino de Dios como crisis suprema de la historia (Dodd, 1974: 158). Según tal hipótesis, estas palabras podrían compararse con las que les fueron dichas a los discípulos en el huerto de Getsemaní: «Velad y orad, para que no entréis en tentación; el espíritu a la verdad está dispuesto pero la carne es débil» (Mr. 14:38). El tiempo de prueba y la tentación sería el ataque que estaban a punto de sufrir Jesús y sus discípulos. La alusión que hace este texto a la situación inmediata sería la clave para entender la parábola de los siervos vigilantes. El Maestro esperaba el ataque aunque sus discípulos no fueran conscientes de ellos.

Sin embargo, este planteamiento parece difícil de compaginar con la idea del banquete final, que será servido por el señor a su regreso de las bodas. De ahí que la mayoría de los comentaristas prefieren hoy la explicación que hace referencia a la parusía. La parábola de los siervos vigilantes es una exhortación dirigida, por tanto, a los discípulos de Jesús para que estuvieran atentos a su segunda venida. Ellos son los hombres que esperan la llegada del amo y que no sólo deben abrirle la puerta, sino también servirle en todo lo que necesite. La palabra que se utiliza en el texto para «señor» (*kyrios*) hace referencia precisamente a la parusía del Señor, del Hijo del Hombre. Será en este regreso cuando el hijo de Dios ofrecerá un banquete a los criados vigilantes. Él mismo les servirá, uno por uno, y les recompensará su fidelidad. Llamar a la puerta era también una clara referencia a Cristo que se utilizará más tarde en el seno de la Iglesia (Ap. 3:20).

La comunidad cristiana primitiva entendió también en este sentido el relato de Jesús y lo aplicó a su propia situación, aguardando la consumación de sus esperanzas. Cobrando ánimos constantemente porque «la noche está avanzada y se acerca el día» (Ro. 13:12). Las vigilias de la noche se aplicaron a la larga duración de esa venida, que estaba originando angustias y temores en la Iglesia.

Aplicación:

Estar siempre a la expectativa es una actitud difícil de mantener. Resulta mucho más fácil y cómodo bajar de vez en cuando la guardia, relajarse y olvidarse temporalmente de la vigilancia a la que por vocación nos comprometimos. Sin embargo, el Maestro recuerda por medio de esta parábola que la profesión de vigía es la más adecuada para el cristiano. Los siervos amodorrados, en cambio, no suelen superar la prueba divina para la selección de personal. Lo trágico es que éstos con frecuencia lo intentan. Desean ocupar cargos relevantes. Luchan por conseguirlos aunque para lograrlo tengan que querellarse con sus propios hermanos. Y en algunas ocasiones, por desgracia, los consiguen. Adquieren puestos de prestigio y responsabilidad dentro de la principal empresa de Dios, la Iglesia.

No obstante, su pereza y falta de vigilancia pronto se hace patente. Se evidencia que lo único que les preocupaba era el título, no el servicio ni el trabajo. Después resulta que pocas veces están preparados para algo. Casi siempre consiguen encontrar inconvenientes que justifiquen la inactividad y esterilidad que les caracteriza. La monotonía espiritual de su existencia no consigue alterarla ni siquiera el recuerdo de que el Señor puede llegar de improviso en cualquier momento porque, en el fondo, ya no creen que tal Señor vaya a regresar. Por eso viven a ciegas caminando como sonámbulos que tropiezan a cada paso. Han perdido la costumbre de esperar. Ya no dan tiempo a nadie. Todo les desespera, les aburre e impacienta. Jamás se preocupan de los demás, sólo de ellos mismos y de sus intereses personales. No aciertan a disimular su grosero egoísmo.

Afortunadamente la Iglesia posee también otra clase de servidores. Esos a los que Jesús concedió el título honorífico de «vigilantes». Suelen ser criaturas siempre dispuestas para el trabajo y que nunca se preguntan: ¿Y yo qué beneficio obtendré? Piensan más en los demás que en sí mismos. Sus lomos están ceñidos las veinticuatro horas del día. Con su ejemplo convencen a los otros de que para ellos el trabajo no es, ni mucho menos, un castigo, sino el más maravilloso de los dones.

La actitud diligente y desinteresada de sus vidas les rodea de amigos que les admiran y les quieren. Son auténticas lámparas encendidas que iluminan los ambientes por donde transitan proporcionando inspiración a muchos. Saben aguardar y no desesperan porque han aprendido a amar. Su tiempo no lo consideran tan valioso como para no derrocharlo frente a las necesidades ajenas. Si éste les es solicitado, la respuesta es inmediata. Velan con los otros mientras hace falta y, en ocasiones, hasta les ceden su sueño. Han descubierto que el servicio es su principal condición y que la espera vigilante es como estar dispuesto siempre a emprender un viaje. Como ponerse en ruta a cualquier hora con la conciencia clara sobre los peligros que amenazan. Son conscientes de que cualquier pequeña distracción es suficiente para que se les hurten los valores más preciados y no quieren apagar nunca las lámparas.

Creen que vigilar consiste en ser fieles pero también en actuar con cordura. Que el auténtico vigía es aquel que posee capacidad para interpretar adecuadamente los cambios que ocurren a su alrededor. El que tiene coraje para ofrecer respuestas nuevas a problemas que ya no son los de ayer. Saben que para llegar al más allá no es posible pasar del hoy. El siervo vigilante conoce el mundo en el que le ha tocado vivir. Sus zonas sombrías y también sus resplandores alegres. Las primeras procura alumbrarlas con la lámpara del Evangelio, las otras le sirven para vivirlas y gozarlas con los demás. La parábola les promete a estos siervos un final feliz. Cuando vuelva el Señor hará algo insólito. Se ceñirá y les servirá. Se preocupará por su bienestar. Eliminará toda sombra de tristeza y sufrimiento de sus rostros y les concederá la eterna felicidad. El mensaje de estas palabras del Maestro representa, para la Iglesia de hoy, la condena de un estilo cristiano somnoliento, apagado, distraído, cansinamente repetitivo, tópico y sabido. Y, a la vez, constituye una invitación a un compromiso sabio, diligente, que sorprenda por su coraje y honestidad, que entienda las coyunturas de los tiempos y sea capaz de abrir de nuevo la puerta de la esperanza.

Resumen:

El relato de los siervos vigilantes apunta, como tantas otras parábolas, a la consumación de la historia. Da por supuesto que sus oyentes están convencidos de que el universo físico tuvo un principio y tendrá también un punto final. Cuando llegue ese momento es menester que los siervos de Cristo permanezcan a la expectativa y con las lámparas encendidas. Estos cuatro versículos fueron siempre de inspiración y exhortación para la Iglesia de todas las épocas porque convidan a los creyentes a vivir la fe, y la esperanza de la parusía, en medio de las tinieblas de un mundo que duerme con las lámparas apagadas.

En nuestros días, los cristianos del mundo occidental debemos adquirir también el hábito de «ceñirnos la túnica» más a menudo. Ponerse el traje de faena para empezar a trabajar de verdad en los campos del Señor, sigue siendo una asignatura pendiente de la Iglesia contemporánea. Sustituir el adormecimiento por el desvelo y la responsabilidad personal. Cambiar la costumbre y el tradicionalismo por la singularidad extraordinaria del Evangelio. Trastocar la mediocridad de tantas vidas en la excelencia de hombres y mujeres que aspiren a la perfección en Cristo. La hipermodernidad nos ensordece con sus eslóganes de moda, nos atonta mediante la charlatanería de tantos farsantes que prometen paraísos perdidos. Sin embargo, hemos de reaccionar frente a tanta dispersión para concentrarnos en la única verdad revelada: el mensaje de Dios hecho real en la persona de Jesucristo.

Sugerencias:

1. ¿Qué significado tiene en la Escritura la acción de «ceñirse los lomos»?
2. ¿Existe alguna relación entre esta parábola y la de las diez vírgenes? ¿Por qué?
3. ¿En qué consiste la hipótesis de Dodd sobre esta parábola? ¿Es acertada?
4. ¿Qué pruebas pueden aducirse en favor de que el señor de la parábola simboliza, en realidad, a Jesucristo?
5. ¿Qué significa vivir la fe en actitud vigilante y con las lámparas encendidas?
6. ¿En qué consiste ofrecer respuestas nuevas, desde la fe, a problemas que ya no son los de ayer?
7. ¿Me considero un siervo vigilante? ¿Por qué? ¿En qué se me nota?
8. ¿Estoy al corriente de lo que pasa en el mundo de hoy? ¿Cómo me informo?
9. ¿Intento aportar respuestas bíblicas a los problemas que veo a mi alrededor?
10. ¿Soy consciente de cuál es mi función concreta como vigía de Jesucristo?

32
¡Les está bien empleado!
o
la higuera estéril

Lucas 13:6-9

> ⁶ *Dijo también esta parábola: Tenía un hombre una higuera plantada en su viña, y vino a buscar fruto en ella, y no lo halló.*
> ⁷ *Y dijo al viñador: He aquí, hace tres años que vengo a buscar fruto en esta higuera, y no lo hallo; córtala; ¿para qué inutilizar también la tierra?*
> *8 Él entonces, respondiendo, le dijo: Señor, déjala todavía este año, hasta que yo cave alrededor de ella, y la abone.*
> *9 Y si diere fruto, bien; y si no, la cortarás después.*

Jesús se encontraba de camino hacia Jerusalén, pero sus viajes solían tener numerosas paradas. Se detenía frecuentemente para predicar el Evangelio de salvación. En esta ocasión el evangelista Lucas explica que el Maestro estaba dando instrucciones a la gente que le escuchaba, acerca de la necesidad de reconciliarse con el adversario o el posible contrincante. En ese preciso instante irrumpieron unos desconocidos, con la intención de contar lo que acababa de suceder a unos galileos que habían sido asesinados por Pilato. Esta situación es inmediatamente aprovechada por el Señor Jesús para reflexionar sobre la culpabilidad de tales galileos y hacer un llamamiento general a la conversión personal. La parábola de la higuera estéril surge precisamente en este ambiente.

Contexto:

Al parecer los soldados romanos habían dado muerte a ciertos galileos durante la ceremonia del sacrificio del cordero pascual. Seguramente este suceso ocurrió en el atrio de los sacerdotes del templo de Jerusalén y es probable que los galileos fuesen peregrinos que hubieran subido a la ciudad para participar en la fiesta de la pascua. Lo que desencadenó el incidente no podemos saberlo, porque Lucas no lo comenta, sin embargo, algunos exegetas creen que pudiera tratarse de una consecuencia de lo que explica Flavio Josefo. Según su relato, el gobernador Poncio Pilato había introducido en la ciudad santa ciertas imágenes de los emperadores romanos grabadas en los estandartes de sus legiones. Esto pudo ser una grave provocación para los judíos de Galilea que probablemente protestarían y se rebelarían contra semejante intromisión idolátrica que tanto les repugnaba. De ahí que Pilato, dado su conocido carácter sanguinario y cruel, actuara con decisión y contundencia para aplastar la revuelta.

Jesús inicia su comentario con una pregunta: «¿Pensáis que estos galileos, porque padecieron tales cosas, eran más pecadores que todos los galileos?» (v. 2). Él sabía que los judíos interpretaban ciertas catástrofes o accidentes como la consecuencia directa o el efecto de algún pecado cometido en el pasado. Sin embargo, el Señor les responde claramente que no, que tales ideas no tienen fundamento, y les invita al arrepentimiento dándoles a entender que la conversión personal es la única solución al problema de la maldad humana.

Al trágico acontecimiento político-religioso que le acaban de comunicar, Jesús añade otra desgracia que era bien conocida por todos los oyentes. Una de las torres de la primera muralla de Jerusalén, la que se alzaba sobre la piscina de Siloé, se había derrumbado accidentalmente matando a dieciocho personas. El Maestro vuelve a decirles que no, que los fallecidos no eran más culpables que el resto de los habitantes de la ciudad. Si Dios tuviera que castigar, mediante catástrofes y accidentes, a todos los seres que pecan, la especie humana se habría extinguido hace ya mucho tiempo. De manera que, el Señor se sirve de estos dos acontecimientos desdichados para hacerles reflexionar acerca de la necesidad de la conversión y el arrepentimiento. En vez de defender y exaltar sus sentimientos patrióticos, ya que al fin y al cabo Jesús era también galileo, o de criticar al injusto gobernador romano, les invita a pensar sobre su propia situación personal y a considerar que ni los galileos asesinados ni los dieciocho ciudadanos de Jerusalén, que perecieron aplastados, pagaron con ese tipo de muerte tan dramática un pecado mayor que el del resto de sus compatriotas.

La vida se puede terminar en cualquier momento. El accidente fortuito puede ocurrir cuando menos se espera. Así de imprevisible es la condición del ser humano. El Evangelio dice en otra parábola, la del rico insensato, que incluso «esta misma noche» se nos puede reclamar la vida. De manera que la muerte tiene que hacer reflexionar a los vivos y motivarlos para que reformen su existencia, se arrepientan de sus errores y acepten la Palabra de Dios.

Todo el Antiguo Testamento está lleno de referencias a la higuera o a sus frutos. Adán y Eva se vistieron con delantales hechos con hojas de higuera (Gn. 3:7). Isaías recetó «masas de higos» con el fin de curar la llaga de Ezequías (2 R. 20:7). En Palestina existía la costumbre de plantar higueras en las viñas. La imagen bucólica y grata del reposo, bajo la vid y la higuera, formaba parte de la tradición cultural de Israel. Al menos esto es lo que se desprende de textos como el de Amós 4:4: «Y se sentará cada uno debajo de su vid y debajo de su higuera, y no habrá quien los amedrente». La higuera, junto con la vid y el olivo, llegaron a considerarse como símbolos de bienestar y prosperidad en el pueblo hebreo, mientras que la improductividad, o la destrucción de una higuera, se interpretaban como una calamidad para la nación. Habacuc se refiere precisamente a esto: «Aunque la higuera no florezca, ni en las vides haya frutos, aunque falte el producto del olivo... con todo, yo me alegraré en Jehová» (3:17). Los higos y las viñas eran también la señal de la instalación en la tierra prometida y recordaban, asimismo, el paraíso perdido.

Desde el punto de vista botánico la higuera ha engañado a los científicos durante muchos años ya que se llegó a creer que ésta no florecía jamás y que en vez de flor daba fruto. Hasta el gran naturalista sueco Linneo cometió este error al clasificarla, en 1737, como una criptógama. Es decir, una planta sin flor. Lo cierto es, sin embargo, que las higueras sí tienen flores, aunque diminutas. Se trata de flores que nacen dentro de un receptáculo, muy apretadas, y ocultas a las miradas humanas. Este receptáculo llegará a ser, con el tiempo, el futuro higo. Las higueras primitivas tienen que ser fecundadas para poder dar fruto, esta labor la llevan a cabo unas pequeñas avispas del género *Blastophaga* (nombre derivado del griego que significa «comedora de semillas»), que penetran por el orificio del higo joven. Tal operación ocurre primero dentro de los cabrahigos machos (no comestibles) que aparecen varias veces al año en las ramas pequeñas. De manera que la fecundación se produce cuando tales insectos entran, cargados de polen, dentro de los higos hembra comestibles. Hoy, no obstante, la mayoría de las higueras cultivadas producen sus frutos sin necesidad de polinización. Por eso se las denomina partenogenéticas. O sea, generadas sin fecundación sexual.

Es muy probable que los «malos higos» a que se refiere el profeta Jeremías (24:2) fuesen cabrahigos macho. Al escribir: «Me mostró Jehová dos cestas de higos... Una cesta tenía higos muy buenos, como brevas; y la otra cesta tenía higos muy malos, que de malos no se podían comer» está hablando de los judíos transportados a Babilonia (los higos buenos) y de los que se quedaron en Judá junto al rey Sedequías (los higos malos). Seguramente el ejemplo de los «malos higos que no se podían comer» se refiera a estos cabrahigos no comestibles.

¿Por qué una higuera podía dejar de dar su fruto? Puede haber varias razones. Por un exceso de lluvias o de humedad, por haber sufrido un otoño frío o neblinoso o por tener los cabrahigos macho muy alejados de ella. Cualquiera de estas causas podía ser la responsable de la esterilidad del árbol a que se refiere la parábola.

A la higuera, como a todos los frutales de Palestina, se la consideraba incircuncisa durante los tres primeros años de su vida. Esto significaba que durante esos tres años su fruto no se podía comer (Lv. 19:23). De manera que si a los tres años se le añaden los otros tres que el dueño había venido a buscar fruto en vano, según afirma el versículo 7, resulta que la higuera tenía ya seis años. ¡Si en seis años no había dado fruto comestible, parece difícil que pudiera llegar a darlo alguna vez!

El texto afirma que el dueño se pregunta: «¿Para qué inutilizar también la tierra?». La higuera se caracteriza por absorber mucha agua y sales minerales del suelo dejándolo sin nutrientes para las plantas vecinas. Un dato que resulta curioso es el de cavar alrededor y abonarla. En ningún versículo del Antiguo Testamento se habla del abono de una viña o higuera. Con tal imagen se pretende resaltar la idea de que el viñador desea realizar algo que está fuera de lo común, algo desacostumbrado, al intentar abonar una higuera. Es decir, va a intentar, por todos los medios a su alcance, que dé fruto.

Significado:

El sentido de esta parábola hay que buscarlo en la fragilidad de la vida humana y en el desperdicio que muchas criaturas hacen de ella. Se dirige a los contemporáneos de Jesús y les dice: «¿Cómo es posible que conociendo, como conocéis, la brevedad de vuestra vida, sabiendo lo frágil y débil que es, que en cualquier momento se puede quebrar como si fuera de vidrio, aún así, continuéis malgastándola inútilmente? Es posible que estos galileos que me decís hayan muerto por culpa de la crueldad de Pilato, y que los dieciocho judíos aplastados por la torre perecieran sólo por accidente, pero ese no es vuestro caso. Tampoco es el caso de la higuera estéril que muere porque no da fruto, porque es un parásito. Esta es, precisamente, la mayor culpabilidad: ser un parásito. Estar siempre recibiendo y no ser capaz nunca de dar. El pecado más grave es el de pasarse la vida dando excusas, mirando a los demás, poniendo 'peros', aplazando la decisión fundamental. La culpabilidad mayor es demorar la decisión personal ante Jesús. Tal responsabilidad es más seria, a los ojos de Dios, que la que vosotros le suponéis a una muerte violenta o a un accidente fortuito».

Sin embargo, todavía se está a tiempo para cambiar de actitud. La parábola insiste en que de la misma forma en que se le concedió a la higuera una última oportunidad, salvándola de ser talada, la invitación de Jesús al arrepentimiento está todavía vigente durante el período de gracia hasta que venga el juicio de Dios. Vivimos el tiempo de la última oportunidad para poner fin a la pereza moral y a la indecisión humana. Ahora, hoy es tiempo para acabar con ese comportamiento de vivir de espaldas a Dios, con esa esterilidad alienante y producir auténticos frutos de conversión.

Aplicación:

En ocasiones, los seres humanos interpretamos muy a la ligera las calamidades o los accidentes que ocurren a los demás. Con frecuencia se justifica el mal ajeno apelando al «justo castigo de Dios por los pecados de los hombres», incluso en labios de creyentes evangélicos. Atrocidades tan grandes como decir que el niño que nace deficiente es un castigo de Dios a la conducta de los padres; o el joven que queda parapléjico, después del accidente automovilístico, sufre la recompensa divina a su inconsciencia; igual que los enfermos de SIDA o la plaga del terrorismo. Frente a tales ideas convendría recordar, una vez más, las palabras de Jesús: «¿Pensáis que estos galileos, porque padecieron tales cosas, eran más pecadores que todos los galileos?».

Las desgracias más terribles pueden ser también signo y advertencia, no castigo. Pero signo y advertencia para todos. Jesús les responde: «¡No, antes si no os arrepentís, todos pereceréis igualmente!». Arrepentirse y convertirse significa un cambio de mentalidad, una capacidad para saber leer los acontecimientos más inquietantes con los ojos del amor y no con los de la crueldad e insensibilidad; una delicadeza especial para desterrar de la mente y de los labios, frases como: «Les está bien empleado» o «ellos se lo han buscado».

Para el Señor Jesús los culpables no son Pilato, ni los constructores de la torre de Siloé, ni mucho menos las víctimas. Jesús sienta en el banquillo de los acusados a los propios informadores, a los que se creen que están en regla, a los que piensan que a ellos no les ocurre nada porque son buenos, y les invita a arrepentirse y a reconocer su pecado. Les convida a descender de esa torre de orgullo que se han fabricado. ¡Esa torre que, a diferencia de la de Siloé, tanto cuesta derribar!

Con frecuencia nuestros frutos, como los de la higuera estéril, no están a la altura de lo que Dios espera. Es lógico que cuando él planta un frutal, un árbol que no es ornamental, espere sus frutos. Los cristianos no somos árboles de adorno, sino que hemos sido sembrados para fructificar y cuando nos mostramos improductivos estamos dando pie a que la paciencia de Dios se agote. Sin embargo, la parábola nos descubre gratamente que el viñador intercede por su higuera. Cristo media en favor nuestro ante el Padre y consigue que el creador siga creyendo en el hombre y esperando algún fruto bueno porque es, en palabras del salmista «misericordioso y clemente, lento para la ira y rico en piedad».

Resumen:

Cada uno de nosotros somos, en cierta manera, como higueras estériles que requieren el abono constante de la Palabra de Dios. Tenemos tendencia a instalarnos en la mediocridad y, lo que es peor, a acostumbrarnos a ella. Cuando se vive sólo para uno mismo, en realidad, se está viviendo en la esterilidad. Cuando los demás no cuentan para nada, en nuestra vida diaria, estamos necesitados de que alguien remueva pacientemente la tierra de nuestro reseco corazón. Si notamos tales síntomas debemos arrodillarnos y pedirle al Señor que fertilice nuestro suelo para que la savia de su vida recorra, de nuevo, todos los vasos de nuestro ser, desde la punta de las raíces hasta la última rama muerta.

Sugerencias:

1. ¿Cómo interpretaban los judíos las catástrofes y accidentes?
2. ¿Cómo los interpretaba Jesús?
3. ¿Qué significado tenía la higuera para la mentalidad hebrea?
4. ¿Qué tiene que ver la parábola con la fragilidad de la vida humana?
5. Desde el punto de vista de Jesús ¿en qué consiste la mayor culpabilidad del ser humano?
6. ¿Qué es vivir el tiempo de la última oportunidad?
7. ¿Cómo debemos explicarnos las calamidades o los accidentes que ocurren a los demás?
8. ¿Qué puede significar ser abonado como la higuera?
9. ¿Qué significa cambiar de mentalidad en relación a la interpretación de los acontecimientos negativos?
10. ¿Cómo intercede Cristo en favor nuestro?

33
Sólo es posible pasar dilatando el corazón
o
la puerta estrecha

Lucas 13:24-30

24 Esforzaos a entrar por la puerta angosta; porque os digo que muchos procurarán entrar, y no podrán.
25 Después que el padre de familia se haya levantado y cerrado la puerta, y estando fuera empecéis a llamar a la puerta, diciendo: Señor, Señor, ábrenos, él respondiendo os dirá: No sé de dónde sois.
26 Entonces comenzaréis a decir: Delante de ti hemos comido y bebido, y en nuestras plazas enseñaste.
27 Pero os dirá: Os digo que no sé de dónde sois; apartaos de mí todos vosotros, hacedores de maldad.
28 Allí será el llanto y el crujir de dientes, cuando veáis a Abraham, a Isaac, a Jacob y a todos los profetas en el reino de Dios, y vosotros estéis excluidos.
29 Porque vendrán del oriente y del occidente, del norte y del sur, y se sentarán a la mesa en el reino de Dios.
30 Y he aquí, hay postreros que serán primeros, y primeros que serán postreros.

Mientras Jesús se dirigía de camino hacia Jerusalén atravesando distintas ciudades y pueblos en los que predicaba la Buena Nueva, una persona cuyo nombre no se especifica le preguntó: «Señor, ¿son pocos los que se salvan?» (Lc. 13:23). Detrás de aquella duda había una de las creencias más arraigadas del judaísmo contemporáneo. Se creía que todo hebreo, por el sólo hecho de serlo, formaría parte del mundo futuro. De manera que la cuestión que se plantea es: ¿Cuál es la relación del resto de la humanidad con respecto a ese «Reino» que pregonaba Jesús? El Maestro no responde directamente a la pregunta, sino que, por medio de la parábola de la puerta estrecha, desvía el asunto hacia una exhortación mucho más práctica y relevante. Lo importante no es conocer el número exacto de los que entrarán en el reino de Dios, sino entender que para pertenecer al mismo hay que esforzarse.

Contexto:

Muchos exegetas bíblicos opinan que esta parábola debió surgir de la pluma del evangelista Lucas, quien a base de reunir fragmentos y dichos aislados de Jesús habría construido todo el relato para atribuírselo completo posteriormente al Maestro. Se trataría, según tales autores, de una amalgama de materiales heterogéneos derivados de distintas tradiciones y con diferentes procedencias. Veamos algunos de los argumentos en que se apoyan tales razonamientos que nosotros no compartimos.

Ciertas frases de la narración parecen tener un paralelismo con determinados pasajes de Mateo. Si Lucas recoge la idea de la «puerta angosta», Mateo habla también en el discurso de la montaña de la «puerta estrecha» que lleva a la vida (Mt. 7:13-14). Asimismo en los versículos 25 al 27 se han creído ver algunos aspectos de la parábola de las diez vírgenes. Las exclamaciones: «Señor, Señor, ábrenos» y «no sé de dónde sois; apartaos de mí todos vosotros, hacedores de maldad» recuerdan mucho a las de Mateo: «¡Señor, señor, ábrenos! Mas él, respondiendo, dijo: De cierto os digo, que no os conozco» (Mt. 25:11-12).

Joaquim Jeremias refiriéndose a este mismo asunto escribe: «Una ojeada a los lugares paralelos de Mateo muestra que tenemos ante nosotros un mosaico: por la fusión de un final de parábola (Mt. 25:10-12) con tres imágenes que le son cercanas como material intuitivo (Mt. 7:13s.22s; 8:11s) ha surgido una nueva parábola: *la parábola de la puerta cerrada*» (Jeremias, 1992: 118). De manera que también él se identifica con las anteriores opiniones.

Veamos, no obstante, algunas diferencias de estos pretendidos paralelismos que parecen haber pasado desapercibidos. En la historia que cuenta el tercer evangelista acerca de la puerta estrecha se afirma, en el versículo 24, que «muchos procurarán entrar» y desgraciadamente no podrán. Sin embargo, en los dos textos de Mateo se mencionan dos puertas y dos caminos distintos. Una de tales puertas es ancha y «muchos son los que entran por ella», mientras que la otra es estrecha y «pocos son los que la hallan». La idea del esfuerzo que se requiere para entrar parece no existir en este relato, sin embargo es fundamental y constituye su mensaje central en el de Lucas.

Por otro lado, en la parábola que escribe Lucas sólo se menciona una única puerta estrecha. El término griego empleado es *thura* y se refiere a la puerta o entrada normal a una vivienda. Sin embargo, en el relato de Mateo, Jesús habla de dos puertas y la palabra utilizada es *pulè* que significa puertas de gran tamaño, como las que se colocaban en los muros de las ciudades (Vine, 1989, 3: 274). Se trata de dos conceptos de puerta radicalmente distintos. ¿Si Lucas copió de Mateo, como ciertos autores suponen, por qué redujo el número y el tamaño de la puerta? ¿Responde ese comportamiento a la idea de fidelidad a las fuentes? Nuestra opinión es que las aparentes similitudes no resultan tan evidentes como se ha pretendido.

¿Acaso no pudo repetir Jesús sus propias imágenes y ejemplos en dos relatos diferentes? ¿No es lógico pensar que construyera parábolas distintas a partir de ilustraciones similares? ¿Es que el Maestro cuando predicaba nunca repitió un mismo mensaje, o una misma parábola, ante públicos diferentes? No sabemos si lo hizo o no pero, en cualquier caso, ¿qué le impedía hacerlo? Nuestra modesta opinión es que no hay razones de peso para demostrar que la parábola de la puerta angosta no salió de la boca del Maestro tal como nos la presenta el evangelista Lucas.

Significado:

En este relato domina fundamentalmente el tema del reino de Dios. La alternativa que se plantea es cómo ser admitidos o excluidos del mismo. El término «esforzaos» del versículo 24 pretende transmitir la idea de «forcejear» para entrar en el reino ya que la única entrada posible es una angosta puerta. Lo que debe preocupar a los humanos es aquello que les compete sólo a ellos, es decir, el esfuerzo personal que cada cual realiza por vivir como ciudadanos del reino. El número de los que entran es algo que sólo le incumbe a Dios.

La imagen que intenta mostrar el texto es la de una multitud de personas apelotonadas que forcejea y se empuja intentando atravesar una puerta angosta por la que sólo puede pasar una persona cada vez y con dificultad. Penetrar en el reino de Dios no es como atravesar una amplia puerta abierta de par en par. Alcanzar la salvación no resulta fácil para nadie. Se dice que muchos intentarán entrar y no podrán. No por culpa de la estrechez de la abertura, sino porque ya será demasiado tarde. Cuando lleguen a la puerta se darán cuenta de que está cerrada. Lo cual implica que el acceso al reino de Dios no depende sólo de la actitud del ser humano, sino también del dueño de la casa que, en cualquier momento, puede levantarse y cerrar la entrada. El padre de familia se identifica claramente con el propio Señor Jesús ya que los que se quedan fuera, pidiendo que se les abra la puerta, afirman que habían comido y bebido con él y que le habían escuchado en sus plazas. Eran, por tanto, contemporáneos suyos.

La respuesta es una doble negativa a abrir la puerta, por parte del señor, basada en el desconocimiento de la identidad y la procedencia de los que llaman. Por todo el Antiguo Testamento aparecen versículos que se refieren al hecho de que Dios conoce a los suyos. Es lo que Jehová le dice al profeta Jeremías: «Antes que te formase en el vientre te conocí, y antes que nacieses te santifiqué» (Jer. 1:5). Y lo que le recuerda a todo el pueblo de Israel: «Yo te conocí en el desierto, en tierra seca» (Os. 13:5).

Sin embargo, a los que aparecen en esta parábola los considera extraños porque practican la maldad y la injusticia. ¿Quiénes son estos expulsados del reino de Dios? Pues precisamente todos aquellos que creían estar dentro por linaje, por pertenecer a Israel, pero que no supieron ver en Jesús al Mesías prometido que inauguraba tal reinado divino. Los que se escandalizaron del Evangelio acusando de loco a Jesús y a sus discípulos. Aquellos que fueron capaces de rasgarse las vestiduras cuando el Maestro respondió: «Yo soy» a la pregunta acerca de si era el Cristo. Años más tarde el apóstol Pablo se referiría también a estos expulsados al afirmar que «la palabra de la cruz es locura a los que se pierden; pero a los que se salvan, esto es, a nosotros, es poder de Dios» (1 Co. 1:18).

No obstante, los que iban a ser admitidos en el reino de Dios y podrían participar del banquete escatológico acudirían de los cuatro puntos cardinales, «del oriente y del occidente, del norte y del sur». Se trata del nuevo Israel formado por los paganos, y también judíos, que abrazaron el mensaje de Jesús. De ahí que habrá «postreros que serán primeros, y primeros que serán postreros». La realidad del Reino provoca una inversión de los valores tradicionales y de las previsiones humanas. Algunos de los últimos en llegar serían considerados más importantes que los de siempre. Es exactamente lo que preveía la profecía del anciano Simeón cuando Jesús fue presentado en el templo: «He aquí, éste está puesto para caída y para levantamiento de muchos en Israel, y para señal que será contradicha» (Lc. 2:34).

Aplicación:

Estamos acostumbrados hoy a que las puertas anchas se nos abran solas con aproximarnos un poco a ellas. Se trata de puertas inteligentes que la tecnología ha puesto a nuestra disposición. Son amplias aberturas transparentes que se muestran generosas facilitando el acceso a todo el mundo. Sin embargo, hay algo sospechoso en ellas. El que se abran tan fácilmente resulta un tanto chocante. A veces sorprende tanta amabilidad y surge la duda, ¿no será que tales puertas esperan algo a cambio? La cultura del deseo abre de par en par todas las puertas para mostrar el abanico de oportunidades de la sociedad de consumo. Este es el secreto de tanto pórtico rápido y tanta apertura aparentemente altruista. Pero lo cierto es que nadie regala nada.

Existen, no obstante, otros portones que resultan bastante más angostos y que para franquearlos hay que esforzarse poniendo todo el empeño. Muchos pretenden entrar a través de ellos, pero no lo consiguen porque no están dispuestos a desprenderse del lastre que arrastran sus vidas. El Evangelio sugiere que, en general, son las entradas estrechas las que posibilitan el paso al reino de los cielos. Uno de estos resquicios entreabiertos, que actualmente pocos aciertan a franquear, es el de la humildad. En la sociedad de la apariencia y la ostentación resulta cada vez más difícil encontrar personas que reúnan tal condición de paso como para entrar por ahí. Sólo consiguen penetrar los pobres de espíritu, los que lloran y sufren, los mansos desheredados de la fortuna. Aquellos que tienen hambre y sed de justicia. Los que practican la misericordia y aman con sinceridad. Los demás tropiezan siempre y no consiguen entrar.

Otra de tales aberturas es la que permite el paso a los pacificadores, a aquellos que procuran activamente la paz a su alrededor. Los que velan siempre por el mantenimiento de buenas relaciones e impiden que estallen los conflictos. No me refiero a los que por carácter son pacíficos o a los que militan en organizaciones pacifistas, sino a los que se esfuerzan por impedir el odio, la rivalidad, la crítica destructiva y la violencia entre sus semejantes. Estos atraviesan también con facilidad la puerta estrecha.

Es posible que una tercera de estas incómodas entradas sea la de los generosos. Aquellos que de verdad han entendido lo que es el amor y lo que significa ser caritativos. Los que no aprendieron las matemáticas de contar el tiempo que dedican a los demás, ni la ayuda que prestan a los otros, ni siquiera los recursos económicos que invierten en aquellos que lo necesitan. Esos torpes contables son los que también consiguen penetrar.

Muchos otros intentarán asimismo la entrada por estos mismos pórticos, pero dice la parábola que seguramente no lo conseguirán. Porque, en realidad, no se trata de una cuestión de buenas obras, esfuerzo ascético o acumulación de méritos propios. Lo que de verdad posibilita el acceso es la confianza plena en que se nos dejará entrar por la sola gracia y los méritos de aquel que tiene potestad para abrir y cerrar el paso. La clave no es nuestra obra, sino la suya. El secreto que puede abrir tan singular cerradura se llama fe. Todas las demás virtudes del hombre se subordinan o son una consecuencia de ella. Por eso recuerda la escritura que «sin fe es imposible agradar a Dios».

La verdad es que ser cristiano es algo muy serio. No se trata de un viaje de placer a través de un ambiente paradisíaco que nos transporta en un abrir y cerrar de ojos hasta la misma puerta final, sino de una excursión difícil e incómoda que dura toda la vida. La pedagogía que el Señor aplica durante ese trayecto no está hecha precisamente de caricias y dulzura. Hay tropiezos abundantes que causan dolorosas heridas mientras se aguarda turno en la fila. Las lesiones del alma son las que más cicatrices dejan. Pero el creyente tiene que saber soportar estas agresiones contra la delicada superficie de su conciencia, no para que ésta se vuelva más dura, sino para que se vuelva aún más delicada. La palabra «esforzaos» cuyo sentido es el de «forcejear» o batirse en una lucha encarnizada, no implica evidentemente la pelea contra los demás compañeros que hacen cola para entrar, sino la de luchar contra uno mismo. Contra todo aquello que nos obstaculiza la entrada.

La parábola de la puerta estrecha nos trae dos noticias. Como tantas veces, una es buena y la otra mala. La primera afirma que todavía hoy la puerta permanece abierta para todo el mundo que anhele y se esfuerce por entrar. La noticia mala augura que algún día se cerrará incluso para algunos de aquellos que se creían miembros de la casa y amigos del dueño, pero que en realidad no lo eran. ¿Cuándo ocurrirá esto? Nadie lo sabe. Lo importante es que todavía estamos a tiempo de ser admitidos. Sólo es posible pasar a través de la puerta estrecha agrandando los horizontes y el corazón.

Resumen:

La parábola de la puerta estrecha surge a partir de la pregunta que un desconocido le formula a Jesús acerca de cuántos serían los que se salvarían. Como es propio en él, el Maestro no responde inmediatamente, sino que explica esta breve historia. Mediante ella pretende enseñar que lo importante para el ser humano no es conocer el número, la raza o la identidad de los que serán salvos, sino esforzarse personalmente y asegurarse un lugar en el reino de Dios. La idea que se desea resaltar es la dificultad y la lucha constante que implica una vida dedicada a Jesucristo. Vivir el Evangelio no es fácil para nadie. Quien predique un cristianismo blando, suave y de color rosa está engañando. La existencia del creyente requiere sacrificios, renuncias y privaciones. Para un verdadero hijo de Dios no es posible vivir en medio de las injusticias, miserias y calamidades de este mundo sin derramar lágrimas solidarias de dolor o procurar paliar las obras del Maligno con arreglo a las posibilidades de cada cual.

La aplicación práctica para hoy sería la de aprender a desconfiar de los enormes portones abiertos de par en par. Las amplias entradas de la sociedad materialista del bienestar contribuyen a cegarnos la visión de las realidades espirituales. En nuestros días no está de moda hacer cola frente a la puerta estrecha del reino de Dios. Sin embargo, los creyentes debemos seguir testificando que el mensaje de Jesucristo continúa siendo el único que de verdad provee de sentido y trascendencia al ser humano. Y esto sólo se puede hacer de forma eficaz dilatando completamente nuestro corazón.

Sugerencias:

1. ¿Cuál era la cuestión teológica principal que había detrás de la pregunta formulada a Jesús?
2. ¿Por qué se ha sugerido que esta parábola es una especie de mosaico? ¿Es demostrable y concluyente esa opinión?
3. ¿Es posible que el Maestro repitiera alguna de sus parábolas ante públicos y contextos diferentes? ¿Por qué?
4. ¿Qué idea fundamental pretende transmitir el término «esforzaos»?
5. ¿Quiénes son los expulsados del reino de Dios?
6. ¿Quiénes podrán ser admitidos? ¿Por qué razón?
7. ¿Frente a qué puerta suelo pararme más a menudo? ¿La estrecha o la ancha?
8. ¿Estoy de verdad haciendo cola ante la puerta estrecha? ¿Es fácil o difícil?
9. ¿Qué dos noticias importantes nos trae la parábola de la puerta estrecha?
10. ¿Qué significa que sólo es posible pasar a través de la puerta dilatando el corazón? ¿Lo hago yo así?

34
Se necesitan doctores «cum laude» en humildad
o
los primeros asientos a la mesa

Lucas 14:8-11

*8 Cuando fueres convidado por alguno a bodas, no
te sientes en el primer lugar, no sea que otro más distinguido
que tú esté convidado por él,
9 y viniendo el que te convidó a ti y a él te diga:
Da lugar a éste; y entonces comiences con vergüenza
a ocupar el último lugar.
10 Mas cuando fueres convidado, ve y siéntate en
el último lugar, para que cuando venga el que te
convidó, te diga: Amigo, sube más arriba; entonces
tendrás gloria delante de los que se sientan contigo
a la mesa.
11 Porque cualquiera que se enaltece, será humillado;
y el que se humilla, será enaltecido.*

Jesús había sido invitado por uno de los jefes fariseos a participar de un banquete sabático en su casa. Al comprobar la actitud de los demás comensales, las prisas, las carreras y las estrategias que empleaban por ocupar los lugares de mayor privilegio, el Maestro recurrió a las normas de buenas costumbres en la mesa y en los convites para hacerles reflexionar sobre otro tipo de comportamiento más sensato, el que se exige también para pertenecer al reino de

Dios. La parábola de los primeros asientos surge precisamente en ese contexto y refleja la capacidad de observación que tenía el Señor para penetrar en las debilidades de aquella sociedad y sacar profundas enseñanzas espirituales.

Contexto:

En las bodas y banquetes judíos era habitual que los invitados más distinguidos, a causa de su nivel social o de su edad, llegaran los últimos. De manera que si un convidado poco importante aparecía pronto para tomar uno de los lugares principales y algo más tarde acudía otro más apreciado que él, el primer invitado no tenía más remedio que retroceder hasta los últimos lugares ya que todos los demás habían sido ocupados mientras tanto.

Esta incorrecta y vanidosa costumbre no era exclusiva de los ambientes festivos y relajados, como las bodas y otros banquetes o cenas, sino que se practicaba incluso dentro de las sinagogas. En otra ocasión el Señor acusó también a los fariseos y a los intérpretes de la Ley de amar «las primeras sillas en las sinagogas, y las salutaciones en las plazas» (Lc. 11:43; 20:46).

El consejo que les dio Jesús tenía su origen en el Antiguo Testamento. El libro de Proverbios recomendaba: «No te alabes delante del rey, ni estés en el lugar de los grandes; porque mejor es que se te diga: Sube acá, y no que seas humillado delante del príncipe» (Pr. 25:6-7). Seguramente el Señor recordó este texto de la Escritura cuando observó el egoísmo y la ansiedad con la que aquellos judíos religiosos tomaban las mejores posiciones. Esto le sirvió para construir una parábola que criticaba duramente aquel comportamiento orgulloso de los doctores de la Ley. La arrogancia de aquellas gentes hizo posible que, a partir de las normas de educación y buenas maneras en la mesa, Jesús dedujera una clara advertencia escatológica. El día del juicio final Dios humillará a los soberbios y ensalzará a los humildes. Esta será también la misma conclusión de la parábola del fariseo y el publicano: «Porque cualquiera que se enaltece, será humillado; y el que se humilla será enaltecido» (Lc. 18:14).

Significado:

La narración concluye mirando hacia el futuro banquete celestial y recomendando a los oyentes hebreos que para hacer la voluntad de Dios deben renunciar a la propia justicia y abandonar el orgullo personal. Son las mismas palabras de Proverbios que más tarde recogerá Santiago: «Dios resiste a los soberbios, y da gracia a los humildes» (Pr. 3:34; Stg. 4:6). El Maestro propone a sus oyentes y discípulos algunas directrices acerca del comportamiento que les debe caracterizar en relación a sus semejantes. Por supuesto que en ningún momento se pretende aconsejar la falsa modestia consistente en elegir el lugar último, de manera premeditada, con la idea de ser elevado al primero despúes delante de todos. Pero competir por un aparente privilegio a costa de dejar al hermano en la cuneta no es una costumbre bien vista entre los ciudadanos del reino de Dios. Pisotear al prójimo por el puro egoísmo de conseguir uno la mejor parte es más propio de fieras que de hijos del Altísimo.

Jesús dice que el verdadero prestigio, el auténtico honor, no se alcanza mediante el propio esfuerzo por colocarse entre los mejores o en los lugares más aparentes. El aprecio y la estima no puede adquirirse mediante estratagemas engañosas, sino que debe venir del respeto y del afecto genuino de los demás. De ahí que la actitud del cristiano debe ser, básicamente, de humildad y no de artimañas para conseguir el propio ascenso.

El modelo de Cristo que describe acertadamente el apóstol Pablo es el mejor ejemplo:

Haya, pues, en vosotros este sentir que hubo también en Cristo Jesús, el cual, siendo en forma de Dios, no estimó el ser igual a Dios como cosa a que aferrarse, sino que se despojó a sí mismo, tomando forma de siervo, hecho semejante a los hombres; y estando en la condición de hombre, se humilló a sí mismo, haciéndose obediente hasta la muerte, y muerte de cruz. Por lo cual Dios también le exaltó hasta lo sumo (Fil. 2:5-8).

Aplicación:

Desde luego, si hay alguien que puede dar lecciones de humildad, ese es Jesucristo, el Hijo de Dios. La humanización voluntaria que sufrió su persona constituye el mayor gesto de humildad del cosmos. Siendo Dios se hizo hombre para redimir desde dentro, desde el sufrimiento y el dolor de su inmolación, a la raza humana. Se sentó en el último lugar, en el banquillo de los acusados, pero a diferencia del relato, nadie le dijo: ¡Amigo, sube más arriba! Su misma parábola no se cumplió en carne propia. La sublime humildad de su existencia terrena fue correspondida con el orgullo y el enaltecimiento del ser humano. El emisario de Dios fue recibido con un lanzazo en el costado y unos clavos oxidados en las muñecas. Pero lo más sorprendente es que Jesús relató esta historia de los primeros asientos sabiendo que a él mismo no se le concedería tal distinción, siendo consciente de que sus propios compatriotas le dirían: ¡Da lugar a éste, a Barrabás y tú quédate en el madero!

A pesar de tal paradoja, lo que el Señor pretendió al relatar esta parábola fue que sus seguidores comprendieran y asumieran el significado profundo de la humildad cristiana. Nosotros no somos ni mucho menos como él, pero aspiramos a parecernos. Cuando el ser humano reconoce, en conciencia, las propias limitaciones y los errores que caracterizan su existencia no tiene más remedio que obrar sin orgullo. El conocimiento sincero del «yo» personal es como el caudal de un río que sólo puede desembocar en el mar de la humildad. Si no se produce tal desagüe la persona se encharca por dentro, formándose lagunas pantanosas de hipocresía y vanagloria malsana que dificultan la comunión con Dios y la relación con los demás. El reconocimiento de los propios errores es una gracia característica de los grandes hombres y mujeres de Dios. Es como un sello especial que les marca y les hace identificables para los otros.

La comunidad cristiana es entendida en las páginas del Nuevo Testamento no como una agrupación de individualidades rivales, sino como sociedad que practica el sometimiento mutuo. El protagonismo y el afán de poder es algo que está a millones de años luz del espíritu del Evangelio. El apóstol Pedro concibe la Iglesia como el ambiente en el que todos se revisten de humildad (1 P. 5:5). Hoy se necesitan congregaciones en las que se prefiera esta extraña gracia del último lugar frente a los primeros puestos, pero no por desidia o apatía, sino por espíritu de humildad y amor al prójimo. Tal comportamiento sigue siendo por desgracia una carencia importante en demasiadas iglesias y organizaciones cristianas. Nos gustan los primeros asientos y no nos levantamos de ellos ni estamos dispuestos a cederlos nunca. La modestia y la humildad aparecen como virtudes en peligro de extinción. La sociedad actual nos inculca que lo importante es saber imponerse a los demás, hacerse valer, abrirse paso y vender bien la propia mercancía. Para triunfar en la vida todo se considera válido, la arrogancia, la petulancia, el arribismo insolente y cualquier especie de perversidad. Los que triunfan son los más osados. Aquellos presumidos que confunden el testimonio con la publicidad porque en su diccionario no existe la palabra «modestia». Sin embargo, el Señor Jesús nos recuerda que hay una inevitable asimetría entre el momento presente y el futuro que nos espera a cada uno. El que se enaltece hoy será humillado mañana, mientras que quien sabe humillarse en el presente, algún día será distinguido.

No obstante, lo cierto es que todavía seguimos teniendo demasiados maestros de teología y otras mil materias más, pero pocos profesores de humildad. Deberíamos crear cuanto antes facultades de esta última disciplina capaces de formar alumnos desde los primeros rudimentos hasta la licenciatura completa. ¡Qué estupendo sería poder conceder doctorados «cum laude» en humildad de corazón, en mansedumbre o en sencillez! El problema para la realización de una universidad así no es económico, ni de infraestructura, sino puramente académico. ¿Dónde encontrar profesores adecuados? Lo más paradójico es que cada cristiano está llamado a pertenecer al claustro de tal facultad.

Resumen:

La parábola de los primeros asientos a la mesa surge del comportamiento insolente que manifestaban los comensales contemporáneos de Jesús. Cuando eran invitados a banquetes, bodas o incluso en las propias sinagogas, se apresuraban por ocupar los puestos de mayor privilegio sin pensar para nada en los demás convidados. La arrogancia y vanidad de aquellos judíos religiosos le permitió al Maestro referirse a ciertas normas de corrección en la mesa para terminar hablando de cuál debe ser la conducta de los que deseen pertenecer al reino de Dios. Las características de tal ciudadanía convergen hacia la meditación que es capaz de desterrar la soberbia.

El Señor prefiere que sus seguidores posean más sustancia y menos envoltura. Que sean ricos en profundidad y escasos en exterioridad. Menos exhibicionismo y más mundo interior. Bastante menos prisa y algo más de serenidad. La reflexión personal íntima hace que se nos caigan las máscaras y aparezca nuestro ser sincero y auténtico. El mensaje de esta parábola es que, desde la perspectiva cristiana, lo importante es no creerse importantes. Ya que «cualquiera que se enaltece será humillado; y el que se humilla será enaltecido». El que hace cosas verdaderamente importantes no tiene necesidad de exagerarlas o promocionarlas a bombo y platillo para que todo el mundo las reconozca. Le basta saber que cuenta con la aprobación de Dios.

Para participar en el gran banquete del Reino no habrá que correr detrás de los primeros puestos. Allí sólo contará la lentitud, la pequeñez, el ocultamiento y la humildad. Estas serán las credenciales más valoradas. De ahí que muchos comensales de las primeras filas se verán obligados a levantarse y retroceder con vergüenza.

Sugerencias:

1. ¿Qué motivó a Jesús para que contara esta parábola?
2. ¿Qué defectos manifestaba el comportamiento de los comensales judíos?
3. ¿Existe algún paralelismo entre el mensaje de esta parábola y el Antiguo Testamento? ¿Y con algún otro pasaje del Nuevo?
4. ¿Puede haber falsa modestia en tomar el último lugar? ¿En qué sentido?
5. ¿De dónde viene el verdadero prestigio y el auténtico honor?

6. ¿Quién es el único que puede dar lecciones de humildad? ¿Por qué?

7. ¿En qué áreas de mi vida procuro adelantarme a los demás? ¿Pienso que hago lo correcto?

8. ¿Anhelo los primeros puestos o soy consciente de mis limitaciones? ¿Me produce envidia el triunfo de los otros?

9. ¿Me considero una persona humilde o reconozco que soy altiva? ¿Cómo puedo vencer mi soberbia?

10. ¿Creo que la humildad está hoy en peligro de extinción? ¿Por qué?

35 y 36
La construcción de la torre
o
el rey que marcha a la guerra

Lucas 14:28-32

28 Porque ¿quién de vosotros, queriendo edificar
una torre, no se sienta primero y calcula los gastos,
a ver si tiene lo que necesita para acabarla?
29 No sea que después que haya puesto el cimiento,
y no pueda acabarla, todos los que lo vean comiencen
a hacer burla de él,
30 diciendo: Este hombre comenzó a edificar,
y no pudo acabar.
31 ¿O qué rey, al marchar a la guerra contra otro rey,
no se sienta primero y considera si puede hacer frente
con diez mil al que viene contra él con veinte mil?
32 Y si no puede, cuando el otro está todavía lejos,
le envía una embajada y le pide condiciones de paz.

Los tres versículos anteriores a estas parábolas se refieren a lo que cuesta seguir a Cristo. Las instrucciones relacionadas con el banquete mesiánico han llegado a su fin. Ahora el Maestro empieza a hablar a la muchedumbre que le ha venido acompañando acerca de las dificultades que deberían soportar aquellos que decidieran ser sus discípulos (Lc. 14:25-33). Si en el apartado anterior el reino de Dios se mostraba como un apetecible banquete que abría sus puertas a todos los marginados, habitantes de calles y plazas o que vagabundeaban por los caminos, a partir de ahora se precisará que el cristianismo no es ni mucho menos un camino de rosas. El auténtico discípulo de Cristo, que desee participar del reino de Dios, tendrá que estar dispuesto a cumplir las duras condiciones de su vocación. Las parábolas de la construcción de la torre y del rey que marcha a la guerra fueron pronunciadas por Jesús en este contexto para hacer reflexionar a las gentes que le seguían acerca de la genuina profesión cristiana. Ambas presentan el mismo mensaje: antes de dedicar la vida al servicio del Evangelio es conveniente meditar bien los sacrificios que eso comporta.

Lucas recoge tres condiciones o exigencias para llegar a ser un buen discípulo de Jesucristo. La primera es la renuncia voluntaria a los vínculos familiares e incluso a la conservación de la propia vida: «Si alguno viene a mí, y no aborrece a su padre, y madre, y mujer, e hijos, y hermanos, y hermanas, y aún también la propia vida, no puede ser mi discípulo» (Lc. 14:26). La palabra «aborrece» se refiere al término griego *miseo* que significa, en realidad, «odiar». La frase posee pues una mayor radicalidad que la correspondiente de Mateo (10:37-38). No es que Jesús desee imponer a los suyos una actitud de odio. Lo que se pretende es dar a entender que hasta las personas más allegadas pueden convertirse en un verdadero obstáculo para las exigencias del Evangelio.

Habrá momentos en la vida del creyente en los que será necesario elegir entre la familia, los amigos y la fidelidad a Jesús. La dedicación del verdadero discípulo será por tanto esencial y costosa ya que debe estar dispuesto, si fuera necesario, a abandonar los vínculos de la familia e incluso la propia existencia física en el seguimiento del Señor. Seguramente, en la mayoría de los casos no habrá incompatibilidades de este tipo. Sin embargo, seguir las huellas del Maestro implicará siempre identificarse plenamente con su estilo de vida, pero también con su destino de muerte.

En segundo lugar, el Señor habla en clave simbólica para declarar que seguirle es aceptar cada día la propia cruz: «Y el que no lleva su cruz y viene en pos de mí, no puede ser mi discípulo» (Lc. 14:27). Lo que se exige aquí es una disponibilidad total para dar el testimonio de la propia vida no sólo en el martirio, sino también en la lucha diaria frente a la oposición del mundo y la antipatía que despierta la fe cristiana. La existencia diaria del creyente debe procurar y mantener una fidelidad sincera a la persona de Jesús. Tal comportamiento puede hacer incluso que el destino del discípulo sea como el de su Maestro: cargar la cruz hasta perecer en ella.

El tercer y último requisito que se pide al seguidor de Jesús es el abandono de todos los bienes materiales: «Así, pues, cualquiera de vosotros que no renuncia a todo lo que posee, no puede ser mi discípulo» (Lc. 14:33). Ningún otro escritor del Nuevo Testamento pone tanto énfasis en la moderación con la que el discípulo debe utilizar sus bienes materiales como el evangelista Lucas. Pero su postura ante las riquezas no es algo que se haya inventado él mismo, sino que refleja fielmente la predicación histórica de Jesús.

Las dos parábolas que se comentan a continuación ilustran precisamente la seriedad de este compromiso cristiano. Antes de tomar una decisión precipitada hay que reflexionar con calma las implicaciones del discipulado.

Contexto:

En la primera parábola el término «torre» se refería, seguramente, al tipo de fortificación que se construía para proteger las viviendas, las tierras o los viñedos. Es la misma palabra que aparece en el relato de los labradores malvados para señalar el equipamiento de la viña arrendada (Mr. 12:1). Algunos comentaristas opinan que esta narración de la construcción de la torre puede que no fuera ficticia, es decir, inventada por Jesús, sino que hiciera referencia a algún acontecimiento histórico reciente. De hecho existe un texto de Flavio Josefo que habla de unas torres que Herodes mandó construir en Jerusalén (Fitzmyer, 1986, 3: 636). De cualquier forma, aunque no es imposible que así fuese, lo cierto es que no hay manera de poderlo comprobar.

Calcular los gastos era algo que se hacía habitualmente en la Antigüedad por medio de unas piedrecitas (*calculus*, en latín) empleadas en las transacciones comerciales. Tanto para realizar una construcción como para afrontar una guerra había que calcular minuciosamente los recursos, económicos o humanos, con los que se contaba. De manera que si el dinero, o la fuerza de que se disponía, eran lo suficientemente elevados para terminar la obra o combatir hasta el final, entonces se emprendía la empresa o se aceptaba la batalla. Si, por el contrario, se veía que los contingentes que se tenían eran claramente insuficientes, lo más razonable sería abstenerse de tal tentativa. El segundo relato, del rey que marcha a la guerra, plantea también el caso de que no se pudiera luchar por estar en inferioridad de condiciones. Entonces no habría más remedio que rendirse o aceptar las órdenes del adversario.

Las diferencias entre los protagonistas de ambas parábolas radican en que mientras en la primera el constructor de la torre es una persona privada que emplea su fortuna particular, en la segunda el rey es un gobernante cuyas responsabilidades se extienden al ámbito de la seguridad nacional. A pesar de tales diferencias, el mensaje final es el mismo: tanto el constructor como el rey tienen que reflexionar de manera madura pues un comienzo a medias es mucho peor que no haber empezado nada. Las consecuencias son el ridículo o, lo que es mucho más grave, el desastre nacional.

Significado:

Los dos relatos se refieren a la seriedad del compromiso cristiano. El Señor Jesús recomendó a todas aquellas gentes que le seguían, maravilladas por los milagros que realizaba y por la belleza del mensaje evangélico, que antes de tomar una decisión comprometida meditasen con calma lo que ello representaba para sus vidas y para sus familias. No había sólo que mirar si se cumplían los requisitos básicos, sino que también convenía prever las consecuencias de una decisión eufórica y entusiasta que chocara después con la inconstancia y falta de fuerzas para llevarla a cabo. Esto sería como hacer el ridículo delante de todo el mundo o rendirse sin condiciones. Había, por tanto, que asumir el riesgo con los ojos bien abiertos y conscientes de lo que se hacía.

Es curioso el contraste que existe entre los conceptos «tener» y «poseer». La parábola de la torre considera que la actitud lógica en un constructor, antes de iniciar su obra, es sentarse y calcular los gastos «a ver si tiene lo que necesita». Tener es, por tanto, importante para emprender la empresa. Sin embargo, en el versículo 33, Jesús dice que quien no está dispuesto a renunciar «a todo lo que posee» no puede ser su discípulo. Ahora resulta que lo importante no es tener, sino saber renunciar a lo que se tiene. El contraste es claramente intencionado. Lo que se tiene, como pueden ser las capacidades para el compromiso cristiano, es muchísimo más importante que las posesiones materiales que uno posee y de las que, según el Maestro, conviene desprenderse. Es imposible renunciar a los talentos naturales que forman parte de nuestra personalidad, pero de todos aquellos recursos materiales que tenemos en posesión, sí que es necesario despojarse para ser un discípulo de Jesucristo.

El mensaje de estas parábolas se hizo pronto realidad en el seno de la Iglesia primitiva. El libro de los Hechos aporta ejemplos que ilustran perfectamente las dos opciones existentes ante el compromiso cristiano. Después de la venida del Espíritu Santo y del primer discurso de Pedro, los primeros creyentes «tenían en común todas las cosas; y vendían sus propiedades y sus bienes, y lo repartían a todos según la necesidad de cada uno» (Hch. 2:44-45). Tampoco «ninguno decía tener suyo propio nada de lo que poseía, sino que tenían todas las cosas en común» (Hch. 4:32). No obstante, pronto apareció también la segunda opción. El matrimonio formado por Ananías y Safira «vendió una heredad, y sustrajo del precio», intentando así engañar a la Iglesia (Hch. 5:1-11). El lado negro del compromiso cristiano quedaba por tanto en evidencia a partir de entonces. La sal se empezó a volver insípida.

Aplicación:

En el mundo de los creyentes hay muchas torres a medio edificar y otras tantas batallas perdidas. Gruesos fundamentos de hormigón armado exhibiendo varillas de acero, oxidado por el paso de los años que son verdaderos monumentos a la imprevisión, a la falta de reflexión, a la frustración o al fracaso de unas ilusiones mal planificadas. Jesús atrajo siempre a las multitudes. Su Evangelio, cuando se predica y se vive adecuadamente, sigue todavía cautivando al ser humano. Sin embargo, el compromiso diario es mucho más que la emoción de un momento.

La mayoría de los fracasos espirituales que se dan en nuestros días se deben, en parte, a los valores que sustentan muchas criaturas. Hoy impera el sentimiento sobre la reflexión individual. Algunas personas manifiestan recibir al Señor en un momento de euforia y emotividad, pero pronto se olvidan cuando aparecen las primeras dificultades. Aquí la responsabilidad es del propio individuo que trunca su desarrollo espiritual.

Sin embargo, a veces, la paralización del crecimiento es provocada desde afuera. Incluso por lobos rapaces sin escrúpulos que saben muy bien lo que andan buscando. En ocasiones se anuncia una Buena Nueva fácil y cómoda. Se presenta a un Señor que es más siervo que amo. Un cristianismo del éxito que siempre se fija en los logros pero nunca en los sacrificios o las renuncias.

A veces se les predica a las gentes que Jesús suplirá inexorablemente todas sus necesidades materiales. Se aconseja a neófitos sencillos y sin apenas preparación que no se preocupen por sus deudas, ni por la escasez de recursos que padecen, que den todo lo que poseen, que echen lo poco que tienen a la ofrenda y el Señor se lo devolverá con creces. Es el evangelio de la inversión en bolsa. Es la predicación del «tú le das poco y él te devuelve mucho». ¿Cuánto puede durar un trato comercial así? ¿Cómo puede sostenerse esta clase de fe basada en toma y daca? ¿Qué ocurre si doy todo lo que puedo y el Señor no se acuerda de retornármelo? Hay hermanos que tienen siempre la respuesta preparada: «¡Ah, eso es que te falta fe! ¡Pídele a Dios que aumente tu fe!».

Esta peculiar teología económica que se observa en determinadas congregaciones es como una enorme industria que fabricara torres a medio edificar. Creyentes que cuando estaban en plena lactancia espiritual su desarrollo se vio cruelmente paralizado por este falso evangelio de la inversión ¿Dónde va a parar el dinero de estas pobres gentes? ¿A quién le interesa particularmente una doctrina así? ¿Quiénes son los lobos rapaces disfrazados con pieles de oveja que en vez de servir al Señor de la obra se están sirviendo de su pueblo y de su obra? ¡Cuántos abusos se cometen en el nombre de Jesús!

Sin embargo, a pesar de la infinita paciencia de Dios, llegará un día en el que se hará justicia. La cizaña será separada del trigo para convertirse en pasto de las llamas y todas las torres inocentes que se quedaron a medio construir, por culpa de hombres sin escrúpulos, crecerán como los rascacielos hasta alcanzar la perfección completa a la que fueron llamadas. Mientras tanto la misión de los creyentes continuará siendo la denuncia de aquellas injusticias que ofenden a Dios y constituyen un serio obstáculo a la extensión de su Reino en la tierra.

Las dos breves parábolas de Cristo prosiguen exhortándonos hoy a través de los siglos para que las apliquemos a nuestra vida de fe. Las lecciones que nos transmiten son básicamente tres: objetividad, congruencia y valor. La Iglesia de Cristo necesita miembros que sepan sentarse a la mesa para estudiar objetivamente los asuntos que plantea el mundo contemporáneo. Reconocer la situación, calcular los riesgos y preparar los recursos necesarios para seguir alumbrando de manera eficaz con el Evangelio de la salvación. Hay que entender bien el objetivo que se pretende alcanzar pero también es menester conocerse a uno mismo. Revisar la dotación interior. Hacerse la necesaria pregunta acerca de si se está o no preparado. Conviene objetividad y realismo al reconocer la capacidad de que se dispone para triunfar ante las dificultades adversas. Cada cristiano tiene que plantearse cuál es su particular torre en esta vida y cómo puede lograr terminarla.

La congruencia enseña que una obra inacabada no es una torre incompleta, sino una construcción ridícula. No se trata de media torre interrumpida, sino de un completo fracaso. En el reino de Dios las cosas hechas a medias son nada. Uno de los principales males de nuestro tiempo es la inconstancia y la volubilidad. Abundan en la actualidad hombres y mujeres que nunca saben lo que quieren. Pocas veces se deciden y cuando lo hacen cambian pronto de opinión. No se plantean donde piensan llegar. Carecen de proyectos estables. Viven en el reino de la inestabilidad. Sin embargo, el discípulo de Cristo debe aspirar a la coherencia en su vida y en su comportamiento. Nadie nos garantiza que en el trabajo no suframos accidentes o que nos duelan cada día las manos o la espalda como a todo el mundo. Pero no nos libraremos del ridículo más espantoso si después de un leve rasguño abandonamos el puesto y buscamos el refugio del bienestar.

La tercera lección es la del valor. Ocurre con frecuencia que ante la derrota de la primera batalla, replegamos nuestras tropas y nos consideramos ya vencidos para toda la vida. En ocasiones hacemos bandera de nuestra debilidad y la aireamos a los cuatro vientos para justificar la inactividad que nos caracteriza. Y si en algún momento nos arriesgamos con un proyecto, éste es siempre pequeño, infantil, casi de juguete. Le presentamos a Dios metas minúsculas que le hacen sonreír y pensar que está perdiendo su valioso tiempo con nosotros. Él esperaba una catedral y le planteamos una barraca. Esta es pues la enseñanza. Sólo los grandes ideales que parecen utópicos e irrealizables son los que consiguen mover la mano de Dios para firmar el proyecto. Necesitamos valor y audacia para olvidar las torres mediocres y embarcarnos en muchas más empresas descabelladas de alto nivel.

Resumen:

Las dos parábolas sobre la construcción de la torre y el rey que marcha a la guerra se han estudiado juntas porque ambas presentan el mismo mensaje. Se trata de una exhortación de Jesús dirigida a sus propios discípulos y a todas las personas que le seguían en el viaje de Galilea hacia Jerusalén. El asunto que se pretende aclarar es que la vida del discípulo no es fácil, sino que está llena de dificultades. El Maestro no desea frustrar las expectativas de nadie pero sí quiere ser realista y aconseja, por tanto, que cada cual reflexione seriamente sobre las exigencias del discipulado. Comprometerse primero para abandonar después sería como dejar una construcción a medias o pretender enfrentarse a un ejército mucho más poderoso que el propio.

La aplicación para el creyente de hoy pudiera centrarse en tres lecciones: objetividad, congruencia y valor. Objetividad para ser consciente de los cambios que ha experimentado la sociedad y saber preparar los recursos adecuados en la tarea evangelizadora. Congruencia en nuestra vida entre la fe y la conducta para que el testimonio personal facilite también la gran comisión recibida de Jesucristo. Y valor para poner las miras en proyectos verdaderamente importantes que sean del agrado de Dios, construcciones que nunca se queden a medias.

Sugerencias:

1. ¿Cuál es la enseñanza fundamental de estas dos parábolas?
2. ¿Resultan hoy un tanto exageradas las exigencias de Jesús para llegar a ser discípulo de Jesucristo? (Lc. 14:26-27.33). ¿Por qué?
3. ¿Qué diferencia hay entre los dones naturales y las posesiones materiales? ¿Hay que desprenderse de todo para seguir a Jesús?
4. ¿Conozco ejemplos de torres a medio edificar o de batallas perdidas dentro de la Iglesia? ¿A qué se debieron tales fracasos?
5. ¿Soy coherente en mi vida cristiana? ¿Sé lo que quiero y a dónde deseo llegar?

6. ¿Estoy dispuesto a pagar el precio que sea por llevar adelante mi proyecto o, por el contrario, abandono fácilmente ante las dificultades?
7. ¿Me conozco realmente a mí mismo? ¿Soy consciente de mis posibilidades y de mis debilidades?
8. ¿Me siento capaz de llevar a cabo el trabajo que se me ha confiado? ¿Estoy convencido de que podría desarrollar un proyecto más atrevido para el Señor?
9. ¿Con quién cuento para realizar mis proyectos?
10. ¿Se trata de proyectos audaces o los he elegido con miedo?

37
Clases particulares para aprender a barrer
o
la dracma perdida

Lucas 15:8-10

⁸ ¿O qué mujer que tiene diez dracmas, si pierde una dracma, no enciende la lámpara, y barre la casa, y busca con diligencia hasta encontrarla? ⁹ Y cuando la encuentra, reúne a sus amigas y vecinas, diciendo: Gozaos conmigo, porque he encontrado la dracma que había perdido. ¹⁰ Así os digo que hay gozo delante de los ángeles de Dios por un pecador que se arrepiente.

La parábola de la moneda perdida forma parte del tríptico que el evangelista Lucas sitúa en el viaje de Jesús a Jerusalén. Colocada entre los relatos de la oveja perdida y del hijo pródigo constituyen el capítulo quince de este evangelio. Las tres narraciones coinciden en el argumento. El protagonista es siempre algo que se pierde y posteriormente vuelve a encontrarse. Una oveja, una dracma o un hijo aventurero. En este caso se trata de una mujer que ha perdido una de sus diez monedas y se pone a buscarla con rapidez. Cuando la encuentra reúne a sus amigas para comunicárselo y compartir con ellas el gozo que siente.

Contexto:

La invención de las monedas tuvo lugar en Asia Menor durante el siglo VII a.C. y su utilización fue propagada por los persas. Las primeras se hacían de electro, una aleación de oro y plata que se recogía en la arena de los ríos. La Biblia habla por primera vez de monedas después de la cautividad de los judíos y se refiere a talentos de oro y plata así como a «dracmas» de oro (Esd. 2:69; 8:26-27; Neh. 7:69-71). No obstante, algunos autores opinan que tales dracmas eran en realidad «daricos», llamados así porque llevaban la imagen de Darío I (de Vaux, 1985: 286). Judea, como el resto de las provincias del imperio persa, acuñó también sus propias monedas. La más antigua de éstas que se posee es una pequeña pieza de plata del siglo V a.C. encontrada en Hebrón, con un peso de 3,88 gramos y muy parecida a la dracma ática. Se trataba de monedas habituales de uso corriente. Las dracmas de plata de Atenas eran las monedas griegas más apreciadas durante todo el siglo V a.C. Sin embargo, Palestina siguió en seguida el sistema monetario fenicio en el que la dracma de plata pesaba 3,6 gramos y la tetradracma o el siclo, 14,4 gramos más o menos.

De manera que la «dracma» era una moneda antigua de plata cuyo valor sólo se puede determinar hoy por comparación. En el ejército de Herodes el Grande, los soldados rasos cobraban ciento cincuenta dracmas, mientras que los oficiales, lógicamente, algo más. Sin embargo, los soldados de Marco Antonio sólo recibían cien dracmas por persona. Este detalle dice mucho acerca de la tacañería del general romano (Fitzmyer, 1986, 3: 666).

Hubo una época en la que el valor de una dracma era suficiente para comprar una oveja y equivalía aproximadamente al salario de una jornada. No obstante, durante los tiempos de Nerón la dracma se sustituyó por el denario, perdiendo mucho valor adquisitivo. En la época en que Jesús relató esta parábola, diez dracmas no eran una cantidad importante de dinero. Se ha señalado también que estas diez monedas debían ser parte de la dote de aquella mujer. Era costumbre que durante la ceremonia nupcial la novia llevase el velo cubierto de monedas. Han sido descritos ejemplares de estos casquetes femeninos formados por hasta 244 monedas con un peso de algo más de dos kilogramos (Jeremias, 1992: 166). De este detalle se podría deducir que la mujer era pobre ya que sus arras habían sido bastante modestas. Esto explicaría también el gran interés que demuestra su dueña por hallar la pequeña pieza, ya que para ella poseería seguramente un gran valor sentimental. Aunque, lo cierto es que en el texto no se dice nada sobre tal interpretación.

No obstante, el comportamiento de la mujer al encender la lámpara, barrer la casa y buscar con diligencia supone un esfuerzo y un interés que indica hasta qué punto lo perdido era importante para ella. No tuvo en cuenta que aún le quedaban nueve dracmas más, sino que siguió buscando hasta encontrar la moneda extraviada. De igual forma, tampoco el hecho de tener noventa y nueve ovejas frenó al pastor de la parábola anterior para ir a buscar a la única que se había perdido.

La necesidad de una lámpara para rastrear la moneda se comprende a causa de la estructura sencilla que poseían la mayoría de las casas humildes de Palestina. Las pequeñas viviendas de los labradores, por lo general, carecían de ventanas e incluso de chimenea. La mujer se ve obligada, por tanto, a encender una luz, no porque fuera de noche, sino a causa de la poca iluminación que penetraba a través de la puerta. Las casas solían barrerse mediante una hoja de palma que al rozar la moneda contra el suelo rocoso, probablemente la haría sonar y podría descubrirse así con facilidad el lugar en que se encontraba.

Significado:

La imagen de la mujer sirve de ejemplo para tipificar la actitud de Dios que toma la iniciativa y se afana por encontrar al pecador. El máximo interés del Padre consiste en descubrir a todos los descreídos dispuestos a arrepentirse para recibirlos y sentarlos a su mesa. Tal es precisamente el motivo de la murmuración contra Jesús que hacen los escribas y fariseos: «Éste a los pecadores recibe, y con ellos come» (Lc. 15:2). El versículo diez constituye la aplicación de la parábola, ya que le aporta una dimensión trascendente que está por encima de lo puramente humano. El gozo, la alegría y la celebración festiva que produce el hallazgo de lo perdido no se agota en el ámbito terrestre de las personas, sino que trasciende hasta «los ángeles de Dios», hasta Dios mismo.

De igual forma en que una humilde mujer se alegró al recuperar su moneda perdida, Dios se gozará cuando en el juicio final pueda anunciar que entre los muchos justos hay también un pecador arrepentido que supo acogerse a la cruz de Cristo. Así de especial y misericordioso es el creador, ya que se alegra al poder perdonar. La vida errante del ser humano le duele porque desde siempre ha querido su salvación. Por eso se goza cuando una criatura descubre el camino adecuado y regresa al redil. La iniciativa y benevolencia divina superan todas las fronteras humanas, la lejanía, el distanciamiento o el descarrío, con tal de seguir buscando al hombre y a la mujer para que se conviertan. Si una pobre criatura humana es capaz de desplegar todas sus energías para inspeccionar su casa y descubrir el paradero de una simple moneda perdida, cuanto más hará Dios por rastrear los caminos del mundo en busca de pecadores arrepentidos. La persona perdida es como una dracma que pertenece a Dios aunque ella no sea consciente. Toda criatura surgió de sus manos. No obstante, muchas viven desconociendo su verdadero origen. Hoy existen millones de monedas humanas que creen que se forjaron a sí mismas, que nadie las acuñó. Están perdidas en medio de la soberbia y la arrogancia intelectual. No desean ser encontradas. Sin embargo, el Señor Jesucristo las sigue buscando con el mismo interés que buscó a aquellos publicanos y pecadores que agradecidos se sentaron a su mesa.

Aplicación:

El gozo y la fiesta son conceptos que no necesitan hoy demasiados argumentos para convencer y persuadir al hombre contemporáneo. El mundo occidental vive su reducida semana laboral con un semblante serio de resignación. Sin embargo, al llegar el viernes los rostros parecen adquirir un aire alegre de evasión. Millones de jóvenes convierten el fin de semana en una fiesta continua de música, estimulantes y desenfreno. Por desgracia, a veces el gozo acaba en amargo llanto cuando a ese cóctel se le añade un vehículo como último ingrediente. Pero el elevado número de víctimas de la carretera no es capaz de apagar los deseos viscerales de proseguir celebrando la anhelada fiesta.

La sociedad del bienestar no parece satisfecha consigo misma y continúa necesitando desesperadamente cada vez más tiempo lúdico y festivo para poder sobrevivir. Es el hedonismo contemporáneo de Occidente tratando de combatir el hastío existencial y el sinsentido de tantas vidas. No es que el deseo de fiesta, alegría y placer sea algo necesariamente negativo en sí mismo, lo que sí resulta perjudicial es convertir el universo lúdico en el fin primordial de la existencia. La fiesta llega entonces a esclavizar al ser humano y lo transforma en un autómata sin libertad ni capacidad para discernir entre lo que le conviene y lo que no. El festejo deja de ser un medio para transformarse en finalidad exclusiva.

En el relato de la dracma perdida Jesús desea explicar un ejemplo singular de cómo la fiesta y la alegría deben ser consecuencia y no fin. Cuando un pecador se arrepiente y se vuelve a Dios, los cielos se alegran de que el perdón que regala la sangre redentora de Cristo haya alcanzado por fin a esa criatura. Es la fiesta divina y eterna por la conversión y el arrepentimiento humano. ¿Tiene Dios sentimientos como el hombre? ¿Puede alegrarse y celebrar fiesta? Jesús, que es quien mejor le conoce, nos dice que sí, que hay gozo en la presencia de Dios cuando una persona descubre su amor y cambia de vida. Y para demostrarlo nos sugiere este ejemplo tan simple. El de una pobre mujer hebrea que dispone sólo de diez dracmas y pierde una.

Cualquier pérdida implica siempre pesadumbre y tristeza. Generalmente se aprende a valorar mejor las cosas cuando de repente éstas desaparecen. La idea principal es que si esta mujer es capaz de sentir gozo y transmitirlo a sus amigas porque ha hallado un simple objeto inanimado que había extraviado, una pequeña dracma de poco valor, cuánta más alegría no tendrá que experimentar el creador cuando una de sus criaturas, por la que tuvo que morir Jesucristo, le reconoce como Señor y Salvador. El Dios que se revela en la Escritura es un Dios amante de todo lo humano. Un Dios personal que le gusta la intimidad con el hombre. Un creador que ama tanto a su criatura que la hace a su propia imagen para poder relacionarse directamente con ella. Su preocupación por el futuro de la humanidad le lleva a permitir que su único Hijo se humanice también y experimente, en carne propia, dolor, hambre, sed, sentimientos como el llanto y la alegría, injusticias flagrantes y una muerte ofensiva y cruel.

¡Claro que Dios puede entristecerse y alegrarse! ¡Por supuesto que sabe lo que es sentir! Un dios impasible de cartón piedra, sin sentimientos, no podría ser nunca el Dios que nos presenta Jesucristo. El creador del universo se apena cada vez que una dracma humana le da la espalda y huye veloz para perderse entre los pliegues del suelo nihilista contemporáneo. Pero se goza cuando encuentra alguna criatura fatigada y cansada de tanta fiesta superflua y vacía que descubre la vida abundante ofrecida por el Maestro.

Nosotros corremos también el riesgo de perder monedas a lo largo de la vida. En el ajetreo cotidiano, a veces sin darnos cuenta, las arras de la paz resbalan entre los dedos para desaparecer olvidadas. Perdemos así el sosiego necesario para buscar la reflexión privada y trascendente. En otras ocasiones son las monedas de la confianza en nosotros mismos y en los demás, las que huyen veloces rodando hacia quién sabe dónde. Incluso la paciencia, la bondad, el valor, las ganas de luchar y hasta la alegría de vivir se nos caen de los bolsillos a lo largo del camino. La más grave tragedia es, sin duda, cuando en nuestro monedero falta la fe y la esperanza. Entonces hemos perdido todo el capital. La ruina completa se ha apoderado de nosotros. Estamos frente a un siniestro total que empobrece nuestra persona.

Al ser humano que llega a esa situación crucial no le queda más alternativa que empezar a barrer. Hay que tomar clases para aprender a limpiar el suelo de nuestra trayectoria vital y recuperar todas las monedas valiosas perdidas a lo largo de la vida. Es menester levantar todo el polvo de los años que se ha ido acumulando sobre las más preciadas virtudes. Pero barrer estos cuchitriles íntimos es sinónimo de alejarse del ruido contemporáneo. Es revelarse contra el barullo, el caos y la confusión ética del presente. Vivir la reflexión espiritual, el silencio y la oración sincera. Navegar contra la corriente materialista del consumo que amenaza con la catarata agnóstica final. Sin embargo, para re-encontrar el patrimonio perdido hace falta allegarse a la luz de Cristo y pedirle que ilumine todos los rincones de nuestra habitación. Él desea ayudarnos. Le importan nuestros ahorros extraviados. Dios quiere colaborar en esta búsqueda porque no soporta que nos empobrezcamos aun más. El Señor siempre echa una mano porque la criatura humana le importa. Lo primero que hay que hacer es ofrecerle la hoja de palma de nuestro arrepentimiento sincero.

Resumen:

La parábola de la dracma perdida pertenece a los relatos referidos a la alegría que se origina al hallar algo extraviado. Igual que en la oveja perdida y el hijo pródigo, Jesús pretende explicar la realidad del gozo celestial ante el encuentro con el pecador arrepentido. La protagonista es una pobre mujer que al perder su moneda y buscarla ansiosamente ilustra la actitud de Dios hacia el pecador. El amor y la misericordia del Padre son tan especiales que lo que más le satisface es la conversión sincera del ser humano. Dios se goza en el perdón. De ahí que su búsqueda sea continua.

También hoy se pueden perder monedas valiosas como la paz del alma, el sosiego necesario para pensar en Dios, la confianza en uno mismo y en los demás, las ganas de luchar y, a veces, hasta la alegría de vivir. Cuando esto ocurre, nuestra caja fuerte se queda sin las monedas de la fe o la esperanza, y el ser humano llega a la bancarrota total de su vida. Entonces sólo queda una posibilidad. Empezar a barrer todas las estancias del alma. Formar una enorme polvareda que ponga al descubierto aquellos valores que el paso de los años y las equivocaciones de la vida fueron ocultando poco a poco. Barrer sería así como abrir la ventana del arrepentimiento para que, de nuevo, penetre en el corazón la luz de la esperanza.

Sugerencias:

1. ¿Era importante aquella dracma para la mujer que la perdió? ¿Por qué? ¿Acaso no poseía otras nueve?
2. ¿Por qué necesitaba una lámpara para buscar la moneda? ¿Era de noche?
3. ¿A quiénes representa la moneda perdida? ¿Y la mujer?
4. ¿Puede gozarse Dios? ¿Tiene sentimientos como los humanos?
5. ¿Qué clase de moneda soy? ¿Me siento como si estuviera perdido? ¿Deseo que alguien me encuentre?
6. ¿He perdido monedas o valores importantes a lo largo de mi vida? ¿Cuáles?

7. ¿Me faltan, a veces, las ganas de luchar y la alegría de vivir? ¿Por qué? ¿Qué puedo hacer para solucionar este problema?
8. ¿Confío en mí mismo y en los demás o he perdido toda confianza?
9. ¿Tengo necesidad de empezar a barrer el suelo de mi alma para descubrir antiguos valores perdidos? ¿De qué monedas se trata?
10. ¿Consigo aislarme, de vez en cuando, para buscar el silencio, la oración y la reflexión personal?

38
El regalo que el padre jamás le pudo ofrecer
o
el hijo pródigo

Lucas 15:11-32

¹¹ También dijo: Un hombre tenía dos hijos;
¹² y el menor de ellos dijo a su padre: Padre,
dame la parte de los bienes que me corresponde;
y les repartió los bienes.
¹³ No muchos días después, juntándolo todo el hijo
menor, se fue lejos a una provincia apartada;
y allí desperdició sus bienes viviendo perdidamente.
¹⁴ Y cuando todo lo hubo malgastado, vino una gran
hambre en aquella provincia, y comenzó a faltarle.
¹⁵ Y fue y se arrimó a uno de los ciudadanos de aquella tierra,
el cual le envió a su hacienda para que apacentase cerdos.
¹⁶ Y deseaba llenar su vientre de las algarrobas
que comían los cerdos, pero nadie le daba.
¹⁷ Y volviendo en sí, dijo: ¡Cuántos jornaleros
en casa de mi padre tienen abundancia de pan,
y yo aquí perezco de hambre!
¹⁸ Me levantaré e iré a mi padre, y le diré:
Padre, he pecado contra el cielo y contra ti.
¹⁹ Ya no soy digno de ser llamado tu hijo;
hazme como a uno de tus jornaleros.
²⁰ Y levantándose, vino a su padre. Y cuando
aún estaba lejos, lo vio su padre, y fue movido
a misericordia, y corrió, y se echó sobre su cuello,
y le besó.

*²¹ Y el hijo le dijo: Padre, he pecado contra el cielo
y contra ti, y ya no soy digno de ser llamado tu hijo.
²² Pero el padre dijo a sus siervos: Sacad el
mejor vestido, y vestidle; y poned un anillo en su mano,
y calzado en sus pies.
²³ Y traed el becerro gordo y matadlo, y comamos
y hagamos fiesta;
²⁴ porque este mi hijo muerto era, y ha revivido;
se había perdido, y es hallado. Y comenzaron
a regocijarse.
²⁵ Y su hijo mayor estaba en el campo;
y cuando vino, y llegó cerca de la casa, oyó la música
y las danzas;
²⁶ y llamando a uno de los criados, le preguntó
qué era aquello.
²⁷ Él le dijo: Tu hermano ha venido; y tu padre
ha hecho matar el becerro gordo, por haberle
recibido bueno y sano.
²⁸ Entonces se enojó, y no quería entrar.
Salió por tanto su padre, y le rogaba que entrase.
²⁹ Mas él, respondiendo, dijo al padre: He aquí,
tantos años te sirvo, no habiéndote desobedecido jamás,
y nunca me has dado ni un cabrito para gozarme
con mis amigos.
³⁰ Pero cuando vino este tu hijo, que ha consumido
tus bienes con rameras, has hecho matar para él
el becerro gordo.
³¹ Él entonces le dijo: Hijo, tú siempre estás conmigo,
y todas mis cosas son tuyas.
³² Mas era necesario hacer fiesta y regocijarnos,
porque este tu hermano era muerto, y ha revivido;
se había perdido, y es hallado.*

Este texto ha sido llamado «el mejor relato breve del mundo». Y es probable que así sea. Desde siempre se le ha conocido como la parábola del hijo pródigo, sin embargo, quizá un título más apropiado sería el de «parábola del amor paterno» ya que el personaje principal no es el hijo, sino el padre que es capaz de amar y perdonar. Tampoco se trata de una alegoría en la que la figura paterna represente al Dios Padre, como tantas veces se ha afirmado, sino que es una historia sacada de la vida real. Esto puede deducirse fácilmente, a partir del versículo 21, en la exclamación que hace el hijo menor: «Padre, he pecado contra el cielo (es decir, contra Dios) y contra ti...». El padre no es Dios, sino un padre humano y terrenal cualquiera. Sin embargo, tal constatación no impide que, por su comportamiento y bondad, este padre terreno pueda ser interpretado, por algunos exegetas, como imagen de Dios.

Contexto:

El hijo pequeño le reclamaba a su padre la parte de los bienes que le correspondía. Se trataba, en realidad, de la tercera parte del patrimonio paterno ya que el derecho de la primogenitura (Dt. 21:17) establecía que el hijo mayor debía recibir el doble que los demás hijos. No era raro que un padre distribuyera su propiedad entre los herederos antes de morir, si es que deseaba retirarse de la administración de sus negocios. En la Palestina de la época de Jesús había dos maneras de transmitir la fortuna: por testamento o por donación en vida como en este caso. Cuando las posesiones se cedían en vida el hijo recibía el capital de forma inmediata, mientras que los intereses sólo se le daban después de la muerte del padre. Sin embargo, en la parábola, lo que el hijo pródigo está pidiendo es la totalidad de su herencia (cf. la palabra «todo» del v. 13); es decir, el capital más los intereses.

Hay en esta petición filial un cierto aire de crueldad y de poca sensibilidad. Es como si se le dijera al padre: ¡Dame ahora la parte de la propiedad, que de todas formas obtendré cuando te mueras, y déjame ir en paz! ¿Qué clase de amor puede haber en el corazón de un hombre que le habla así a su padre? No obstante, el relato no dice que el padre discutiera, ni que tratara de convencer al hijo. Y es que a veces los hijos tienen que aprender por el camino más duro.

Sin perder mucho tiempo, el joven convirtió su herencia en dinero y abandonó rápidamente el hogar para viajar hasta una provincia apartada. Emigró a un país lejano. Los historiadores creen que durante la emigración de la diáspora judía salieron más de cuatro millones de judíos, quedando sólo en Palestina una población de medio millón de personas. Las causas principales de este éxodo masivo fueron las graves carestías que se padecían en Israel y las seductoras condiciones de vida de que gozaban las grandes ciudades comerciales del Levante.

Del texto puede deducirse que el hijo menor era soltero y esto permite pensar que su edad debía rondar los veinte años, ya que éste era el momento habitual en que un varón hebreo solía contraer matrimonio. Un muchacho que vivía sólo en una ciudad llena de todo tipo de diversiones y reclamos económicos, pronto se quedó sin dinero y terminó dando de comer a los cerdos para poder subsistir. Esta era una tarea prohibida para los judíos, porque tales animales habían sido considerados como impuros (Lv. 11:7). La Ley decía claramente: «¡Maldito sea el hombre que cría cerdos!». Ya no podía santificar el sábado. Había caído en el nivel más bajo posible que un judío podía caer. Se veía obligado a negar su religión constantemente para poder vivir. Hasta incluso deseaba alimentarse con las algarrobas que comía la piara, pero no se las daban para él porque ¡eran para los cerdos! De manera que tenía que robar su propio alimento.

Significado:

El versículo 17 se inicia con estas palabras: «Y volviendo en sí,...». ¡Qué comienzo tan significativo! Es como decir: se volvió hacia sí mismo. El Señor Jesús creía que cuando una persona estaba lejos de Dios es decir, contra Dios no era consciente de lo que hacía. No era ella misma. Estaba fuera de sí. Sólo era realmente ella misma cuando aceptaba tomar el camino de regreso. El ser humano no es «él mismo» hasta que se vuelve a Dios.

En la actitud del hijo pródigo están reunidas las tres características fundamentales del verdadero arrepentimiento. Primero la convicción de pecado: «Padre, he pecado contra el cielo y contra ti». No busca ningún tipo de excusas. No pretende culpar a nadie. Ni al padre por no haberle impedido partir, ni a su hermano por no saber aconsejarle bien, ni a los amigos que sólo lo eran de nombre, ni a las circunstancias, ni a su juventud. Se pone en primera persona: ¡Yo soy el único culpable! ¡He sido yo el que ha pecado!

En segundo lugar hay un reconocimiento de las consecuencias de su acción: «Ya no soy digno de ser llamado tu hijo». Es la aceptación de la realidad tal cual es, sin atenuantes, sin ningún velo encubridor. ¡He desperdiciado mi herencia, he roto lo que me ligaba a ti! ¡Reconozco que legalmente ya no tienes ninguna obligación hacia mi persona! ¡Me emancipé prematuramente por voluntad propia y me diste lo que me correspondía, soy consciente de que ya nada me debes! ¡Sólo deseo manifestarte que lo admito y que me arrepiento sinceramente de mi error!

Hay también, en tercer lugar, una reparación de conducta: «Y levantándose, vino a su padre». Vuelve con rectitud, de manera incondicional, porque en el fondo de su alma continúa creyendo en el amor del padre. Abriga la esperanza de que aquel que le ofreció, sin regateos, toda su fortuna quiera ahora contratarlo como un jornalero más.

Muchos cristianos creen que la conversión es un fenómeno puntual y excepcional, en el que se pasa rápidamente de las tinieblas del error a la luz de la verdad; de una conducta perversa a una vida ejemplar. Pero la conversión no es un instante de emoción, sino un proceso habitual del cristiano. Convertirse es un vivir día a día. En ocasiones se cae en el equívoco de pensar que quien manifiesta su conversión ya es un cristiano de manera definitiva para toda la vida. Como si hubiera obtenido un título; como si se le hubieran concedido el doctorado y lo fuera ya para siempre. Pero la realidad no es así. Ser cristiano no es recibir ningún diploma, sino tender toda la vida hacia la misma meta. La conversión es el empeño diario, a veces doloroso y difícil, a veces triste y frustrante, otras también feliz y alegre, pero siempre cotidiano y constante hacia el mismo fin. No se trata de una operación puntual pequeña e instantánea; no es un cambio de look o de maquillaje, sino una transformación radical y en profundidad; un cambio completo de arriba abajo. El apóstol Pablo afirma que «si alguno está en Cristo, nueva criatura es; las cosas viejas pasaron, he aquí que todas son hechas nuevas» (2 Co. 5:17). Pero esto no siempre ocurre de la noche a la mañana.

Dice la segunda parte del versículo 20 que cuando el padre vio al hijo que se acercaba corrió y le besó. Esto no era propio de un judío de edad avanzada. Correr era poco digno para un anciano, incluso aunque tuviera mucha prisa. Sin embargo, el amor hacia su hijo pudo más que el amor propio y la dignidad de anciano. Al echarse sobre su cuello y besarle demostraba su compasión y generosidad, ya que el beso era signo de perdón. Además hay otra cuestión. Los numerosos pecados y la impureza ritual en que había caído el hijo pródigo le habían convertido en un reo de muerte a los ojos de Israel. Cualquier judío religioso podía iniciar su lapidación inmediata. De ahí la prisa del padre por abrazarle y demostrar ante sus compatriotas que su perdón le redimía del castigo.

El muchacho arrepentido deseaba ser tratado sólo como un jornalero más. No como un hijo; no como un siervo al que se consideraba, de alguna manera, parte de la familia, sino como uno de esos jornaleros que podía ser despedido en el día si su trabajo no era necesario o no gustaba. Pero el padre da tres órdenes muy concretas. Primero dice: «Sacad el mejor vestido y vestidle". En Oriente el vestido significaba honor. Era una alta distinción vestir a un convidado ya que se le resaltaba como invitado honorífico. Regalar un vestido lujoso equivalía a condecorar y ésta era una práctica común entre héroes militares y dignatarios. Sin embargo, entre el pueblo de Israel, revestirse con un nuevo vestido era también símbolo del tiempo de salvación. Vestir al pródigo con un vestido nuevo significaba que el que estaba perdido había encontrado la salvación. Después, al colocarle un anillo, el padre quería dar a entender que le transmitía, otra vez, plenos poderes. El anillo con su sello, que representaba la autoridad, colocado en la mano del hijo, lo designaba como su representante legal. De manera que el pródigo volvía a ser su legítimo heredero.

El calzado era considerado como un lujo. Únicamente los hombres libres llevaban sandalias o zapatos, ya que los esclavos iban siempre descalzos. Al calzarle se mostraba que el padre no le consideraba como a un esclavo, sino como a un hijo. Matar el becerro gordo era un acontecimiento poco frecuente pues, por lo general, raramente se comía carne. Para las ocasiones especiales se solía tener preparado un ternero cuya matanza constituía una auténtica fiesta de alegría para la casa y el servicio. La vuelta del pródigo fue uno de estos importantes motivos en el que se celebró su acogida solemne en la mesa familiar. Así pues, las tres órdenes que da el padre son la manifestación visible del perdón y del restablecimiento de la condición de hijo. El cambio radical ocurrido en la vida del joven se ilustra, de forma realista, mediante dos imágenes que resultan familiares en el Evangelio. Lo que le ha acontecido al pródigo es como la resurrección de un muerto o como la recuperación de la oveja perdida del rebaño.

Se ha hablado y escrito mucho más del hijo pródigo que de su hermano mayor pero, en realidad, Jesús estaba explicando esta parábola a hombres que se parecían más al hermano mayor. Es decir, individuos que se escandalizaban del Evangelio; personas, como los escribas y fariseos, que lo criticaban y rechazaban; religiosos fanáticos de la Ley que no querían aceptar en su mesa al pecador arrepentido por considerarlo impuro y contaminado debido a su contacto con gentiles. Con esta historia, Jesús les está diciendo: «¡Así de grande es el amor de Dios para sus hijos perdidos, pero vosotros sois envidiosos, despiadados, desagradecidos e injustos! ¿Es que acaso no os alegra que los muertos de espíritu resuciten y los que andaban perdidos encuentren el hogar?». Quizá el hermano joven se comportara de manera cruel e insensible con su padre; quizá pecara de inconsciente, abusón y derrochador, pero el mayor era un legalista desagradable que sólo sabía pensar en sus propios derechos; un ser frío y calculador que se vanagloriaba de su conducta irreprensible procurando siempre restregarla sobre la cara de los demás. Era un individuo incapaz de convertirse porque se consideraba perfecto; colocado en el lugar correcto sin necesidad de cambio. Un ser que vivía prisionero de la Ley; pendiente del rito y de la forma; sin caer jamás en faltas graves, pero con el corazón vacío de amor. No sabía perdonar porque su caridad era para sí mismo. Su vida era como una pesada y frustrante carrera detrás de la justicia que, en vez de producirle placer, le amargaba por dentro. Siempre pendiente de la recompensa final. Todos los años de obediencia al padre no habían sido más que un deber enojoso y no un servicio amable y cariñoso. Su actitud hacia el menor era de rencor y ojeriza. Nadie había sacado a relucir el asunto de las rameras hasta que a él se le ocurrió hacerlo. ¿No estaría acusando a su hermano de lo que a él le hubiera gustado hacer? Era una especie de santurrón sin escrúpulos dispuesto a pisotear a su propio hermano caído en el barro.

Aplicación:

¿Qué podemos aprender de esta actitud del hermano mayor? El ser humano que lleva una vida recta, únicamente para conseguir el premio supremo del cielo, ¿no se hace también culpable de egoísmo? Si actuamos sólo y exclusivamente para obtener una recompensa, ¿no corremos el riesgo de que nuestra vida se transforme en algo frívolo y mezquino? La frase de Teresa de Jesús: «No me mueve, mi Dios, para quererte, el cielo que me tienes prometido», se refiere precisamente a esto. Este poema habla de una persona cuya bondad es superior a la del ser egoísta que sólo busca el premio final, pero que, en el fondo, vive frustrado pues desearía vivir de otra manera. Entiendo que el cristianismo debe alejarse del negocio del control de conductas al que le ha llevado, con demasiada frecuencia, la propia ignorancia. El negocio de la Iglesia es amar a la gente para la vida, pero cuando esto se confunde y se empieza a juzgar al hermano, de acuerdo con nuestro modelo de justicia, estamos interpretando mal todo el mensaje del Evangelio.

Hacer pronunciamientos morales y juzgar la existencia humana se ha convertido en el deporte favorito del cristianismo institucional, pero nunca formó parte de la esencia del Evangelio. Cuando Jesús dice: «No juzguéis para que no seáis juzgados. Porque con el juicio con que juzgáis, seréis juzgados, y con la medida con que medís, os será medido. ¿Y por qué miras la paja que está en el ojo de tu hermano, y no echas de ver la viga que está en tu propio ojo?». Mt. 7:1-3 se está refiriendo precisamente a esto.

A esta parábola le falta, a pesar de las apariencias, un auténtico final feliz. Falta que el hermano mayor también «vuelva en sí» y se convierta. Sin embargo, esta segunda conversión es mucho más difícil que la primera. Es más complicado llegar a comprender que el lugar en el hogar paterno no se puede «conservar», sino únicamente «reencontrar» cada día. Es más arduo entender que no es suficiente con no abandonar la casa, sino que es necesario además provocar la carrera jubilosa del anciano padre; amarlo y comprenderlo; descubrir su idioma de amor, de perdón, de misericordia y de ternura. El cariño del padre fue capaz de ofrecerle al hijo pródigo: el ternero bien cebado, el anillo, el mejor traje y las sandalias... pero no el recibimiento y la acogida del hijo mayor. Eso no estaba al alcance de su mano y ¡cuánto lo hubiera deseado! ¡Qué hermoso habría sido regalar también el ánimo rebosante de alegría de su hermano mayor! Pero, desgraciadamente, esto no se lo pudo ofrecer.

¿Y nosotros? ¿Poseemos ese ánimo alegre y festivo que hace de nuestra casa un hogar hospitalario? ¿Aceptamos al hermano perdido que decide regresar o nos creemos con más derechos que él? ¿Comprendemos sus errores? Parafraseando y, a la vez, cambiando el sentido de la frase del poeta latino Horacio podemos exclamar: ¡Vivamos, hermanos y hermanas, comamos, relacionémonos y alegrémonos, no porque mañana heredaremos la vida eterna, sino porque hoy estamos vivos para Dios, para nosotros mismos y para los demás! ¡Gocémonos con los hermanos menores que deciden regresar al hogar! ¡Celebremos, ya ahora, con ellos, el banquete festivo del amor y la fraternidad que constituye las primicias de la gloria venidera que nos aguarda.

Resumen:

Esta parábola es una invitación a cambiar de vida y de conducta. Mediante tales palabras Jesús pretende que sus interlocutores, los fariseos, se den cuenta de su arrogancia frente a los pecadores y sean movidos a misericordia. Lo que subleva al hijo mayor no es el hecho de tener que aceptar la reintegración de su hermano, sino que éste tenga que participar del banquete festivo. La fe farisea aplicaba, de manera escrupulosa, la Torá de pureza a la comunión en la mesa. Había que estar limpio y purificado para poder participar de la comunidad de mesa.

Sin embargo, Jesús comía con publicanos y pecadores sin hacer caso de estos rituales de la Torá porque estaba convencido de que lo que «contamina al hombre» no es «lo que entra en la boca», sino lo que sale de ella (Mt. 15:11). Esta conducta chocaba frontalmente contra la idea de pureza y de contaminación a causa del pecado. De manera que Jesús no aborda directamente el asunto, sino que da un rodeo, por medio de la parábola, para entablar un diálogo difícil y que ya de antemano parecía estar roto. Lo que el Maestro pretende demostrar es que precisamente en esas comidas familiares es donde se celebra la alegría de Dios por el regreso de los pecadores y que el amor y la acogida de éstos no merma en nada el derecho que tienen los justos.

Es cierto que el hijo pródigo es ejemplo del hombre pecador pero, a pesar de eso, es capaz de arrepentirse, convertirse y cambiar de vida. No obstante, el hijo mayor es incapaz de conversión. La aplicación personal es obvia: ¿Cuál es nuestra situación? ¿Con cuál de los dos hermanos nos identificamos?

Sugerencias:

1. ¿Cuáles son las tres características del verdadero arrepentimiento que se observan en el comportamiento del hijo pródigo? (v. 18-20a).
2. ¿Qué significado tenían, para los judíos, las tres órdenes concretas que da el padre en relación al vestido nuevo, al anillo y al calzado?
3. ¿De qué actitud espiritual es portavoz cada uno de los hijos?
4. ¿Cuál es el motivo real por el que el hermano mayor rechaza al menor?
5. ¿Qué grupo contemporáneo de Jesús se puede identificar con el hijo mayor? ¿Qué ideas tenía este grupo acerca de la purificación y la contaminación?
6. ¿Cuál es el mensaje que Jesús pretende transmitirles?
7. El apóstol Pablo escribe: «Todas las cosas son puras para los puros, mas para los corrompidos e incrédulos nada les es puro» (Ti. 1:15). ¿Qué tiene que ver este texto con la pregunta anterior?
8. ¿Qué significa que a esta parábola le falta un final feliz? ¿Convenció el mensaje de Jesús a sus interlocutores?
9. ¿Se puede ser culpable de egoísmo por desear el cielo?
10. ¿Me gozo con los hermanos menores que regresan al hogar?

39
Quien consigue un amigo posee un tesoro
o
el mayordomo sagaz

Lucas 16:1-9

¹ Dijo también a sus discípulos: Había un hombre rico que tenía un mayordomo, y éste fue acusado ante él como disipador de sus bienes.
² Entonces le llamó, y le dijo: ¿Qué es esto que oigo acerca de ti? Da cuenta de tu mayordomía, porque ya no podrás más ser mayordomo.
³ Entonces el mayordomo dijo para sí: ¿Qué haré? Porque mi amo me quita la mayordomía. Cavar no puedo; mendigar, me da vergüenza.
⁴ Ya sé lo que haré para que cuando se me quite de la mayordomía, me reciban en sus casas.
⁵ Y llamando a cada uno de los deudores de su amo, dijo al primero: ¿Cuánto debes a mi amo?
⁶ Él dijo: Cien barriles de aceite. Y le dijo: Toma tu cuenta, siéntate pronto, y escribe cincuenta.
⁷ Después dijo a otro: Y tú, ¿cuánto debes? Y él dijo: Cien medidas de trigo. Él le dijo: Toma tu cuenta, y escribe ochenta.
⁸ Y alabó el amo al mayordomo malo por haber hecho sagazmente; porque los hijos de este siglo son más sagaces en el trato con sus semejantes que los hijos de luz.

⁹ Y yo os digo: Ganad amigos por medio de las riquezas injustas, para que cuando éstas falten, os reciban en las moradas eternas.

Estamos ante una de las parábolas más complejas que pronunció Jesús. Sólo hay que echar una rápida ojeada a la bibliografía exegética para darse cuenta de la dificultad que entraña. El pastor y profesor William Barclay escribió: «Esta es un parábola evidentemente muy difícil de interpretar» (Barclay, 1973: 202). La versión popular del Nuevo Testamento de estudio de las Sociedades Bíblicas Unidas, en su edición de 1990, dice: «Esta parábola ha dado lugar a problemas de interpretación, a causa de la conducta del mayordomo» (p. 163). El profesor Joseph A. Fitzmyer afirma que: «La parábola del administrador desaprensivo es una de las que siempre ha causado más perplejidades a los comentaristas» (Fitzmyer, 1987: 692). E incluso el teólogo evangélico Joachim Jeremias explica hasta cuatro interpretaciones distintas que se le han dado a la parábola (Jeremias, 1992: 57-60).

La dificultad de interpretación se detecta también si se pasa revista a los diferentes calificativos que ha ido recibiendo el mayordomo. Entre los adjetivos negativos figuran los siguientes: «infiel» (Reina-Valera, 1960), «bribón» (W. Barclay), «deshonesto» (G. Hendriksen), «desaprensivo» (J. A. Fitzmyer) y el propio texto bíblico le llama también «mayordomo malo» (v. 8); sin embargo, otras publicaciones se refieren a él con adjetivos de carácter algo más positivo como «prudente» (Nuevo Comentario Bíblico de la Casa Bautista de Publicaciones), «astuto» (traducción interconfesional en catalán de la Biblia de estudio) o «sagaz» en el propio texto de la versión Reina-Valera.

Hay además hasta quien encuentra divertido todo este asunto del administrador corrupto, con sus cuentas que no parecen salir, y sus libros de contabilidad amañados y llenos de trampas. Pero lo cierto es que Jesús no está hablando aquí para divertir a nadie, sino para dirigir una clara exhortación y una buena reprimenda.

Contexto:

«Había un hombre rico que tenía un mayordomo,...». En la Palestina de la época de Jesús era frecuente el absentismo de ciertos propietarios. Resultaba usual que los terratenientes que poseían considerables patrimonios encargaran a una persona de su confianza, generalmente un mayordomo, la administración de todos sus bienes. El cargo de mayordomo podía realizarlo un esclavo nacido en el seno de la familia, que estuviera especialmente cualificado, y que hubiera sido adiestrado previamente para administrar grandes fincas.

«Y éste fue acusado ante él como disipador de sus bienes». Estaba despilfarrando los bienes del dueño. Parece que las acusaciones tenían fundamento porque el inculpado no se defendió ni se preocupó por intentar desmentir los rumores, luego éstos debían ser fundados.

«Cavar no puedo, mendigar me da vergüenza». Es perfectamente comprensible que un administrador, educado para realizar tareas burocráticas, no estuviera físicamente preparado para labrar la tierra. Sus manos no estarían endurecidas, sus músculos se fatigarían muy pronto. Pero a esta incapacidad física hay que añadir también las motivaciones de tipo psicológico. ¿Cómo podía pedir limosna quien había administrado grandes fortunas? Pasar de la riqueza a la miseria, por culpa propia, es una de las mayores afrentas que puede sufrir el ser humano.

«Ya sé lo que haré para que cuando se me quite de la mayordomía, me reciban en sus casas». Quiso dejar bien atados todos los cabos con el fin de asegurarse el porvenir.

«Y llamando a cada uno de los deudores de su amo, dijo al primero: ¿Cuánto debes a mi amo?». El evangelista Lucas únicamente menciona dos casos de deudores pero seguramente tienen valor de muestra. La pregunta que les hace el mayordomo suena a retórica y ficticia. Si era él el administrador debía saber perfectamente cuánto le debían los deudores. Además, ¿acaso no les dio inmediatamente después la factura vieja para que hicieran otra nueva?

«Él dijo: Cien barriles de aceite. Y le dijo: Toma tu cuenta, siéntate pronto, y escribe cincuenta». Este versículo ha sido, en ocasiones, mal interpretado. No significa que se cancele la mitad de la deuda por medio de la falsificación del pagaré. Lo que quiere decir es que, en realidad, el deudor sólo debía a su acreedor cincuenta tinajas de aceite. Las otras cincuenta eran la comisión que correspondía al mayordomo. Desde luego, un interés del cien por cien puede parecer hoy exagerado, pero existen documentos de aquella época que hablan de este tipo de intereses. En los préstamos de bienes de consumo, como el vino, la sal o el aceite, era habitual cargar unos intereses muy altos. El reciente descubrimiento de esta costumbre económico-administrativa ha permitido que la parábola del mayordomo sagaz se comprenda mejor. Actualmente se sabe que el administrador podía hacer préstamos de las propiedades de su dueño, por los que recibía una comisión en concepto de intereses. Esa comisión, con su correspondiente recibo, se añadía a los documentos oficiales que señalaban la cuantía del préstamo. Muchas veces, en esos documentos sólo constaba el total de la deuda, es decir, el valor acordado más los intereses que eran la comisión del mayordomo. De manera que el valor total era el valor real más la comisión del administrador. Esta práctica era habitual en el antiguo Oriente Medio, en Egipto, Palestina, Siria, Asiria, Babilonia e incluso en la India (Fitzmyer, 1987: 697).

«Después dijo a otro: Y tú, ¿cuánto debes? Y él dijo: Cien medidas de trigo. Él le dijo: Toma tu cuenta, y escribe ochenta». En el caso de los cereales los intereses oscilaban entre un veinte y un treinta por ciento. Lo que hace el mayordomo, para quedar bien con los deudores, es eliminar de la deuda total la cantidad que correspondía a su propia comisión. En esto estriba precisamente su sagacidad. En vez de pensar que debía cobrar todas las comisiones que pudiera, ya que muy pronto se iba a quedar sin empleo, prefiere perder este dinero y ganar amigos que en el futuro lo puedan contratar.

«Y alabó el amo al mayordomo malo por haber hecho sagazmente». El mayordomo no engaña en esta ocasión a su amo, no le roba ni falsifica facturas como algunos creen. ¿Cómo iba a aprobar el dueño una falsificación de cuentas realizada por su propio gerente? Lo que elogia el amo es la astucia que demuestra su mayordomo al preferir perder su comisión para congraciarse con los deudores. Sabe renunciar a lo que legalmente era suyo ante una situación de dificultad.

Significado:

¿Qué puede querer decir esta parábola? Veamos primero lo que no dice. No se trata de una advertencia sobre la perversidad y el peligro de las riquezas. Poseer bienes no es malo, lo malo es ser poseído por ellos. No está diciendo tampoco que debemos ser astutos si queremos robar al prójimo, como algunos entienden y practican a diario. No afirma las ideas de Maquiavelo de que el fin justifica los medios. Tampoco es una alabanza de las irregularidades del mayordomo, ni una aprobación de la estafa por falsificación de cuentas. ¿Qué es entonces? Estamos ante el elogio de la sagacidad e inteligencia de un gerente que supo rentabilizar, en su provecho, los propios errores.

El método que emplea el mayordomo para ganarse amigos consiste simplemente en dar lo que era suyo. Como administrador de los bienes de su amo tenía derecho a un cierto porcentaje de las ventas y de los préstamos. Hasta un 50 % en el caso de los alimentos líquidos y de un 20 % en el trigo y los demás cereales. Su actitud fue equivocada al principio pero aprendió la lección. Cometió el error de malversar fondos que no le pertenecían y por ello fue despedido. Sin embargo, la solución que adoptó después fue sabia y correcta desde el punto de vista moral. No volvió a robar y engañar a su amo para ganarse amigos, como en ocasiones se ha dicho, sino que regaló lo que era suyo. Les rebajó del precio el porcentaje que, según la ley, le correspondía a él como mayordomo administrador. Desde luego, el regalo que hizo a los deudores no fue pequeño. A uno le perdonó una cantidad equivalente a quinientos denarios. O sea, lo que costaba el mantenimiento de una familia formada por cuatro personas durante quinientos días.

La astucia que alaba aquí Jesús por boca del amo es la de haber sabido desprenderse de manera inteligente de lo que, en justicia, era suyo para conseguir buenos amigos que le pudieran ayudar en el futuro. Su generosidad fue oportuna y sagaz.

Aplicación:

¿Qué podemos aprender de esta parábola de Jesús? La idea es que frente a las exigencias del reino de Dios no podemos actuar de manera atolondrada, sino que debemos calcular los riesgos e incluso renunciar, si fuere preciso, a las posesiones materiales.

«Porque los hijos de este siglo son más sagaces en el trato con sus semejantes que los hijos de luz». ¿Cómo es posible que los cristianos, los que estamos convencidos de que trabajamos por una «causa grande», demostremos tantas veces menos ingenio, menos sagacidad, menos inteligencia, menos iniciativa y menos empuje que los que se dedican a las «causas pequeñas»? Los cristianos evangélicos que trabajamos por el mejor de los motivos, el de Jesucristo, tenemos por compañeros con demasiada frecuencia el cansancio, el aburrimiento, la desgana, la lentitud y una falta total de inteligencia y de creatividad. ¿Por qué? ¿Está haciendo Dios un buen negocio con nosotros al confiarnos la administración de sus bienes? ¿No los estaremos despilfarrando como el mayordomo de la parábola? Decimos que hacemos el bien. Pero no basta con «hacer el bien», hay que «hacerlo bien». Hay que «hacer bien el bien» con realismo, con lucidez y sagacidad, con entusiasmo e inventiva.

Sirvan algunos ejemplos. El hecho de poseer la verdad no puede ser un pretexto para hablar, escribir o comunicarnos en un idioma mediocre o incorrecto. Basta dar una rápida ojeada a muchos libros, revistas, boletines de iglesia, hojas dominicales, cancioneros, letras de himnos y coritos, programas evangélicos de radio y TV, para constatar esta realidad deficiente. La etiqueta evangélica cubre todo un cúmulo de faltas gramaticales, frases mal construidas, puerilidades, necedades, publicaciones desfasadas e insulsas. Se detecta, en general, una incapacidad para enfrentarse con los verdaderos problemas que nos plantea la sociedad contemporánea. En España no podemos seguir predicando un Evangelio para analfabetos. Ya no estamos en la postguerra franquista. La palabra de Dios llega hoy a un público que no es ignorante ni inculto. Hay que reconocer que, en efecto, ha habido un progreso pero todavía queda mucho espacio para que pueda ocuparlo la inteligencia.

Tampoco en muchos púlpitos se advierte una inflación de la sabiduría. Estamos acostumbrados a escuchar vulgaridades, mensajes improvisados explicados en tono desabrido que no llegan a sintonizar con el auditorio. ¡Con qué ropajes tan andrajosos vestimos, en ocasiones, la palabra de Dios! ¡Es verdad que la cruz es locura, pero no necedad! La inteligencia no puede ser considerada como una intrusa en el reino de Dios, sino todo lo contrario. Aquí está nuestro reto. Necesitamos más sagacidad, más fantasía y más riesgo. Cuando el cristianismo apareció en el mundo lo hizo como una novedad revolucionaria y desconcertante. Jesús descendió de una montaña galilea escandalizando y sorprendiendo a sus oyentes con un mensaje extraordinariamente original e inaudito para ellos. Su oratoria desbordante arrastraba a las gentes a golpes de «pero yo os digo...». ¿En qué se ha convertido hoy aquel mensaje? Las religiones cristianas oficiales se han transformado en cansinas repetidoras de una verdad guardada en la caja fuerte de la estrechez mental humana. Nietzsche, refiriéndose a los religiosos de su época, escribía: «Se parecen mucho todos ellos, tan pequeños, tan redondos, tan complacientes, tan aburridos...». ¿No nos estaremos nosotros también quedando bajitos, regordetes y tan aburridos como ellos? ¿No estaremos transmitiendo el mensaje en categorías culturales de otra época?

El mayordomo de la parábola al caer en desgracia decide arriesgarlo todo para crearse un nuevo futuro. Se aventura a través de un sendero peligroso. Con lo cual demuestra que, además de inteligencia y creatividad, tenía también coraje. ¿Y los creyentes de hoy? ¿Hasta qué punto hemos envuelto nuestro compromiso en un ropaje de seguridad y suficiencia? ¿Hasta dónde hemos perdido el gusto por la aventura? No debemos olvidar nunca que somos descendientes directos de aquellos que con su entusiasmo alborotaron el mundo entero. Necesitamos sagacidad, inteligencia, sabiduría y unas pocas dosis de riesgo.

Resumen:

El mayordomo sagaz es una de las parábolas de Jesús que más ha costado entender en nuestros días. Aunque en un principio fuera dirigida preferentemente a sus discípulos, lo cierto es que en el contexto en que predicaba el Maestro había también fariseos que apreciaban en exceso el dinero. Tales personas, a quienes el evangelista Lucas llama «avaros» (Lc. 16:14), se burlaban de estas palabras del Señor. De ahí que la parábola sirviera de introducción a la enseñanza de que es imposible servir a dos señores, a Dios y a las riquezas.

El cristiano debe aprender a utilizar los bienes materiales para ganarse amigos que, a la hora de la verdad, le puedan abrir de par en par las puertas de lo que realmente importa. El dinero sólo sirve aquí. En el más allá no tiene curso legal. Hay que gastarlo antes, no para reservarse un puesto en la eternidad, sino para sembrar un poco de amistad en este mundo tan necesitado de amor. ¡Ojalá lleguemos a ser lo suficientemente sagaces como para poner nuestras posesiones al servicio de los demás!

Sugerencias:

1. ¿Cuál es la causa de que esta parábola no se comprendiera bien?
2. Al reducir el valor total de la deuda, ¿quién perdía dinero? ¿Por qué?
3. ¿La sagacidad del mayordomo consiste en saber falsificar facturas?
4. ¿Explicó Jesús esta parábola para condenar las riquezas?
5. ¿Qué significa la siguiente frase: «Lo malo no es poseer bienes, sino ser poseído por ellos»?
6. ¿Y esta otra de Maquiavelo: «El fin justifica los medios»?
7. ¿Qué pueden querer decir las palabras de Jesús: «Los hijos de este siglo son más sagaces en el trato con sus semejantes que los hijos de luz»?
8. ¿Por qué, a veces, el trabajo que hacemos para la obra del Señor no tiene tanta calidad como el que realizamos en nuestra profesión secular?
9. ¿Es cierto que el cristianismo de Cristo puede escandalizar al ser humano?
10. ¿De qué manera ser cristiano es apostar por el riesgo?

40
La imposibilidad de estudiar geografía celestial
o
el rico y Lázaro

Lucas 16:19-31

¹⁹ Había un hombre rico, que se vestía de púrpura y de lino fino, y hacía cada día banquete con esplendidez.
²⁰ Había también un mendigo llamado Lázaro, que estaba echado a la puerta de aquél, lleno de llagas,
²¹ y ansiaba saciarse de las migajas que caían de la mesa del rico; y aun los perros venían y le lamían las llagas.
²² Aconteció que murió el mendigo, y fue llevado por los ángeles al seno de Abraham; y murió también el rico, y fue sepultado.
²³ Y en el Hades alzó sus ojos, estando en tormentos, y vio de lejos a Abraham, y a Lázaro en su seno.
²⁴ Entonces él, dando voces, dijo: Padre Abraham, ten misericordia de mí, y envía a Lázaro para que moje la punta de su dedo en agua, y refresque mi lengua; porque estoy atormentado en esta llama.
²⁵ Pero Abraham le dijo: Hijo, acuérdate que recibiste tus bienes en tu vida, y Lázaro también males; pero ahora éste es consolado aquí, y tú atormentado.
²⁶ Además de todo esto, una gran sima está puesta entre nosotros y vosotros, de manera que los que quisieren pasar de aquí a vosotros, no pueden, ni de allá pasar acá.
²⁷ Entonces le dijo: Te ruego, pues, padre, que le envíes a la casa de mi padre,

²⁸ porque tengo cinco hermanos, para que les testifique, a fin de que no vengan ellos también a este lugar de tormento.
²⁹ Y Abraham le dijo: A Moisés y a los profetas tienen; óiganlos.
³⁰ Él entonces dijo: No, padre Abraham; pero si alguno fuere a ellos de entre los muertos, se arrepentirán.
³¹ Mas Abraham le dijo: Si no oyen a Moisés y a los profetas, tampoco se persuadirán aunque alguno se levantare de los muertos.

Se ha señalado que esta parábola de Jesús está hecha con tal maestría que no tiene una sola frase de más. Únicamente las palabras justas y necesarias para comunicar la enseñanza que Jesús deseaba transmitir.

Contexto:

Los protagonistas son dos hombres: uno rico y otro paupérrimo. Sólo se mencionan dos características de cada uno. El rico se vestía de púrpura y lino fino y hacía cada día banquete con esplendidez. Mientras que el pobre, en vez de vestido, tenía el cuerpo cubierto de llagas, afectado por una enfermedad de la piel, y en lugar de banquetes, pedía limosna y pasaba hambre cada día. Las diferencias entre ambos no podían ser más grandes.

La púrpura era un tejido fabricado a partir de lana virgen y teñido con un colorante rojo que se extraía de ciertas caracolas marinas importadas de la región de Tiro en Fenicia. El lino se empleaba para las prendas interiores finas que se elaboraban con hilo traído desde Egipto. Las túnicas de los sumos sacerdotes estaban hechas con tales fibras. Sólo los ricos podían vestir así, ya que uno de estos vestidos podía costar el sueldo de varios años de un obrero.

Hacer banquete cada día significaba no trabajar nunca. Es decir, quebrantar el cuarto mandamiento que disponía lo de «seis días trabajarás...». De manera que, en un país donde la gente comía carne muy de tarde en tarde, trabajando seis días a la semana, el rico se muestra como una persona insensible, derrochadora y absolutamente insolidaria.

Dice el texto que el mendigo ansiaba las migajas que caían de la mesa del rico. Los judíos de la época de Jesús no utilizaban cuchillo, tenedor ni servilleta. Comían con las manos y se limpiaban en rebanadas de pan que luego tiraban al suelo. Los trozos de pan ya usados no se podían volver a meter en el plato, debido al peligro de enfermedades contagiosas, sino que se arrojaban hacia atrás o debajo de la mesa (Jeremías, 1992: 224). Éste es el pan que Lázaro deseaba comer. Su estado físico era tan miserable que tenía que soportar además que los perros, animales considerados impuros y despreciables, le lamieran las llagas y le contaminaran aún más.

Sin embargo, hay un dato interesante, el mendigo tiene nombre, pero el rico no. En la tradición española se ha hecho popular el calificativo de «el rico Epulón» ya que «epulón» significa que come y se regala mucho. No obstante, en el Evangelio, el rico carece de nombre. Es un personaje anónimo. Esta es la única parábola en la que Jesús le pone nombre propio a uno de sus personajes. Lázaro en hebreo es «Eleazar» y significa «Dios ha ayudado» o «Dios es mi ayuda». Un nombre muy apropiado si se tiene en cuenta que nunca recibió ayuda de nadie en este mundo y que sólo Dios le consoló en el más allá.

En la parábola no se habla de juicio, ni de sentencia; sólo se describe la inversión de las situaciones después de la muerte. Para el mendigo la alegría de morar junto al seno de Abraham, para el rico acumulación de tormentos en el Hades. La idea del seno de Abraham, en la concepción judía, era el lugar de honor en el banquete celestial, a la derecha del padre de familia. Era costumbre oriental sentarse en los banquetes, tendidos ante la mesa, apoyando el brazo izquierdo sobre almohadones. De manera que el que estaba tumbado a la derecha de otra persona, estaba tendido «junto a su seno». Es la misma situación que describe Jn. 13:23, acerca del discípulo amado que estaba «recostado al lado de Jesús». El relato quiere resaltar que a Lázaro, en el más allá, se le concedió un gran honor colocándolo a la cabeza de todos los justos. Por el contrario, el Hades se entendía como un espacio distinto, como la morada de los muertos, separada del seno de Abraham por una sima infranqueable. Era ahí donde iban los injustos después de morir.

¿Nos está ofreciendo aquí Jesús una geografía física del mundo del más allá? ¿Está describiendo cómo es el infierno y cómo es el cielo? ¿Qué decoración hay o qué temperatura hace? La imaginación desbordada de algunos ha ido tomando textos aislados de la Biblia y los ha combinado con mitologías extrabíblicas produciendo, en algunos casos, verdaderas obras de arte de la fantasía humana, pero que tienen poco o nada que ver con el verdadero mensaje de las Escrituras. Así ocurre, por ejemplo, en *La Divina Comedia* de Dante en la que el infierno se describe poblado de feroces panteras y leones que vagan libremente buscando a quién devorar; aparecen gigantescos árboles que hablan y se mueven; demonios que azotan y pinchan con sus lanzas; enormes gigantes apesadumbrados y torbellinos de espíritus que vuelan por los aires sorteando abrasadoras llamas.

También existen algunos escritores evangélicos que describen el cielo, y nos informan meticulosamente de las actividades que podremos llevar a cabo cuando estemos allí. Al parecer podremos trasladar al más allá nuestras aficiones preferidas en esta vida, tales como pescar, pintar, investigar la naturaleza celestial, etc. Juan E. Zoller, en su obra *El Cielo* escribe: «¿Os gusta pescar? Pensad en lo que podéis disfrutar dedicándoos a este deporte en un maravilloso río, limpio como el cristal. ¿Me preguntáis que cómo sé que hay peces en los ríos del Cielo? La santa Palabra de Dios no lo declara, pero tampoco nos dice que no los haya» (p. 201).

La idea del cielo y del infierno ha excitado desde siempre la fantasía popular y cada pueblo o cultura ha intentado imaginar cómo será. Frente al clásico infierno de fuego, en ciertas leyendas suizas de los Alpes por ejemplo, existe la idea de que el infierno es un inmenso glaciar, un auténtico río de hielo, el glaciar de Aletsch en el que las almas desgraciadas tendrían que sufrir su castigo (Bietenhard, 1980, 2: 351).

Significado:

Creo que debemos tratar estos temas con más respeto por la Palabra, con más conocimiento de la misma y, sobretodo, con más seriedad. Jesús no está aquí describiendo cómo es el más allá; no pretende dar una enseñanza sobre la vida después de la muerte; no desea tampoco tomar posición frente al problema de ricos y pobres; ni siquiera está sugiriendo que la pobreza sea una virtud y la riqueza un vicio porque, al fin y al cabo, el propio Abraham era rico, igual que José y otros personajes bíblicos, sino que pretende explicar a sus contemporáneos, en las categorías que ellos entendían, con las mismas imágenes y palabras que utilizaban habitualmente, la terrible catástrofe que amenaza a los seres humanos que se parecen a este hombre rico.

El Maestro se refiere a las personas que viven en un egoísmo sin corazón, sordos a la Palabra de Dios, porque piensan que con la muerte todo se acaba. Jesús quiere hacernos entender cómo cambian las perspectivas humanas en el momento de abandonar esta existencia terrenal. Es decir, cuando termina el teatro de esta vida. De manera que no se trata de curiosear en el más allá, sino de abrir los ojos a los auténticos valores que deben orientar nuestra realidad presente aquí abajo. Las moradas celestes permanecerán rodeadas por el halo del misterio divino hasta que el Señor nos resucite a ellas.

Quizá se podría objetar: ¿Qué hizo de malo el rico? ¿Acaso mandó que expulsaran a Lázaro de su puerta? ¿Le prohibió que recogiera las migajas de pan? ¿Es que le daba puntapiés al pasar? ¡No, claro que no! Su pecado consistía en no preocuparse de él; en aceptarlo con resignación como parte de su realidad, en llegar a creer que era natural que un ser humano, un hermano, estuviera a su puerta muriéndose de hambre y de dolor, mientras él derrochaba su inmensa fortuna. Aquí resuenan en los labios y en el corazón del rico aquellas añejas palabras de Caín: «¿Soy yo acaso el guarda de mi hermano?». Y Jesús le grita: «¡Sí, lo eres! ¡Tienes la obligación de serlo!». Lo que condenó al rico no fue lo que hizo, sino lo que no hizo. Su impresionante falta de amor y de justicia.

La segunda parte de la parábola se refiere a la conversión y enseña que ésta no depende de los milagros, sino de la escucha responsable de la Palabra de Dios. Para el que no desea creer, ni el mayor milagro puede convencerlo. Los fariseos fueron testigos de la resurrección de Lázaro y no creyeron que Jesús fuese el Hijo de Dios, sino que procuraban matar al que había vuelto a la vida. Tampoco aceptaron la resurrección del propio Jesús.

La Palabra de Dios basta y sobra para conocerle. No hay apariciones que valgan. Si la Revelación no nos dice nada, si intentamos anularla, ni siquiera las visiones lograrán abrirnos los ojos de la fe.

Aplicación:

La parábola del rico y Lázaro nos enseña que se puede uno preocupar de su casa, de los muebles y de todas las comodidades que la acompañan, así como del vestido y la apariencia externa, pero no pensar nunca en «equipar» al que vive dentro, equiparlo de esos muebles fundamentales, de esa ropa invisible que lo hacen persona. No me refiero sólo a la cultura, o a los conocimientos intelectuales, sino a esa capacidad de reflexión prudente y de meditación equilibrada a que se refiere el autor de Proverbios (14:15): «El hombre prudente medita bien sus pasos, más el simple todo lo cree»; a saber respetar los derechos de cada uno y ser justos con los demás, como señala el libro de Levítico: «No harás injusticia en el juicio, ni favoreciendo al pobre ni complaciendo al grande; con justicia juzgarás a tu prójimo»; a saber cómo tener firmeza y constancia para buscar el bien y para resistir las tentaciones, tal como cantara el salmista (118:14): «Mi fortaleza y mi cántico es el Señor», y a tener dominio propio y saber ser moderados en las apetencias, como aconseja Pablo a Tito (2:12): «Porque la gracia de Dios se ha manifestado para salvación a todos los hombres, enseñándonos... a vivir con moderación, justicia y piedad en el siglo presente». Esta es la clase de «púrpura y lino fino» que debe revestir, por dentro, a los creyentes. Estos son los muebles que nos embellecen interiormente. Porque hoy encontramos muchas criaturas que se pasan la existencia intentando gozar de la vida, pero se olvidan por completo de vivir. Hombres y mujeres que están siempre pendientes de que las cifras en la cuenta corriente sean tranquilizadoras, de acumular aventuras, de dejarse acariciar por el bienestar o por el éxito, pero fracasan clamorosamente en la empresa de llegar a ser ellos mismos. Personas devoradas por la obsesión de hacerse un nombre y que han olvidado el suyo propio, como el rico anónimo de la parábola. No saben quiénes son, de dónde vienen, ni hacia dónde se dirigen.

Hoy se organizan muchas fiestas y banquetes y, en ocasiones, casi se corre el riesgo de morir de saciedad, de empacho o de indigestión. Se espera el fin de semana con impaciencia para deslizarse por el tobogán de la evasión festiva. Y en ciertas orgías, el Lázaro que se queda en la puerta es el propio amo de la casa. El dueño que se desnuda de su espíritu, alma, cerebro, corazón y dignidad. Es decir, de lo mejor que posee y los deja en la puerta mendigando, mientras su cuerpo anónimo de epulón banquetea dentro evadido y aislado de la realidad. Esto es lo que se conoce como la sociedad de la evasión y a las actitudes que genera se les llama hoy: «gozar de la vida».

Pero, a pesar de las apariencias, el «hombre rico» y todos aquellos que viven así se engañan a sí mismos porque se preocupan de todo y de todos, menos de sí mismos, de su propia vida. Tienen tiempo para todos los comensales, pero no para ellos mismos. Sus necesidades más auténticas quedan frustradas (a lo mejor bajo montones de comida, de comodidad o de distracciones). Lo que les ocurre, en el fondo, a tales criaturas es que cometen una estafa colosal frente a su propia vida porque la dejan sin valores. Su principal error, aunque parezca paradójico, es el de no pensar en sí mismos, en su verdadero ser.

Resumen:

Jesús reafirma en este relato su enseñanza acerca de las riquezas. Es la misma explicación que ya había ofrecido en la parábola anterior del mayordomo sagaz. La alusión crítica a los fariseos es clara. Eran codiciosos del dinero y despreciaban a los pobres pero, sin embargo, creían estar a salvo porque cumplían meticulosamente con todas las prescripciones formales de la Ley. El hombre rico representa al ser humano que no se preocupa del futuro, sino que vive exclusivamente el momento presente. Pero lo vive para él, sin pensar nunca en los demás ni en sus necesidades materiales. De ahí que en la narración el rico carezca de nombre. No tiene nombre propio porque tampoco es persona.

La parábola del rico y Lázaro nos obliga a reflexionar sobre el modo de orientar nuestra vida aquí abajo; sobre los verdaderos valores que deben caracterizarla; sobre la realidad del amor y la justicia en la existencia de los seguidores de Jesucristo. Se trata de un relato que el Maestro nos dejó para que aprendamos a ver al pobre tendido en el mismo umbral de nuestra casa; para que nuestro bienestar y nuestros hábitos de vida no rompan totalmente la comunicación con esos habitantes del planeta llamado tercer o cuarto mundo; para que sepamos vestirnos interiormente de prudencia, justicia, firmeza, moderación y, sobre todo, para que lleguemos a comprender que en cada mendigo con nombre propio, se esconde el cuerpo del Señor Jesús que sufre y es rechazado por el ser humano.

Sugerencias:

1. ¿Qué significaba, en realidad, hacer banquete cada día?
2. Los sumos sacerdotes judíos se vestían también de púrpura y lino fino, ¿es posible que esta parábola constituyera una crítica contra ciertas autoridades religiosas?
3. ¿En qué consistían las migajas de pan que deseaba el mendigo?
4. ¿Por qué el mendigo tiene nombre y el rico no?
5. ¿Cuál era el significado del concepto «seno de Abraham» para la mentalidad judía?
6. ¿Es acertado desarrollar una doctrina teológica sobre el cielo o el infierno a partir de esta parábola? ¿Por qué?
7. ¿Qué pretendía Jesús al explicar esta historia?
8. ¿En qué consistía el pecado del rico?
9. ¿Pueden los milagros o las señales sobrenaturales convencer al que no desea creer?
10. ¿Qué significa ser externamente rico pero interiormente pobre?

41
Dios no debe nada a nadie
o
el siervo inútil

Lucas 17:7-10

⁷ ¿Quién de vosotros, teniendo un siervo que ara
o apacienta ganado, al volver él del campo, luego
le dice: Pasa, siéntate a la mesa?
⁸ ¿No le dice más bien: Prepárame la cena, cíñete,
y sírveme hasta que haya comido y bebido;
y después de esto, come y bebe tú?
⁹ ¿Acaso da gracias al siervo porque hizo lo que
se le había mandado? Pienso que no.
¹⁰ Así también vosotros, cuando hayáis hecho todo
lo que os ha sido ordenado, decid: Siervos inútiles
somos, pues lo que debíamos hacer, hicimos.

Donoso Cortés, el célebre escritor extremeño que llegó a ser secretario de la reina María Cristina, en una carta dirigida en 1849 a un amigo francés, escribe: «Dicen que los reyes se van de España, pero eso no es verdad; aquí tenemos a vuestras órdenes y a las de todos en general quince millones de reyes» (Díaz-Plaja, 1971: 18). El tremendo orgullo del pueblo español es algo que siempre ha impresionado a los extranjeros ya que aquí, desde siempre, todos se creen superiores. En *El alcalde de Zalamea*, la famosa obra de Calderón, Pedro Crespo le recuerda a su hijo aquello de: «Por la gracia de Dios, Juan, eres de linaje limpio más que el Sol, pero villano». Es el llamado orgullo de raza, el exceso de estimación propia o de creerse mejor que los demás y con derecho a todo. Fernando Díaz-Plaja en *El español y los siete pecados capitales* afirma que «el español mira a Dios cara a cara, como a un igual». Las promesas que se le hacen tienen siempre un cierto aire de «toma y daca»: «Tú me curas a mi hija y yo te doy dinero para cien misas o voy de rodillas de tal sitio a tal otro».

El don Juan Tenorio de Zorrilla le «concede» al cielo la oportunidad de cumplir con él. Cuando don Juan decide dar un cambio a su vida, todo debe de estar dispuesto para acogerle y aceptarle. Pero ante la negativa de don Gonzalo a darle a su hija y el escepticismo de don Luis, don Juan los «despacha» a ambos quedándose con la conciencia tranquila después de pronunciar la célebre frase:

... llamé al cielo y no me oyó,
y, pues sus puertas me cierra,
de mis pasos en la tierra
responda el cielo, no yo.

¡Habrase visto mayor soberbia! Es como decir: ¡Dios tiene la culpa de que yo actúe así! ¡Cuántos Juanes, como el Tenorio, y cuántas Juanas viven todavía hoy creyendo que Dios es el responsable de sus males! Criaturas que se atreven a tratar a Dios como a un igual ¡Es el colmo del orgullo y la altivez!

Se cuenta también de un limpiabotas gaditano que se burló de un sacerdote católico que por allí pasaba, lo cual hizo sonreír a su cliente, un pastor protestante inglés que acababa de llegar a España. El pastor aprovechó la oportunidad para explicarle las diferencias prácticas que existían entre el catolicismo y el protestantismo: el mayor respeto por la conciencia humana y la libertad política, la posibilidad de que los pastores pudieran casarse, etc. Pero, en plena perorata, fue interrumpido por el limpiabotas quien le dijo: «No se canse míster. Yo no creo en mi religión que es la verdadera, y ¿voy a creer en la de usted?». Es, una vez más, la soberbia del fanatismo incrédulo y orgulloso.

Sin embargo, lo cierto es que cuando el orgullo camina delante, como afirma un proverbio francés, vergüenza y daño van detrás. También en el libro de Proverbios (21:4) se dice que «altivez de ojos y orgullo de corazón... son pecado».

Contexto:

Cuando se lee la parábola del siervo inútil da la impresión de que la actitud del amo se contradice claramente con lo que afirma Jesús cinco capítulos antes: «Bienaventurados aquellos siervos a los cuales su señor, cuando venga, halle velando; de cierto os digo que se ceñirá, y hará que se sienten a la mesa, y vendrá a servirles». ¿Por qué los siervos, que habían hecho todo lo que se les había ordenado, habrían de ser llamados inútiles? ¿Qué quiso decir Jesús con esta parábola?

La palabra «inútil», que puede leerse en las versiones Reina-Valera de la Biblia, no aparece en la versión siro-sinaítica de la misma. De ahí que tampoco se haya puesto en la interconfesional, por lo que esta traducción sería: «Somos unos meros servidores», «... tan sólo siervos». Algunos exegetas opinan que quizá sea más correcto «pobres siervos» que «siervos inútiles».

Significado:

Jesús no dice que el cumplimiento del deber y de las obligaciones no tenga valor, sino que todas nuestras buenas obras no nos dan ningún derecho sobre Dios. No hemos merecido el reconocimiento de Dios. Las obras humanas, por buenas que sean, son insuficientes para justificarnos ante él, son como trapos de inmundicia, ya que sólo puede justificar la fe.

En esta parábola Jesús está dando una lección a los que están tentados a sentirse orgullosos de lo que hacen para Dios. Lo que se dice es que cuando un siervo cumple con su deber no tiene por qué envanecerse. El cristiano debe renunciar a cualquier clase de autojustificación basada en la conducta o en las buenas obras, porque, en definitiva, la salvación no es un premio a nuestro mérito personal. No nos la merecemos ya que es de pura gracia. De ahí que la vanagloria humana, el engreimiento personal, la petulancia arrogante o el orgullo y la soberbia, en el creyente, sean un auténtico sinsentido.

Es lo que el apóstol Pablo dice a los romanos (3:27-28): «¿Dónde, pues, está la jactancia? Queda excluida. ¿Por cuál ley? ¿Por la de las obras? No, sino por la ley de la fe... El hombre es justificado por fe sin las obras de la ley». Y a los efesios escribe: «No por obras para que nadie se gloríe» (Ef. 2:9).

Si en el mundo de las relaciones humanas un amo podía exigir a su criado que cumpliera con sus obligaciones, cuanto más podrá esperar Dios de sus discípulos que se han consagrado voluntariamente a él. No es que el Señor no necesite el servicio del hombre, o que no le vaya a recompensar por su dedicación, lo que se dice es que el ser humano no le puede reclamar nada. Dios no nos debe absolutamente nada. Dios no está en deuda con el hombre.

Aplicación:

Hay que leer la parábola de Lucas pensando en el siervo más que en el amo, porque Jesucristo no se puede identificar con ese arrogante señorón de pueblo que trata con cierta crueldad a su sirviente. El Señor Jesús vino para ceñirse y ser útil hasta la muerte. Su sacrificio redentor fue el mayor servicio a la humanidad. De ahí que sea preferible simpatizar con el comportamiento del siervo, una persona humilde que trabaja con amor y empeño para cumplir con su obligación y para reconocer, después de finalizada la tarea, que tan sólo es un pobre servidor porque ha hecho aquello que debía hacer.

Las relaciones entre los hombres y Dios no deben entenderse bajo el signo de los contratos humanos, sino bajo el de la gratuidad divina. En ocasiones, nos asalta la tentación de pensar que cuanto más le demos al Señor, más nos devolverá él. Y ésta teología de la inversión, desde luego, no es una fórmula muy segura para enriquecerse económicamente. Lo que Dios da, aunque lo dé de forma gratuita, debe provocar en las criaturas una respuesta agradecida de aceptación, de entrega humilde e ilusionada, de entusiasmo laborioso, no de reclamación de derechos ni de hipócritas inversiones en bolsa celestial.

El pueblo cristiano evangélico, a Dios gracias, es rico en siervos. Lo malo es que una excesiva proporción de ellos se creen altamente útiles, e incluso, esenciales e imprescindibles. Muy pocos parecen haber alcanzado la madurez necesaria para reconocerse como «siervos inútiles» y, lo cierto es que, hoy más que nunca estamos necesitados de tales siervos. Actualmente hay demasiadas personas ocupadas en elaborar grandes programas y, sobre todo, en anotarse los méritos; en presentar originales y atrevidas iniciativas para que los demás las lleven a cabo; en proclamar, a los cuatro vientos, desafíos y proyectos de futuro que habrán de ser concluyentes, y en producir documentos históricos trascendentales. Sin embargo, a pesar de todas las apariencias, resulta que los verdaderos protagonistas de la historia son los siervos inútiles. No los líderes, ni los dirigentes, ni los mayordomos representativos. Lo que realmente cuenta, siempre lo llevan a cabo los mismos. Hacen la historia los que se comprometen con el Señor día a día. Aquellos que permanentemente tienen doblada la espalda en el trabajo y sólo se enderezan para secarse el sudor y darle gracias a Dios porque les permite seguir en la labor.

Los obreros del Señor no deberían nunca llegar a convertirse en pesados e inmóviles monumentos. Es algo de lo que debemos huir. Con demasiada frecuencia llegamos a creernos sumamente útiles y es entonces cuando empieza a propagarse esa epidemia contagiosa que algunos han denominado como el «complejo de monumento». Necesitamos más humildad, mayor sencillez y una creciente aspiración al mejor de todos los títulos que puede poseer el discípulo de Cristo, el de siervo inútil.

Resumen:

Si se lee esta parábola desde la mentalidad democrática actual, de respeto a la persona humana, es imposible comprenderla. Para poder degustar todo su significado hay que trasladarse a las particulares relaciones amo-esclavo que existían en la antigüedad en el Próximo Oriente. Tales relaciones no se fundamentaban sobre el agradecimiento mutuo, sino sobre la sumisión a la autoridad del dueño. Los criados apenas tenían derechos y, desde el punto de vista social, su insignificancia era total. Cuando Jesús pregunta: ¿Acaso da gracias al siervo porque hizo lo que se le había mandado?, está convencido, lo mismo que sus oyentes, de que la única posible respuesta es un rotundo no, pues, de otro modo, la parábola perdería todo su significado. El relato se sitúa en el contexto de una época determinada. Sacarlo de ella para transportarlo al presente o, por el contrario, ir a su encuentro con nuestra sensibilidad social moderna sería cometer un grave anacronismo.

El Maestro hace, mediante esta parábola, un elogio de la gratuidad. Dios da de un modo absolutamente gratuito. Ante él, lo humano carece de todo mérito. De manera que enorgullecerse de ser un siervo muy útil carece de todo sentido «porque cualquiera que se enaltece, será humillado; y el que se humilla será enaltecido» (Lc. 18:14). En el reino de Dios nadie resulta imprescindible ya que él puede llevar a cabo sus planes por medio de nosotros o a pesar nuestro.

Sugerencias:

1. ¿Es el orgullo o la vanagloria uno de mis defectos? ¿Cómo puedo vencerlo?
2. ¿Qué significa que todas nuestras buenas obras no nos dan ningún derecho sobre Dios?
3. ¿Es bueno sentirse orgulloso de lo que se hace para el Señor?
4. ¿Necesita Dios el servicio del hombre?
5. ¿Con quién es preferible identificarse, con el amo o con el siervo?
6. ¿Qué quiere decir la siguiente frase: La relación con Dios está bajo el signo de la gratuidad y no bajo el signo de un contrato?
7. ¿A qué se debe que existan tantos siervos que se consideran a sí mismos muy útiles?
8. ¿Por qué son los siervos inútiles los que hacen, en realidad, la historia?
9. ¿Qué significa tener complejo de monumento?
10. ¿En qué actitudes de mi vida me considero un siervo inútil?

42
Hay que hacer huelga a la japonesa
o
la viuda y el juez injusto

Lucas 18:2-8

*2 Había en una ciudad un juez, que ni temía a Dios,
ni respetaba al hombre.
3 Había también en aquella ciudad una viuda,
la cual venía a él, diciendo: Hazme justicia
de mi adversario.
4 Y él no quiso por algún tiempo; pero después de
esto dijo dentro de sí: Aunque ni temo a Dios,
ni tengo respeto al hombre,
5 sin embargo, porque esta viuda me es molesta,
le haré justicia, no sea que viniendo de continuo,
me agote la paciencia.
6 Y dijo el Señor: Oíd lo que dijo el juez injusto.
7 ¿Y acaso Dios no hará justicia a sus escogidos,
que claman a él día y noche? ¿Se tardará
en responderles?
8 Os digo que pronto les hará justicia. Pero cuando
venga el Hijo del Hombre, ¿hallará fe en la tierra?*

Uno de los más injustos y crueles casos de marginación femenina de la actualidad es el de las mujeres de Afganistán bajo el predominio de los talibán.

A estas pobres criaturas por el hecho de ser mujeres, en pleno siglo XXI, se les prohibía conducir, ir a clase a estudiar, trabajar, reír, vestir con normalidad y se les obligaba a mirar a través de la redecilla de sus velos el oscuro mundo, confuso, violento e irrazonable, que les rodea.

Las mujeres afganas constituyen uno más de estos casos patológicos de marginación e injusticia por cuestiones relacionadas con el sexo que clama al cielo. En nuestro país no tenemos talibanes lunáticos, pero sí españoles que llevan un talibán encubierto que, en ocasiones, no pueden reprimir y se destapa con una violencia brutal. Los malos tratos que salen a la luz casi cada día, la violencia doméstica, los recientes asesinatos de mujeres por parte de los amantes o de los maridos verdugos, confirman que en miles de años de historia el hombre ha progresado bien poco desde el punto de vista ético y moral.

La prensa daba la escalofriante cantidad de mujeres asesinadas durante el pasado año a manos de sus cónyuges o, como se dice ahora, de sus «compañeros sentimentales». Parece, pues, que en vez de disminuir, cada vez son más frecuentes y sofisticadas las fórmulas que atentan contra la dignidad femenina en nuestro país.

Contexto:

El relato de Jesús acerca de la viuda y el juez injusto no resulta hoy, ni mucho menos, pasado de moda porque, por desgracia, en nuestro mundo millones de mujeres siguen siendo maltratadas, menospreciadas, discriminadas y olvidadas.

Después de esta dramática introducción veamos algunos detalles del contexto en que se desarrolla la presente parábola de Jesús. A la viuda no hay por qué imaginársela como si fuera una anciana ya que en Israel las muchachas solían contraer matrimonio muy pronto, entre los 13 y 14 años de edad. Esto significa que podía haber viudas muy jóvenes.

El Evangelio no especifica cuál era el motivo por el que la viuda pedía justicia frente a su adversario, pero probablemente se trataba de una cuestión de dinero, puesto que la petición se hace ante un sólo juez y no ante un tribunal, como era costumbre. Debía tratarse de una deuda, una hipoteca o una herencia que no se le pagaba. Puede que fuera pobre y no dispusiera de fondos para sobornar o hacer algún regalo al juez o a los secretarios. Tal situación se habría agravado si el adversario en el pleito hubiera sido algún hombre rico o, al menos, más adinerado que ella.

Joachim Jeremias (1992: 189) cita el siguiente texto que describe cómo era un juzgado musulmán de Nisibis (Mesopotamia) durante el siglo XIX:

Frente a la entrada se sentaba el cadí (que era el juez musulmán), medio hundido en cojines; alrededor de él los secretarios. En la parte anterior de la sala se agolpaba la población: cada uno pedía que su asunto pasase en primer lugar. Los más sagaces cuchicheaban con los secretarios, les daban a escondidas «derechos» y eran despachados rápidamente. Entre tanto, una pobre mujer, a un lado, interrumpía constantemente el proceso con grandes gritos pidiendo justicia. Fue reprendida y llamada al silencio duramente... «Yo lo haré —gritó en voz alta— hasta que el cadí me escuche». Finalmente, al terminar la sesión, el cadí preguntó impaciente: «¿Qué quiere la mujer?». Pronto se contó su historia. El recaudador de impuestos la había forzado a pagar el impuesto, a pesar de que su único hijo había sido llamado al servicio militar. El caso fue decidido rápidamente. Así fue premiada su perseverancia. Si hubiera tenido dinero para pagar a un secretario, se le habría dado la razón mucho antes.

Esta lectura del siglo pasado refleja muy bien lo que podría haber sido el ambiente que relató Jesús. La viuda era una mujer indefensa, víctima de una injusticia, que utilizaba la única arma de que disponía: su constancia. Seguramente se trataba de una de aquellas pobres mujeres a quienes Jesús menciona al referirse a los escribas «que devoran las casas de las viudas, y por pretexto hacen largas oraciones» (Lc. 20:47). Para los judíos, las viudas junto con los huérfanos y los emigrantes eran uno de los símbolos del desamparo.

¿Qué clase de persona era aquel juez injusto? El relato lo presenta como un hombre prepotente, sin entrañas ni contemplaciones. No sentía respeto ni temor delante del único juez del universo. Se reía de Dios. Tampoco le importaban los hombres. Ni Dios ni los hombres contaban para él. Su cargo le confería una total impunidad. Podía actuar como le diera la gana. No tenía que dar cuentas a nadie.

Sin embargo, la viuda encontró su punto débil. Como todos los seres humanos, su paciencia tenía un límite. La insistencia, la pequeña fuerza multiplicada por la constancia, consiguió vencer lo que parecía imposible. La gota blanda de agua que cae siempre en el mismo sitio acaba por horadar la más dura piedra. Todo un juez duro e inflexible, descreído y materialista, antipático, grosero, desafiante y engreído, no tuvo más remedio que doblegar su voluntad ante una humilde y pobre viuda que le hizo perder la paciencia.

Significado:

¿Por qué contó Jesús esta historia? Si un hombre como este juez, sin consideraciones para nadie, que en ningún momento deseó escuchar y ayudar a la viuda, finalmente acabó haciéndole justicia aunque sólo fuera para librarse de ella, ¡cuánto más Dios sabrá escuchar las necesidades de aquellos que le piden con sinceridad y perseverancia! Jesús les había manifestado a sus discípulos que con su muerte se iniciaría un tiempo de miseria y persecución para los creyentes. Les había dicho claramente que serían expulsados, perseguidos, injuriados, maltratados física y moralmente, tentados, interrogados e, incluso, martirizados. El miedo y la preocupación de los discípulos aumentaron seguramente cuando el Maestro les confesó que ese tiempo había comenzado ya. Por eso esta parábola es un modo de decirles: ¡No tengáis miedo de las persecuciones! ¡Sois los elegidos de Dios! ¡Él os oye siempre, él hará justicia y no tardará en responderos! Lo importante es que oréis siempre y no desmayéis. Orar sin cesar (1 Ts. 5:17) no significa hacer una oración ininterrumpida, perpetua e incesante durante las 24 horas del día, sino crear en la vida un clima de oración que vaya equilibrando y armonizando toda la existencia. Aunque parezca que la oración no es escuchada, el creyente debe continuar sin perder el ánimo. La oración tiene que ser perseverante y humilde.

Cuando en el seno de la Iglesia primitiva empezaron a correr rumores acerca del retraso de la segunda venida del Señor, el evangelista Lucas les recuerda este relato del Maestro: ¡No creáis que Dios retrasa su promesa! ¡Lo que desea es que todos los hombres se arrepientan! «El Señor no retarda su promesa, según algunos la tienen por tardanza, sino que es paciente para con nosotros, no queriendo que ninguno perezca, sino que todos procedan al arrepentimiento» (2 Pe. 3:9). Dios quiere que los cristianos perseveren en oración, sin desánimos ni desfallecimientos, sobre todo en los tiempos difíciles de la persecución. Mediante esta parábola Jesús viene a decirles: ¡No os paséis la vida dudando acerca de si Dios oye o no las oraciones! ¡Él las oye, de eso podéis estar seguros, lo que os debe preocupar es otra cosa! Cuando el Señor vuelva, ¿hallará fe en la tierra? ¿Cuando llegue ese día quedarán discípulos cuya fe sea tan intensa como para inspirar una oración constante?

Aplicación:

Los jueces injustos no han desaparecido, ni mucho menos, de la faz de la tierra. Si se hiciera un recuento adecuado se comprobaría que en vez de disminuir, su número parece haberse multiplicado alarmantemente. Siguen siendo magistrados inicuos que tampoco temen a Dios, corruptos, encubridores de los malhechores, que someten la justicia a sus intereses políticos o económicos. Por fortuna, también hay jueces de los otros, de los que velan por aplicar la ley de forma imparcial. En realidad, las cosas no han cambiado tanto, ya que tan difícil puede resultar hoy a cualquiera encontrar verdadera justicia como antaño lo fuera para aquella pobre viuda. En el mundo del derecho sigue siendo imprescindible la paciencia y la perseverancia.

Esta parábola de Jesús pretende enseñar que también la constancia resulta necesaria en la vida espiritual de intercesión y plegaria. El asunto de la oración ha experimentado un notable cambio en estos últimos tiempos. Antes, durante la época moderna, algunos teólogos la concebían como la evasión subjetiva de ciertos creyentes que, en la mayoría de las ocasiones, sólo servía para alejar al ser humano de su realidad cotidiana. Se veía a la persona orante casi como un ser ingenuo que apelaba siempre a un «Dios-manojo-de-llaves» que podía abrir todas las puertas y dar respuesta a todas las cuestiones; o a un «Dios-pañuelo» dispuesto siempre a consolar cualquier sufrimiento; o al «Dios-tapa-agujeros» que se tenía a mano para dar razón de aquello que la ciencia humana no estaba todavía en condiciones de poder explicar. Todo menos asumir la responsabilidad personal de un amor altruista que no pide nada a cambio.

Se interpretaba así la oración, desde esta perspectiva, como un medio interesado de relación con Dios, opuesto a la gratuidad del amor evangélico. Por eso la fe moderna era poco orante, porque no deseaba convertir la divinidad en marioneta manejada por los hilos del antojo humano o de la inmadurez espiritual. De ahí que, en aquella época, se hiciera especial énfasis en afirmar que toda la vida del creyente debe ser oración; que no es menester concertar horas concretas, ni pedirle la vez al Señor, porque toda la existencia del cristiano debiera ser como una oración.

Sin embargo, hoy, las cosas parecen haber cambiado. Si bien es verdad que la fe debe ser permanente encuentro con Dios, y que eso puede realizarse perfectamente por medio de la acción altruista, el servicio al prójimo, el amor, el testimonio cristiano y el compromiso solidario, todo esto no puede, ni debe, confundirse con los momentos concretos de oración comunitaria o privada. En la actualidad y desde el punto de vista teológico, no cabe duda de que el tiempo de contemplación individual, la meditación a solas, en el secreto y la intimidad es capaz de enriquecer espiritualmente la vida del creyente. No hay oración más sincera y enriquecedora que la que se lleva a cabo en la privacidad, cerrada la puerta.

Orar al Padre en secreto es la mejor manera de fortalecer la fe y de aumentar la conciencia del compromiso personal. La época hipermoderna está viendo cómo en ciertas comunidades la fe evangélica se está tornando más orante que en el pasado. Tanto a nivel cúltico y fraternal como en la vida privada. Conviene, no obstante, ser sabios y no transformar la auténtica oración comunitaria en un espectáculo exclusivamente emotivo y narcisista, en el que lo único que se persiga sea la curación de angustias o problemas físicos personales, pero no servir a la causa común y fundamental de la Iglesia que es alabar al Señor, en espíritu y verdad, extendiendo a la vez su Reino en la tierra.

Es verdad que el Evangelio tiene poder para suplir todas las necesidades humanas, tanto espirituales como materiales. Es cierto que muchas criaturas en la actualidad padecen sentimientos de ansiedad, inseguridad, soledad y vacío vital debido probablemente a numerosas causas, pero sobre todo al hecho de que sus principales puntos de anclaje existencial se han deshecho por culpa de la actual desintegración cultural. Algunas de estas personas acuden a las iglesias evangélicas buscando una buena acogida y un calor humano que les proporcione criterios válidos para andar con seguridad por la vida. El Evangelio de Cristo tiene respuestas para todo el mundo. Sin embargo, no debemos convertir la comunidad cristiana en una especie de comunitarismo equivocado en el que cada cual busque satisfacer sus particulares deseos egoístas; desarrollar únicamente relaciones afectivas de carácter narcisista u obtener beneficios concretos para uno mismo sin preocuparse demasiado por las necesidades de los demás.

La auténtica vida fraternal de la comunidad cristiana debe manifestarse a través de la madurez humana. La identidad de cada creyente tiene que ser clara y la afectividad entre los hermanos adulta. Dios da pero también pide. Las capacidades personales deben potenciarse y desarrollarse adecuadamente con vistas a poder conseguir unos objetivos comunes que beneficien a toda la Iglesia, y no sólo con el fin de solucionar deficiencias materiales particulares, psíquicas o mentales. La Iglesia de Jesucristo es, y debe seguir siendo, una comunidad de hermanos en la que la voluntad y el interés colectivos predominen sobre la voluntad o el interés particular de los individuos. El proyecto común evangélico estará siempre por encima del «yo» individual y, en ocasiones, egoísta.

El pasado siglo XX fue una época de grandes cambios, de grandes revoluciones sociales, económicas e industriales. Muchos de los conflictos laborales que hicieron posibles tales cambios se sirvieron frecuentemente de las huelgas. Pero hay dos tipos de huelga. La europea, en la que se deja de trabajar, y la japonesa, en la que se trabaja todavía más. A veces los creyentes nos cansamos y dejamos de ser activos delante del Señor. De nuestra boca o de nuestra mente salen expresiones como: ¡Es que no me escuchan! ¡Nadie me hace caso! ¡Mi problema no se soluciona! ¡Dios no se acuerda de mí! ¡Estoy aburrido! Y dejamos de orar y de confiar en el Señor. ¡Hacemos huelga a la europea! Sin embargo, la viuda hizo huelga a la japonesa. Supo echar mano de la constancia, de la perseverancia y de la intercesión. Cada día estaba allí machacando, pidiendo y rogando hasta que consiguió lo que necesitaba.

Tenemos que aprender a tener más resistencia en la vida. El cristiano de hoy debe ser una persona que se aliste en la «resistencia» contra el aparente bienestar. Vivimos tiempos en que los valores del Evangelio están amenazados y la vida de los creyentes, en su compromiso auténtico y profundo, está en peligro. Debemos permanecer firmes contra el implacable y provocativo martilleo de la propaganda y la publicidad que nos acosa. Hay que resistir contra todo lo que no se funde en la justicia, contra lo que quite espacio a la libertad, contra aquello que ofenda la dignidad del hombre y de la mujer, contra toda forma de servidumbre, de envilecimiento y deshumanización. El verdadero «partisano» de Cristo hace resistencia a todos los fanatismos, a todas las intolerancias, los sectarismos, los integrismos aunque provengan de la propia casa de uno. El cristiano genuino forma parte de esa minoría que sabe oponerse a la estupidez general y no frecuenta los caminos más transitados, sino que prefiere esa geografía incómoda, esos senderos estrechos y solitarios de la fe y la conciencia.

La lección de la viuda es transparente como el agua cristalina. Es menester resistir, no rendirse al cansancio y al desánimo. A veces, hay que aprender a orar también en la aridez, en el vacío, en la desolación, en la oscuridad más espesa. Orar aún cuando la oración parece imposible, cuando la tristeza se ha apoderado de nuestra vida, cuando las tinieblas del futuro parecen tener la última palabra. En ocasiones le pedimos algo a Dios, que para nosotros es lo más importante del mundo, pero él calla y parece no oírnos. Es entonces cuando tenemos que seguirle hablando aún cuando parezca desilusionarnos. Porque la «noche oscura del alma», la angustia, la «no-respuesta», el no entender nada y el disgusto son el «sí» más costoso que el creyente logra decir en la oración. El cristiano debe obstinarse, como la viuda, en tener abierta la puerta a este Dios que se niega. Esta es la actitud que permite responder con un «sí» a la pregunta de Jesús: «Cuando venga el Hijo del Hombre, ¿hallará fe en la tierra?». Si alguno ha resistido, si no se ha dejado vencer por el cansancio, si la luz de la esperanza ha permanecido encendida iluminando su hogar y a los suyos, mientras todas las demás ventanas se iban apagando una después de otra. Si ha perdurado el brillo de la fidelidad sufrida, entonces sí, el Señor Jesús podrá descubrir fe en esta tierra. ¡Ojalá cada uno de nosotros aprendamos a hacer huelga a la japonesa!

Resumen:

La parábola de la viuda y el juez injusto fue explicada originalmente por Jesús a sus discípulos, sin embargo, puede afirmarse que va dirigida a los cristianos de todas las épocas. Junto a la siguiente, del fariseo y el publicano, forman un bloque que resalta la importancia de la oración sincera, perseverante y humilde en el reino de Dios. La idea principal es que a pesar del retraso de la venida del Hijo del Hombre, los discípulos de Jesucristo deben seguir orando sin desmayar. Frente a todas las persecuciones contra la fe en Cristo que puedan surgir en la historia, la actitud de la Iglesia debe ser siempre la confianza en su Señor que, al final, responderá y hará justicia.

La aplicación fundamental de esta narración es que debemos aprender a tener más resistencia en la vida cristiana. La actitud orante hoy tiene que servirle al creyente para superar el obstáculo del bienestar que amenaza con destruir los valores básicos del Evangelio. La vida de oración y meditación debe producir también una denuncia valiente de todas aquellas injusticias contra la dignidad humana que se cometen a diario en nombre de los fanatismos, sectarismos o integrismos religiosos, políticos o sociales. No hay que caer nunca en el desánimo aunque creamos que, a veces, nuestras peticiones no parecen tener una respuesta inmediata. La constancia de la viuda es el ejemplo en el que deben inspirarse nuestras vidas.

Sugerencias:

1. ¿Se sigue marginando en la actualidad a las mujeres que como aquella viuda de la parábola piden justicia? ¿Hay todavía discriminación a causa del sexo dentro de la Iglesia?

2. ¿Existen hoy jueces como el de la parábola? ¿Conozco ejemplos? ¿Qué puede hacer el cristiano para impedir tales injusticias?

3. ¿Qué significa «orar sin cesar»?

4. ¿Oro al Señor siempre o sólo cuando tengo problemas?

5. ¿Considero que las oraciones son necesarias? ¿Por qué?

6. Si el Señor lo sabe todo, ¿por qué tenemos que seguir orando?

7. ¿Cuáles son las principales dificultades que encuentro para orar o para tener constancia en la oración?

8. ¿Me gusta participar en la oración comunitaria o en equipo? ¿Me ayuda o me pone nervioso? ¿Por qué?

9. ¿Siento que a veces mi oración es rutinaria? ¿En qué momentos me ocurre?

10. ¿Qué diferencia hay entre hacer huelga a la europea o a la japonesa, en relación a la oración? ¿He practicado alguna de las dos? ¿Cuál?

43
Dios no pide el certificado de buena conducta
o
el fariseo y el publicano

Lucas 18:10-14

¹⁰ Dos hombres subieron al templo a orar; uno era fariseo, y el otro publicano.
¹¹ El fariseo, puesto en pie, oraba consigo mismo de esta manera: Dios, te doy gracias porque no soy como los otros hombres, ladrones, injustos, adúlteros, ni aun como este publicano;
¹² ayuno dos veces a la semana, doy diezmos de todo lo que gano.
¹³ Mas el publicano, estando lejos, no quería ni aun alzar los ojos al cielo, sino que se golpeaba el pecho, diciendo: Dios, sé propicio a mí, pecador.
¹⁴ Os digo que éste descendió a su casa justificado antes que el otro; porque cualquiera que se enaltece, será humillado; y el que se humilla será enaltecido.

El relato del viaje de Jesús a Jerusalén, que realiza el evangelista Lucas, finaliza con uno de los temas teológicos más importantes de todo su evangelio, el de la oración. La parábola anterior sobre la viuda y el juez injusto, que muestra cómo la fe debe llevar a la constancia en la oración, queda así completada con ésta otra sobre el fariseo y el publicano en la que se presentan dos actitudes opuestas y antagónicas de dos orantes bien distintos.

Contexto:

Jesús propuso esta parábola a «unos que confiaban en sí mismos como justos, y menospreciaban a los otros» (Lc. 18:9). Se estaba refiriendo seguramente a los fariseos que se fiaban de que eran honrados porque cumplían meticulosamente todas las prescripciones de la Ley, mientras despreciaban a los demás a quienes llamaban pecadores. Esto no impide pensar que en tal generalización se incluyera también a los discípulos del Maestro. El profeta Ezequiel había acusado, años atrás, a sus propios compatriotas precisamente por esta misma razón, por fiarse de su justicia y ser autocomplacientes con ellos mismos y críticos con los demás.

Cuando yo dijere al justo: De cierto vivirás, y él confiado en su justicia hiciere iniquidad, todas sus justicias no serán recordadas, sino que morirá por su iniquidad que hizo (Ez. 33:13).

Los dos hombres que protagonizan el relato son figuras representativas del judaísmo de la época. Una dualidad en oposición que permite intuir el dramatismo de la parábola. El fariseo era un religioso patriota, defensor de la identidad judía por medios pacíficos aunque enérgicos, y opuesto al dominio extranjero. Cumplía escrupulosamente con todas las normas de la Ley mosaica y las interpretaba de manera formalista, mientras que el publicano simbolizaba el polo opuesto de aquella sociedad. Su profesión consistía en recaudar los impuestos o tributos sobre el suelo y per capita. Era un funcionario del Estado al servicio de los ocupantes romanos y de sus aliados. Colaboraba con el gobierno de la dinastía de Herodes que ayudaba a Roma para mantener sometido al pueblo judío. Tenía el apoyo de los soldados romanos y herodianos para reclamar las cantidades que todo el mundo debía pagar. Si el fariseo daba el diezmo de todo lo que ganaba, más allá incluso de lo que estaba prescrito, el recaudador cobraba para su bolsillo más de lo que las tarifas estatales exigían. Los publicanos tenían fama de aumentar las cuotas para explotar y engañar a los ciudadanos. De ahí que a todos se les considerase como ladrones, sin derechos civiles, y a los que era mejor evitar.

Los dos personajes subieron al templo a orar a la misma hora. Desde la ciudad, que estaba a menor altitud, había que subir al monte del templo. Se trataba de una elevación rodeada de valles por todas partes menos por el norte. Allí se podía orar a cualquier hora del día, aunque para las oraciones públicas se reservaban dos horas concretas: la «hora tercia», que correspondía a las nueve de la mañana, y la «hora nona», que eran las tres de la tarde (Hch. 2:15; 3:1).

La postura típica para orar era quedarse de pie. El texto no especifica el lugar exacto donde se puso a orar el fariseo, pero por comparación con el versículo 13, donde se dice que el publicano se quedó «lejos», podría pensarse que el fariseo penetró en el atrio de Israel hasta situarse en un lugar visible y prominente. Su oración es de acción de gracias, no de petición. Presume de su formación estrictamente farisea y se vanagloria de ser superior a los demás hombres por haber cumplido los mandamientos del decálogo. Se enorgullece de sus virtudes y de no haber tenido trato con los «pecadores». Al publicano lo mira por encima del hombro y se refiere a él mediante el demostrativo *houtos*, que significa «ése, éste o esto», y posee un cierto tono despectivo (Vine, 1989, 2: 88). Mientras la Ley sólo exigía un día de ayuno al año, el día de la expiación, él ayunaba dos veces cada semana, seguramente para expiar los pecados del pueblo. Su sacrificio personal era físico, pero también económico ya que daba diezmos de todo lo que ganaba. Es la oración de la autocomplacencia, de la confianza en sí mismo, en oposición a la confianza en Dios. Se trata precisamente de la misma actitud que el apóstol Pablo criticará años después: «Pero tuvimos en nosotros mismos sentencia de muerte, para que no confiásemos en nosotros mismos, sino en Dios que resucita a los muertos» (2 Co. 1:9).

La oración del publicano fue muy diferente. Se quedó lejos. No se atrevió a pasar la puerta del atrio de Israel. La vergüenza de su culpabilidad no le permitió levantar los ojos al cielo. Se golpeaba el pecho, es decir, el corazón donde residía el origen de su pecado, lo cual demostraba un profundo arrepentimiento. Esta sería también la misma actitud de la multitud presente en el dramático espectáculo de la crucifixión de Jesucristo, cuando comprendieron que habían martirizado a un justo (Lc. 23:48). El recaudador de impuestos, consciente de su pecado y de pertenecer al desecho de la sociedad judía, no acertaba a pedir más que misericordia. Su oración fue de súplica, no de acción de gracias. ¿De qué podía enorgullecerse ante Dios, un miserable pecador como él? El publicano demanda perdón. El fariseo canta sus glorias. El publicano solicita a Dios que intervenga en su vida. Al fariseo le basta con que Dios rubrique su condición de hombre justo. Ambos se definen como lo que son: pecador, uno, y justo, el otro. Sus análisis particulares no están equivocados. Los dos dicen lo que creen y piensan. Los dos tienen razón.

No obstante, ante la sorpresa de todos los oyentes, la historia afirma que la oración del fariseo no encontró gracia delante de Dios. El religioso no alcanzó la justificación, sin embargo el publicano «descendió a su casa justificado». Dios se niega a representar el papel de guardián inmóvil de una Ley que él mismo había creado. La Ley es para el hombre, no el hombre para la Ley. Esta parábola demuestra también que la doctrina del apóstol Pablo, acerca de la justificación, tiene sus raíces en la predicación de Jesús. Al que no era más que un vulgar pecador, Dios le declara justo. Lo que cuenta no es el pasado que se haya tenido, sino el arrepentimiento sincero del presente. La confianza en Dios pesa más en la balanza divina que la fe en los méritos propios. La verdadera justicia que proviene de Dios no se basa en las prácticas religiosas o en el cumplimiento estricto de la Ley, sino en el reconocimiento sincero de la propia humillación.

Significado:

La parábola del fariseo y el publicano tuvo que resultar al principio difícil de entender para el auditorio hebreo. Tal como señala Jeremias (1992: 175), en el Talmud existe una oración del siglo I que es muy similar a la del fariseo del relato:

Te doy gracias, Señor, Dios mío, porque me has dado parte entre aquellos que se sientan en la casa de la enseñanza y no entre los que se sientan en los rincones de las calles; pues yo me pongo en camino pronto y ellos se ponen en camino pronto: yo me encamino a las palabras de la ley y ellos se encaminan a cosas vanas. Yo me fatigo y ellos se fatigan: yo me fatigo y recibo la recompensa, y ellos se fatigan y no reciben ninguna recompensa. Yo corro y ellos corren: yo corro hacia la vida del mundo futuro y ellos corren a la fosa de la perdición.

De manera que el ejemplo puesto por Jesús estaba sacado de la vida real y de las oraciones habituales que realizaban los fariseos. Era lógico que aquellos oyentes se sorprendieran y preguntaran: ¿Dónde está el error en la oración del fariseo? ¿Por qué no fue justificado? ¿Acaso no era mejor y más justo que el publicano? ¿No estaba dando gracias por el modo en que Dios dirigía su vida? ¿No había tomado en serio sus responsabilidades religiosas? Tenía motivos para dar gracias y las estaba dando. Si no pidió es porque no necesitaba. Y ¿qué decir del publicano? ¿Por qué se golpeaba el pecho? ¿No era por el dolor que le producía reconocer su maldad? ¿No bajaba la cabeza y cruzaba los brazos porque sabía que estaba lejos de Dios y que había colocado a su familia, y a él mismo, ante una situación desesperada? ¿Si de verdad se arrepentía, estaba dispuesto también a abandonar su profesión? ¿Podría restituir todo lo que había venido robando más una quinta parte, como establecía la Ley? ¿Era capaz de acordarse de todos aquellos a los que había defraudado? ¿Qué había hecho para reparar su culpabilidad?

Jesús responde por medio de las palabras del apenado publicano: «Dios, sé propicio a mí, pecador». Esta frase expresa la misma idea que el salmo 51: «Ten piedad de mí, oh Dios, conforme a tu misericordia; conforme a la multitud de tus piedades borra mis rebeliones. Lávame más y más de mi maldad, y límpiame de mi pecado. Porque yo reconozco mis rebeliones, y mi pecado está siempre delante de mí» (Sal. 51:1-3). El mismo salmo, en el versículo 17 da la respuesta: «Los sacrificios de Dios son el espíritu quebrantado; al corazón contrito y humillado no despreciarás tú, oh Dios». El Señor les está diciendo mediante esta parábola que Dios es así, como afirma este salmo. Él acepta al pecador arrepentido que le suplica humildemente perdón, pero rechaza al justo que no sabe humillarse y se cree autosuficiente. Dios comprende a los desesperados y derrama sobre ellos su perdón, pero no aprueba el orgullo en el corazón humano.

En la confesión de su pecado es donde encuentra el publicano la condición de justo. Sin embargo, aunque el fariseo sea un puritano cumplidor de la Ley, a los ojos de Dios no consigue el restablecimiento de su justicia, porque se fía exclusivamente de sí mismo. La verdadera justificación sólo puede provenir de Dios y no de la observancia de unas leyes. Justo, auténticamente justo, no es el que cumple una lista de normas, sino el que confía en la misericordia divina, reconoce sus propios errores, los confiesa delante de Dios y se arrepiente de todo corazón.

El error fundamental del fariseo es el orgullo espiritual. Confundió el fruto que el hombre puede dar, las buenas obras, con el que Dios le pide, saberse acoger a la misericordia divina. Creyó que la salvación dependía, en definitiva, de él mismo y que Dios le recompensaría de todas sus privaciones ascéticas. Analizó la existencia en términos de cumplimiento, y no en términos de don. Estaba convencido de que observando los 613 preceptos que exigía la liturgia judía llegaría donde Dios deseaba. Pero olvidó que al Creador no le gusta que el «yo» humano sea el centro de la propia vida. El Señor de señores no acepta que la práctica de los mandamientos le relegue a él, y a las otras personas, a un segundo plano. El fariseo no comprendió que es Dios quien salva y no su meticulosa observancia. No concibió que él no era perfecto, sino un pecador como todos los demás. Subió al templo a orar, a ponerse delante de Dios, pero bajó sin justificar porque sólo supo ponerse delante de él mismo.

Sin embargo, el publicano consiguió situarse delante de Dios porque aprendió a humillarse. Al Reino que predicaba Jesús sólo es posible entrar volviéndose tan humilde como un niño. La semilla del Evangelio no puede germinar en un terreno superpoblado por los cardos y los espinos de la vanagloria personal. Para pertenecer al reino de Dios hay que estar dispuesto a bajar los ojos y a reconocer la maldad que anida en el propio corazón. Delante del Creador es imposible permanecer rígido y altivo cuando se está orando. Es absurdo presumir de éxitos y justicia. El Señor no soporta a las personas que se inflan como globos a base del aire de sus pretendidos méritos personales pero que, en realidad, están huecos y vacíos de amor. El Reino no es para los orgullosos que sólo viven de la autosatisfacción que les proporciona su «yo», sino para los humildes que no confían en las propias fuerzas. El punto de referencia principal para aquellos que desean parecerse al publicano es Jesucristo mismo. El Hijo de Dios que accede humilde al sacrificio del Calvario con la disposición de un siervo sufriente. De ahí que su cruz sea el símbolo que juzga y distingue entre el ser humano humilde que se acoge a la verdad divina y el orgulloso que sigue los pasos del Maligno.

Aplicación:

No es posible hallar paralelismos perfectos entre la actitud de estos dos hombres y los valores predominantes de una determinada época histórica. En todo tiempo hubo orgullo y también humildad. Aunque si se acepta que la fe, en líneas generales, fue un valor característico hasta la modernidad, frente a la secularización e increencia que se observa actualmente, y se pretende clasificar a los dos protagonistas de la parábola con arreglo a este criterio, no habría más remedio que declararlos a ambos como modernos. Los dos tenían fe, aunque eso sí, cada uno a su manera. El publicano desesperado se reconocía injusto pero confiaba, es decir, tenía fe en que Dios le fuera propicio y lo perdonara. El fariseo, a pesar de creerse justo, de confiar en sí mismo y en sus buenas obras, pensaba que estaba haciendo lo correcto y que cumplía con la voluntad de Jehová. Dos tipos de fe muy distintos pero que, en el fondo y salvando las evidentes distancias, históricamente reflejan bastante bien el enfrentamiento de otras dos clases de fe mucho más recientes en el tiempo: la moderna y la postmoderna (Cruz, 1997: 178).

El fariseo de la parábola hizo ostentación de una religiosidad intelectualizada y racional. La meticulosidad ritualista de esta clase de fe hacía difícil que el pueblo llano pudiera acercarse a una creencia así y la convertía en una religión elitista y exclusiva de los intelectuales. Por el contrario, el publicano fue mucho más sincero. Su vía de acceso a Dios se apoyó más en el corazón que en la cabeza. La fe emocional le sirvió para aceptar el misterio divino y reconocer que dependía enteramente de él. Al saberse injusto no le quedó más alternativa que confiar en la bondad y misericordia de Dios. Abrigó el sentimiento y la esperanza de que el Creador lo perdonaría, en su inmenso amor. Si el fariseo fundamentó su creencia alrededor de la práctica coherente, dogmática, sacrificial y segura, el humilde publicano reconoció la incoherencia de su vida. Fue consciente de que no merecía el perdón pero cerró los ojos, bajó la cabeza y se golpeó fuertemente el pecho dando muestras de auténtico arrepentimiento. Quizá su conducta hubiera sido cómoda, descomprometida e inconsciente hasta ese momento. Pero apeló a Dios con toda su alma. Su oración tuvo una respuesta festiva y alegre mientras que la de su vecino rebotó en el muro del templo y se estrelló de nuevo contra el emisor.

La oratoria del fariseo es un monólogo seguro, presuntuoso y curricular que nace y muere en él mismo. Es un soliloquio infectado hasta la médula de sus huesos por el virus de la hipocresía. Repleto de sí mismo. Inflado de aire como un globo. Demostrando no tener necesidad de Dios, más bien parece que Dios tuviera necesidad de él. Preocupado por justificarse elaborando la lista de los pecados ajenos. ¿Puede haber empresa más imbécil y dramática de la soberbia humana? Su apariencia externa parecía perfecta. Un hombre ética y estéticamente correcto. Pero cuando abrió la boca su terrible halitosis le delató. El mal olor de su aliento hizo que Dios le volviera la espalda, porque no soportaba tanta podredumbre. La cuestión que nos plantea hoy aquella oración arrogante es: ¿Hasta qué punto podemos estar seguros de que no corre alguna gota de sangre farisea por nuestras venas? ¿No salen nunca de nuestra boca oraciones infladas de vanagloria? ¿Disponemos de la humildad suficiente para aprender la lección del publicano?

La plegaria del recaudador es ciertamente un diálogo en el que se oye mejor la voz de Dios. Un coloquio sincero para el que no se dispone del certificado de buena conducta. El publicano posee el buen gusto de subir al templo para pedir perdón, no para airear las culpas de los demás. Sólo hay reconocimiento de la miseria y de la condición de pecador. Existe únicamente certidumbre de la propia pequeñez y de la evidente pobreza. Por eso, el que así oró, bajó del templo engrandecido y enriquecido. Como dijera Kierkegaard: «Lo contrario del pecado no es la virtud, sino la fe». En resumen. Entretanto queden publicanos en la tierra que acierten a orar así, habrá todavía esperanza para el Evangelio.

Resumen:

La parábola del fariseo y el publicano va dirigida a unos que presumían de su propia justicia y se creían superiores a los demás. Probablemente se refería a los fariseos que confiaban en ganar la salvación a base de buenas obras. Los dos personajes representaban a dos estamentos opuestos de la sociedad palestinense. El fariseo, un estricto cumplidor de la Ley, hace una oración centrada en su propia persona que sólo acierta a alabar sus méritos y virtudes. En el fondo, es como si se estuviera dando gracias a sí mismo por lo bueno y justo que era. Se cree tan superior que se atreve a compararse con los demás. Los juzga desde una pretendida superioridad. Condena como si él poseyera, en realidad, tal facultad y desprecia abiertamente al recaudador de impuestos. Sin embargo, éste adopta una actitud completamente diferente. Sabe que es pecador y probablemente se ve reflejado en aquellos pecados que el fariseo había enumerado. Precisamente por eso se humilla y solicita la misericordia de Dios. La resolución de la historia es que el publicano bajó del templo justificado mientras que el fariseo bajó peor que subió.

El Señor nos exhorta mediante este relato a no creernos más que nadie. Pensar que somos mejores que los demás es como crear el caldo de cultivo apropiado para que se desarrolle la crítica destructiva, el juicio temerario, el desprecio y la condenación del prójimo. Los cristianos somos pecadores arrepentidos que tenemos la misión de llevar el Evangelio a todos los demás pecadores que aun no han descubierto su trágica situación. La relación es de tú a tú. No de superior a inferior. Es cierto que somos salvos, pero por los méritos de Cristo. No por los nuestros propios. No estamos aquí para juzgar, despreciar y condenar, sino para predicar la salvación gratuita de Jesucristo a todo el mundo. Esta es la humildad que nos debe honrar.

Sugerencias:

1. ¿Dónde está el error en la oración del fariseo?
2. ¿Por qué aceptó Dios la oración del publicano?
3. ¿Qué significa la expresión de que «Dios no pide el certificado de buena conducta»?
4. ¿Me comparo, en ocasiones, con los demás y llego a creerme mejor que ellos? ¿Los desprecio?
5. ¿Tengo tendencia a juzgar a los demás y ser exigente e inflexible con las faltas ajenas?
6. ¿Me cuesta perdonar las ofensas que me hacen? ¿Por qué?
7. ¿En qué me fijo más, en los hechos concretos o en la intención de las personas?
8. ¿Qué me resulta más difícil, juzgar a los otros o a mí mismo? ¿Por qué?
9. ¿Me he sentido alguna vez más culpable y peor que los demás? ¿Por qué?
10. ¿Deseo dejar de jugar a hacerme el justo delante del Señor?

_Bibliografía

ADAM SMITH, G. 1985, *Geografía histórica de la Tierra Santa*, EDICEP, Valencia.

ALETTI, J.- N. 1992, *El arte de contar a Jesucristo*, Sígueme, Salamanca.

AUTORES VARIOS, 1971, *Comentario bíblico «San Jerónimo»*, Cristiandad, Madrid, 5 vols.

BARCLAY, W. 1973, *El Nuevo Testamento comentado. Mateo II*, La Aurora, Buenos Aires.

BARCLAY, W. 1973, *El Nuevo Testamento comentado. Lucas*, v. 4, La Aurora, Buenos Aires.

BIETENHARD, H. et al., 1980, *Diccionario Teológico del Nuevo Testamento*, v. 2, Sígueme, Salamanca.

BONILLA, P. 1978, *Los milagros también son parábolas*, Caribe, Miami, EE.UU.

BONNARD, P. 1983, *Evangelio según san Mateo*, Cristiandad, Madrid.

BORNKAMM, G. 1975, *Jesús de Nazaret*, Sígueme, Salamanca.

BOVON, F. 1995, *El evangelio según San Lucas*, vol. I, Sígueme, Salamanca.

BRAUN, H. 1975, *El Hombre de Nazaret y su tiempo*, Sígueme, Salamanca.

BUZY, D. 1912, *Introduction aux paraboles évangéliques*, Gabalda, Paris.

BUZY, D. 1932, *Les paraboles*, Beauchêsne, Paris.

CASCIARO, J. Mª. 1992, *Las palabras de Jesús: transmisión y hermenéutica*, EUNSA, Pamplona.

CERFAUX, L. 1969, *Mensaje de las parábolas*, FAX, Madrid.

CRUZ, A. 1997, *Postmodernidad*, CLIE, Terrassa.

DE CHALENDAR, X. 1967, *Parábolas*, Hechos y dichos, Zaragoza.

DE LA MAISONNEUVE, D. 1985, *Parábolas rabínicas*, Verbo Divino, Estella, Navarra.

DELORME, J. 1993, *El evangelio según san Marcos*, Verbo Divino, Estella, Navarra.

DODD, C. H. 1974, *Las parábolas del Reino*, Cristiandad, Madrid.

DODD, C. H. 1978, *La Tradición histórica en el cuarto evangelio*, Cristiandad, Madrid.

DUPONT, J. 1981, *Per què en paràboles?*, Publicacions de l'Abadia de Montserrat, Barcelona.

DE VAUX, R. 1985, *Instituciones del Antiguo Testamento*, Herder, Barcelona.

FABRIS, R. 1985, *Jesús de Nazaret. Historia e interpretación*, Sígueme, Salamanca.

FITZMYER, J. A. 1987, *El evangelio según Lucas*, Cristiandad, Madrid, 3 vols.

FERNÁNDEZ RAMOS, F. 1967, *El Reino en parábolas*, Casa de la Biblia, Madrid.

FONT QUER, P. 1976, *Plantas medicinales. El Dioscórides renovado*, Labor, Barcelona.

GARCÍA-LOMAS, S. 1996, *Y Jesús les contó esta parábola*, San Pablo, Madrid.

GIRABAL, J. M. 1974, *Las parábolas de Jesús*, Monor, Barcelona.

GNILKA, J. 1993, *Jesús de Nazaret. Mensaje e Historia*, Herder, Barcelona.

GNILKA, J. 1996, *El evangelio según san Marcos*, Sígueme, Salamanca, 2 vols.

GRELOT, P. 1988, *Las Palabras de Jesucristo*, Herder, Barcelona.

GRUPO DE ENTREVERNES, 1979, *Signos y parábolas. Semiótica y texto evangélico*, Cristiandad, Madrid.

GUERRA, M. 1993, *Los nuevos movimientos religiosos*, EUNSA, Pamplona.

GUTZWILLER, R. 1964, *Las parábolas*, Paulinas, Madrid.

HARGREAVES, J. 1973, *Las parábolas del evangelio*, Sal Terrae, Santander.

HARNISCH, W. 1989, *Las parábolas de Jesús*, Sígueme, Salamanca.

HENDRIKSEN, G. 1990, *El evangelio según San Lucas*, Subcomisión Literatura Cristiana, Michigan, EEUU.

HUBAUT, M. 1995, *Orar las parábolas*, Sal Terrae, Santander.

JEREMIAS, J. 1990, *Palabras desconocidas de Jesús*, Sígueme, Salamanca.

JEREMIAS, J. 1992, *Las parábolas de Jesús*, Verbo Divino, Estella, Navarra.

JEREMIAS, J. 1994, *Interpretación de las parábolas*, Verbo Divino, Estella, Navarra.

JÜLICHER, A. 1888-1889, *Die Gleichnisreden Jesu*, Ed. I. Mohr, Freiburg, 2 vols.

KALEHFELD, H. 1967, *Parábolas y ejemplos del evangelio*, Verbo Divino, Estella, Navarra.

KEMMER, A. 1982, *Les hablaba en parábolas*, Sal Terrae, Santander.

LARSON, B. 1976, *Parábolas de la vida moderna*, CLIE, Terrassa, Barcelona.

LÉON-DUFOUR, X. 1982, *Estudios de Evangelio. Análisis exegético de relatos y parábolas*, Cristiandad, Madrid.

L'PEZ DE LAS HERAS, L. 1982, *Las parábolas de Jesús*, Cuadernos BAC, Madrid.

LUZ, U. 1993, *El evangelio según san Mateo*, Sígueme, Salamanca.

MAISONNEUVE, D. 1985, *Parábolas rabínicas*, Verbo Divino, Estella, Navarra.

MARGUERAT, D. 1994, *Parábola*, Verbo Divino, Estella, Navarra.

MARINA, J. A. 1998, «Teoría de la ultramodernidad», LA VANGUARDIA, 23.04.98.

MARTINI, C. M. 1997, ¿Por qué Jesús hablaba en parábolas?, Verbo Divino, Estella, Navarra.

MATEOS, J. & BARRETO, J. 1992, *El evangelio de Juan*, Cristiandad, Madrid.

MOSCHNER, F. 1957, *Las parábolas del Reino de los cielos*, Rialp, Madrid.

MUSSNER, F. 1963, *El mensaje de las parábolas de Jesús*, Verbo Divino, Estella, Navarra.

MUSSNER, F. 1967, *Las parábolas*, Verbo Divino, Estella, Navarra.

ORBE, A. 1972, *Parábolas evangélicas en San Ireneo*, BAC, Madrid.

PAGOLA, J. A. 1997, *Jesús de Nazaret, el Hombre y su Mensaje*, Idatz, Donostia, San Sebastián.

PALOMARES, J. M. 1994, *El mensaje de las parábolas de Jesús*, CLIE, Terrassa, Barcelona.

PEISKER, C. H. et al., 1983, *Diccionario Teológico del Nuevo Testamento*, v. 3, Sígueme, Salamanca.

PENMAN, D. 1990, *Treinta días con las parábolas de Jesús*, Certeza, Buenos Aires.

PIROT, J. 1949, *Paraboles et allégories évangéliques*, Paris.

POITTEVIN, P. & CHARPENTIER, E. 1993, *El evangelio según san Mateo*, Verbo Divino, Estella, Navarra.

POLLARD, F. 1997, *Respuestas divinas a inquietudes humanas*, Casa Bautista de Publicaciones, El Paso, Texas, EEUU.

PRONZATO, A. 1982, *Un cristiano comienza a leer el evangelio de Marcos* I, Sígueme, Salamanca.

PRONZATO, A. 1993, *Evangelios molestos*, Sígueme, Salamanca.

PUIG I TËRRECH, A. 1996, *Novament en paràboles. La proclamació de Jesús avui*, Publicacions de l'Abadia de Montserrat, Barcelona.

RAMOS, F. F. 1996, *El reino en parábolas*, Univ. Pontificia Salamanca.

RIBES, P. 1992, *Parábolas y fábulas para el hombre moderno*, Ediciones Paulinas, Madrid.

RICOEUR, P. 1980, *La Metáfora Viva*, Cristiandad, Madrid.

RICOEUR, P. 1981, *El Discurso de la Acción*, Cátedra, Madrid.

RICOEUR, P. 1982, *Finitud y Culpabilidad*, Taurus, Madrid.

SABUGAL, S. 1977, *La curación del ciego de nacimiento*, Biblia y Fe, Madrid.

SAINZ, M. 1917, *Las Parábolas del Evangelio*, Bilbao.

SCHLOSSER, J. 1995, *El Dios de Jesús*, Sígueme, Salamanca.

SCHMID, J. 1981, *El evangelio según san Mateo*, Herder, Barcelona.

SCHMID, J. 1981, *El evangelio según san Lucas*, Herder, Barcelona.

SCHÖKEL, L. A. & VILCHEZ, J. 1984, *Proverbios*, Cristiandad, Madrid.

SIDER, J. W. 1997, *Interpretar las parábolas. Guía hermenéutica de su significado*, San Pablo, Madrid.

SOWELL, S. M. 1989, *Las parábolas de Jesús*, CLIE, Terrassa, Barcelona.

TAYLOR, V. 1980, *Evangelio según san Marcos*, Cristiandad, Madrid.

TORRES, V. 1996, *Enseñar en parábolas*, Cuadernos de Teología Deusto, n° 6, Univ. de Deusto, Bilbao.

TRILLING, W. 1970, *Jesús y los problemas de su historicidad*, Herder, Barcelona.

TROCMÉ, E. 1971, *Jésus de Nazareth vu par les témoins de sa vie*, Bibl. Théol., Neuchâtel, Paris.

VIA D. O. Jr., 1967, *The Parables: Their Literary and Existential Dimension*, Fortress, Filadelfia.

VINE W. E., 1989, *Diccionario expositivo de palabras del Nuevo Testamento*, CLIE, Terrassa, Barcelona.

WIKENHAUSER, A. 1978, *El evangelio según san Juan*, Herder, Barcelona.

WRIGHT, G. E. 1975, *Arqueología bíblica*, Cristiandad, Madrid.

YNARAJA, P. J. 1992, *Nuevas parábolas*, Sígueme, Salamanca.